Dr. Osvaldo Jorge Castillo

IBEX-35:
CONSEJOS, ETICA Y
ANALISIS DE RIESGO

Primera edición

Castillo, Osvaldo Jorge
   IBEX-35: consejos, ética y análisis de riesgo / Osvaldo Jorge Castillo. -
1a edición para el profesor - Ciudad Autónoma de Buenos Aires: Castillo,
Osvaldo Jorge, 2017.
   350 p.; 23 x 15 cm.

   ISBN 978-987-42-6371-1

   1. Administración de Empresas. 2. Análisis de Riesgo. I. Título.
   CDD 658

Contacto autor: prof.ojc@gmail.com

RTPI Comunidad de Madrid M-008106/2017

Impreso en EE.UU. – *Printed in USA*

A mí amada Sory

Acerca del autor

Doctor en Administración de Empresas por la Pontificia Universidad Católica Argentina, Postgrado en Dinámica de Sistemas, Licenciado en Administración y Analista de Sistemas. Profesor de Administración, Sistemas Informáticos y Estadística. Profesor de postgrado de "Administración de Entidades Financieras" de Universidad de Buenos Aires y Asociación de Marketing Bancario de Argentina (AMBA) 2001 – 2010.

Investigador líder en los proyectos: *"Calidad en Industria Argentina"* y *"Competitividad de las Empresas Argentinas"* –Consejo Profesional de Ciencias Económicas de la Ciudad Autónoma de Buenos Aires (2002–2004)

Presidente del Instituto Argentino para la Calidad y Excelencia Empresaria (IACEMPRE) 1997 – 2001.

Autor de publicaciones y trabajos de investigación relacionados con Administración, Organización, Calidad y Sistemas.

Director de Accionista Minoritario – Investigaciones y Análisis del gobierno corporativo español (www.accionistaminoritario.es).

Socio fundador de Cyber Quality Control S.R.L., empresa dedicada desde 1995 a la industria del software. Desarrollador de productos y proveedor de servicios tales como: control de procesos productivos, tablero de mando integral y control del flujo de trabajo. Consultor internacional en control de la producción, calidad, administración y sistemas. Proveedor de soluciones de diversos grupos y organizaciones: Gobierno de la Ciudad Autónoma de Buenos Aires (Tablero de Mando), Mary Kay Cosméticos, Grupo Cadbury, Grupo Zurich Argentina, Bolivia, Chile y Venezuela, Molinos Río de la Plata, Allergan Argentina y Brasil, Consejo Profesional de Ciencias Económicas – Turismo, entre otras.

Contacto autor: prof.ojc@gmail.com

Prólogo del Autor

La ética en la administración comprende los principios morales que guían la conducta en la empresa. Ético es quien alinea un discurso cargado de expectativa moral con una acción moral. Los discursos que guían la conducta en la empresa, en general, se encuentran en: la misión, los planes de acción, lo que dicen los directivos, el marketing, los lemas, entre otros.

Con una visión innovadora, en este libro se intenta demostrar la existencia de un discurso, un mensaje escrito en el seno mismo del consejo de administración, que es la proporción de consejeros independientes, sus movimientos, sus redes de contactos y atipicidades.

Este discurso tiene una connotación tan importante que trasciende las fronteras de la empresa, convirtiéndose en un tema político de tal magnitud, que incluye las cuestiones de género en la agenda. Así para 2020 una empresa deberá explicar por qué su consejo de administración no tiene como mínimo el 30 % de consejeros mujeres. Vemos entonces que la estructura del consejo habla por sí sola de su ética, y constituye sin lugar a dudas, su principal discurso para propios y terceros.

Un dilema ético se presenta cuando quien decide elige una entre varias alternativas posibles que deben ser evaluadas como correctas o incorrectas. Por ejemplo, cuando una empresa necesita fondos para financiar un proyecto de inversión, el directivo de la empresa deberá enfrentarse ante un dilema que tiene dos opciones posibles: que pida prestado el dinero a un tercero o que use el suyo propio. En el primer caso deberá pagar un interés por el uso de ese dinero prestado y en el segundo caso no. En las pequeñas empresas, el dueño es en general el que toma las decisiones y quien irradia su estilo moral a sus allegados y a todos los demás integrantes. Él decide si toma un préstamo y paga por ello un interés o invierte parte de sus ahorros y deja de ganar por la colocación que eventualmente podría haber hecho en otra cosa en lugar de haberlo hecho en su propia empresa. Pero él y solo él es quien se arriesga, con lo cual no existe dilema ético, si no tan solo un cálculo financiero acerca de cuál es la decisión más conveniente. En las grandes empresas cotizadas, donde el capital se encuentra distribuido entre un ilimitado número de accionistas minoritarios, desde el punto de vista ético, la cosa es bastante distinta, en general los directivos toman las decisiones pero ellos no arriesgan nunca su dinero, en el peor de los casos pueden llegar a perder el trabajo si se equivocaron en sus apreciaciones. Así al directivo de una gran empresa que cotiza en bolsa le puede resultar más tentador financiar promesas de un futuro mejor con dinero de los accionistas minoritarios, que son los dueños de la empresa, pero que en la práctica no tienen ninguna posibilidad de control sobre las decisiones que éste directivo tome a un coste prácticamente nulo.

En esta obra de divulgación científica se analizan cuestiones intrínsecas a la conformación, cambios, redes de contactos, entre otros, de los consejos de administración. Se hace una lectura ética sobre dichas cuestiones con foco en el principio de proporcionalidad. La importancia de este tema surge debido a que, en general, la ética es algo que casi nunca o nunca es tenida en cuenta en la bibliografía especializada en finanzas, y menos aún a la hora de recomendar en cuáles acciones invertir. Entonces, como se pregunta Adela Cortina ¿Para qué sirve la ética? ¡Pues para encontrar respuestas en ella que nos ayuden a decidir mejor! Supongamos un pequeño inversor que espera ver crecer sus ahorros para afrontar dignamente su retiro futuro y decide invertir en acciones, ¿No sería lógico que en su elección pese mucho más la ética de la empresa que otras variables circunstanciales? Pues sí, dado que la ética tiene incidencia directa sobre los riesgos que asume. Este libro apunta a responder a la pregunta: ¿Cómo darme cuenta si una empresa tiene una ética favorable a los intereses del accionista minoritario o no?

Este libro complementa y actualiza a julio de 2017 mi trabajo de años de investigación que he ido plasmando en mi tesis doctoral y mi anterior libro "Beneficio por Acción y Ética aplicada en el IBEX-35". Demuestra la relación del consejo de administración con las buenas prácticas, a las que llamo ética aplicada, y su repercusión en los beneficios para el accionista.

El objetivo principal del libro es señalar las ventajas y desventajas que tienen para el inversor las distintas opciones desde la perspectiva de la constitución del consejo de administración. Este nuevo enfoque tiene la ventaja de ser más anticipativo que una predicción económico – financiera típica.

Escribir el libro me ha ocupado varios años de investigación. Dediqué los primeros a recopilar datos e información. Con ayuda de varias herramientas informáticas realicé varias simulaciones estadísticas, que validan con evidencias empíricas las conclusiones arribadas.

He intentado emplear un lenguaje directo y accesible, para transmitir las ideas con la mayor claridad posible. Incorporo definiciones que pueden significar a veces innecesarias para profesionales de las finanzas. El texto contiene numerosas referencias bibliográficas, dirigidas al lector que desee profundizar en los distintos temas.

Se trata de una obra original. Presento diversas conclusiones que no he visto publicadas jamás, salvo en mi tesis doctoral y mi anterior libro las cuales mejoro. Siempre justifico con evidencias estadísticas las conclusiones alcanzadas. Intento ser lo más objetivo posible en los análisis.

El libro aborda temas de actualidad relacionados con los consejos de administración de las empresas que pasaron por el IBEX-35. Seleccioné el año 2015 como base del estudio, la riqueza en términos estadísticos en dicho período –movimientos acaecidos antes y después de ese año en empresas históricas y no históricas del IBEX-35, hicieron inclinarme a seleccionar dicha población como objeto de estudio. Agregué un rango de dos años antes y después de ese año para enriquecer el análisis.

Esta metodología puede ser aplicada a otros mercados, solo es necesario contar con una legislación que abogue por la transparencia.

El libro va dirigido a un público amplio. El accionista encontrará recomendaciones argumentadas empresa por empresa. El estudiante tendrá un tratado completo del Consejo de Administración unido a ética aplicada. El estudioso o profesional hallará bastantes ideas novedosas para tener en cuenta y una visión totalmente distinta a lo antes conocido.

El libro está estructurado en trece capítulos. En concreto el capítulo 2 hace una reseña de los puntos centrales de los distintos códigos de buenas prácticas desde el de Olivencia a la actualidad. El capítulo 3 un análisis del problema de agencia y su relación con el capital flotante. En el Capítulo 4 el desarrollo de la matriz consejo – propiedad clave del modelo propuesto. En el capítulo 5 un análisis de los cambios en las variables propiedad y constitución del consejo de administración, y como repercuten en la posición de la categoría resultante que, a lo largo de los años refleja un movimiento o tendencia de adaptación. En el capítulo 6 analizo la red de los consejeros independientes, parto de la idea que un consejero muy conectado puede significar una mala decisión debido a que esta práctica aumenta la vulnerabilidad entre consejos. En el capítulo 7 analizo el límite al derecho de asistencia a Junta ya que representa un derecho inalienable para los intereses del minoritario de profundo impacto. En el capítulo 8 analizo el BPA, DPA, PAY-OUT y la Rentabilidad por Dividendos en la población objeto de estudio. En el capítulo 9 analizo las pérdidas por mala performance los días previos a las salidas del IBEX-35. En el capítulo 10 realizo un análisis pormenorizado de cada uno de los consejos de administración, su conformación, posición en la matriz y con ello las categorías resultantes a lo largo de los años. Relaciono el grado de centralidad o de conexión entre el consejo en cuestión y otros consejos del IBEX-35, asumiendo que esta conexión es una muestra representativa del nivel de centralidad total o de lazos directos totales del consejo. En el capítulo 11 explico el PER con las variables explicativas estudiadas previamente, conjeturando que dichas variables tienen un alto contenido ético para los inversores y, que por lo tanto, deben ser tenidas en cuenta a la hora de invertir. Entre dichas variables destacan: los movimientos interanuales en la matriz, el límite al derecho de asistencia a Junta y los grados de centralidad del consejo. Por último en los capítulos 12 y 13 hago una reseña pormenorizada a manera de discusión con varios autores y conclusiones personales.

Es importante destacar que, a pesar del riguroso procedimiento metodológico aplicado, las conclusiones son probables y por lo tanto no siempre certeras. No pretendo ser predictivo, sino más bien explicativo, lejos de la vorágine diaria de la Bolsa, y cerca de la tranquilidad que solo la ética aplicada le puede brindar.

El Autor

Índice

15

17

Capítulo 1

Introducción

"Además de dirigir la estrategia corporativa, el Consejo es el máximo responsable de la supervisión del rendimiento del equipo directivo y es garante de un beneficio aceptable para los accionistas. A su vez, está encargado de prevenir los conflictos de intereses y equilibrar los requisitos que los distintos grupos realizan a la sociedad. Los Consejos deben mantener un cierto grado de independencia con respecto a la dirección a fin de cumplir eficientemente con sus responsabilidades" (OCDE, 1999, pág. 49).

Hablar de ética en los negocios es hablar de algo que en general puede sonar anticuado. No se distingue como factor crítico de éxito, pero su ausencia, en el mediano o largo plazo, puede traer consecuencias insospechadas. La predisposición selectiva por elegir el camino más corto, puede facilitar las cosas a la hora de racionalizar una elección por la alternativa incorrecta. En ocasiones, olvidado en algún escritorio de la empresa, la ética, en forma de código, puede interpretarse como una simple declaración de buenas intenciones, pero, sin embargo, su fuerza es tal que nadie quiere ser tildado de antiético, aun siéndolo. En ese sentido, el directivo que pretenda demostrar que tiene algo más que una simple declaración de principios esperando ser mostrada, deberá alinear sus acciones con su discurso, de lo contrario corre el riesgo de ser llamado hipócrita. Es fácil imaginar que en una pequeña empresa los dilemas de elegir entre alternativas correctas o incorrectas se resuelven en la cabeza del dueño a través de su sistema de valores, para bien o para mal, pero... en una corporación con intereses globales, ¿dónde se encuentra el núcleo de solución a tales dilemas?, pues en el consejo de administración, desde donde se localiza y derrama su moral, cual fuerza centrífuga, hasta los rincones más ocultos e inalcanzables de la empresa.

Cuando un inversor, por dar un ejemplo, espera ver crecer sus ahorros para afrontar dignamente su retiro futuro, y se decide por las acciones de una empresa que cotiza en bolsa, difícilmente piense en la ética aplicada de dicha empresa como variable determinante de su elección. Paradójicamente es tal vez aquí donde más debería poner el acento.

El Consejo de Administración, órgano central de las grandes empresas cotizadas españolas, ocupa un lugar destacado en las discusiones sobre el buen gobierno corporativo. La autorregulación por medio de la implementación voluntaria de buenas prácticas en éste ha sido priorizada a la exigencia legal de adoptarlas. La legislación española deja a la libre autonomía de cada sociedad la decisión de seguir o no las recomendaciones de buen gobierno corporativo, pero les exige que, cuando no lo hagan, revelen los motivos que justifican su proceder, al objeto de que los accionistas, los inversores y los mercados en general puedan juzgarlos (Código Unificado Refundido, 2013, pág. 3). Encontrar pues la forma de medir esa autorregulación de la que habla el código es clave para poder evaluar los riesgos asociados a una ética de fachada. Dicha ética es aquella donde se dicen cosas bellas -que son los valores compartidos, y se hacen otras, en general condenadas por la sociedad con buenas intenciones.

El Consejo de Administración es foco de diversas exigencias sociales, políticas y legales que le representan interdependencias con la sociedad (Payne, Raiborn, & Askvik, 1997, pág. 1727). Aplicar los valores y normas compartidas de la ética cívica al Consejo[1], es insertar dicha ética en la empresa (Cortina, 1994, pág. 89). La aplicación efectiva de las recomendaciones y principios de buen gobierno corporativo, en un entorno de confianza y transparencia, crea una dinámica de valores compartidos o ética aplicada entre la empresa y la sociedad (García & Ruesca Benito, 2014, pág. 205). Sería un grave error considerar a la ética aplicada como algo separable e independiente de las decisiones referidas a los aspectos económicos (Melé, 2004, pág. 38). Para apreciar adecuadamente la conducta ética de la empresa, no basta con que ésta respete las prescripciones legales (Gilli, Ética y empresa, 2011, pág. 96) , revelar los motivos que justifican su proceder, cuando no cumple con las recomendaciones de buen gobierno corporativo (Código Unificado Refundido, 2013, pág. 3) significa no corresponder con las expectativas de valores compartidos. Un Consejo empeñado en cumplir únicamente con sus obligaciones legales (Aparicio González, 2005, pág. 1131), es sinónimo de un Consejo de sello, que aprueba lo que se le presenta, haciendo que las reuniones constituyan una formalidad legal o únicamente informativas (Fraguas, 2004, pág. 6). Al respecto, una reciente investigación sobre la banca española, demuestra que las competencias directivas para obtener buenos resultados, deben ser un objetivo prioritario por encima del cumplimiento formal de los códigos establecidos, siendo la clave del éxito los principios del buen gobierno (Stein Martínez, Capapé, & Gallego, 2012)

En España, la insatisfacción respecto a las prácticas de los Consejos de Administración llevó a que un movimiento reformista propugnase cambios en los modos de organizar el gobierno de las sociedades. En consecuencia en junio de 1997 se constituye una

---

[1] A partir de aquí se abrevia Consejo de Administración como CA o Consejo

21

Comisión Especial con un doble cometido: la redacción de un informe sobre la problemática de los Consejos de Administración de las sociedades que apelan a los mercados financieros y la emisión de un código de recomendaciones de buenas prácticas de gobierno de asunción voluntaria (CNMV, 1998) conocido como Código Olivencia en referencia al nombre de su Presidente D. Manuel Olivencia Ruiz.

Entre las innovaciones más importantes que introdujo dicho Código se destacan las que afectan a la composición cualitativa del Consejo, esto es, a la procedencia o perfil de los consejeros. La principal recomendación al respecto se refiere a la figura del consejero independiente, cuya misión primordial consiste en hacer valer en el Consejo los intereses del capital flotante (Olivencia, 1999, pág. 20). Entendiéndose por consejero independiente a aquellos consejeros que no están vinculados ni con el equipo de gestión ni con los núcleos accionariales de control que más influyen sobre éste, siendo además indispensable que cuenten con experiencia, competencia y prestigio profesional (Olivencia, 1999, pág. 20). Al respecto la ECGI[2] afirma: *"El papel de los consejeros independientes ocupa un lugar destacado en los códigos de gobierno corporativo. La presencia de representantes independientes en el Consejo, capaces de desafiar las decisiones de la gestión, es considerado como un medio para proteger los intereses de los accionistas"* (ECGI, 2014).

En cuanto al número de consejeros independiente en el Consejo, la OCDE, en su revisión 2014 de los Principios de Gobierno Corporativo, señala: *"Las empresas deben tener una estructura directiva unitaria. Un elemento fuerte e independiente, con consejeros independientes que constituyan al menos un tercio del consejo (o por lo menos la mitad cuando el presidente de la junta directiva y el director ejecutivo coinciden en la misma persona)"* (OCDE, 2014, pág. 53). Por su parte, el Instituto de Consejeros – Administradores (Asociación Española de Consejeros) recomienda: *"en el caso de Sociedades sin accionista mayoritario o sin núcleo duro de control con mayoría, que deberá existir una **mayoría** de*

---

[2] European Corporate Governance Institute (ECGI), *international scientific non-profit association. http://www.ecgi.org/*

consejeros independientes de entre los no ejecutivos/externos en la estructura del Consejo" (IC-A, Principios de Buen Gobierno Corporativo, 2014, pág. 9). Al respecto, la Comisión Especial para el Fomento de la Transparencia y Seguridad en los Mercados y en las Sociedades Cotizadas, constituida por el Gobierno de España en 2002 y presidida por el Profesor Aldama, recomienda: *"tener en cuenta la estructura accionarial de la sociedad y el capital representado en el Consejo"* (Aldama, 2003, pág. 36). Más recientemente, el Código Unificado de buen gobierno de las sociedades recomienda al respecto de la proporción de consejeros independientes, *"la aplicación del principio de proporcionalidad entre la participación accionarial y la representación en el Consejo"* (Código Unificado Refundido, 2013, pág. 12).

Por su parte, los lazos directos que un consejero independiente tiene, pueden significar algo valioso para cualquier empresa. Por esta razón muchos consejeros independientes son captados por sociedades para servir como intermediarios, aumentando de esta forma tanto el consejero como las empresas su red de contactos. Mintzberg menciona este comportamiento entre las funciones específicas del Consejo de Administración (Mintzberg, El Poder en la Organización, 1992, pág. 96), utilizado generalmente para: 1) captar agentes externos para establecer contactos; 2) establecer contactos (y obtener fondos) para la organización; 3) mejorar la reputación de la organización. Las empresas pueden servirse así del Consejo de Administración como un mecanismo formal para ampliar sus lazos directos y lograr beneficios con ello. Pero esto puede no siempre ser así. Algunas veces el precio a pagar es la cesión de una cuota de poder (Mintzberg, El Poder en la Organización, 1992, pág. 97), y el intercambio de grados de control y privacidad (Pfeffer, 1972, pág. 222). La intermediación o entrecruzamiento de consejeros puede llevar a que no entiendan efectivamente el negocio (Baysinger & Hoskinsson, 1990, págs. 72-85). Más recientemente la crisis financiera del 2008, revivió la discusión sobre la intermediación o entrecruzamiento de consejeros, la OCDE señala que puede tener efectos negativos sobre la competencia al facilitar la colusión (efectos coordinados) entre empresas (OCDE, 2009, pág. 9). El entrecruzamiento de consejeros, señala el informe, puede proporcionar acceso a la información sensible sobre precios, costos, estrategias de futuro y otras decisiones clave (OCDE, 2009, pág. 19), resultando en consecuencia algo negativo para la empresa.

Desde el punto de vista de los resultados, los estudios demuestran una incidencia positiva del consejero independiente. Las empresas con mayor porcentaje de independientes experimentaron mejores resultados (Baysinger & Butler, 1985, pág. 124). La presencia de consejeros independientes mejora el desempeño de las empresas de familia (Arosa B, 2010, pág. 236). La presencia creciente de consejeros independientes transmite tranquilidad a los accionistas por el control que ejercen sobre el Directivo Principal (Baysinger & Hoskinsson, 1990, pág. 85). Según una investigación sobre 87 empresas europeas, existe una fuerte relación positiva entre la proporción de consejeros independientes en el Consejo de Administración y la rentabilidad (Krivogorsky, 2006, pág. 197). La presencia de consejeros independientes en el Consejo de Administración se asocia positivamente a medidas futuras de desempeño financiero (Pearce & Zahra, 1992, pág. 1).

Dilema entre el discurso y la acción

Fraderick Bird y James Waters exponen su preocupación acerca de lo que ellos denominan el marcado silencio que gerentes y ejecutivos exhiben con respecto al comportamiento ético en los negocios (Bird & Waters, 1989). Más aún, los autores enfatizan que el silencio se mantiene en la misma dimensión también en aquellos casos en que se actúa respetando una escala de valores éticos en el ámbito empresarial.

A la hora de apelar a los motivos de este comportamiento de los hombres de negocio se sostiene que los gerentes simplemente dan por sentado la escasa relación entre la ética y los negocios, que se reafirma cuando se tilda de falta de ética a algunas actividades ilegales.

Sobre la base de esta hipótesis los autores establecen una serie de relaciones entre la acción, el discurso y las normas éticas y morales en el comportamiento de los gerentes. En su opinión es posible concebir cuatro tipos de modelos de relaciones entre los mencionados elementos: el primer modelo se identifica con aquel escenario en el que el discurso y la acción coinciden y se corresponden con las expectativas morales. Los autores denominan el "modelo de conducta moral congruente". El segundo modelo de congruencia está representado por aquella situación en la que se manifiesta coherencia entre el discurso y acción, pero ninguna de ellas está guiada por expectativas morales. Llamado "modelo congruente de conducta inmoral o amoral".

Asimismo definen dos modelos en los que prevalece la incongruencia entre el discurso y la acción. En el primero de ellos, se muestra un discurso diferente hacia los estándares morales que no se ve reflejado precisamente en la conducta de los actores. Es el "modelo de hipocresía o debilidad moral" sintetizado en la discrepancia entre acción y mensaje. Finalmente el escenario de silencio o mutismo moral es el que despierta la atención preferente de los autores. En este modelo se evidencia una realidad de mutismo en la comunicación de la moral y la ética por parte de los gerentes pero se espera de ellos que actúen de acuerdo a los estándares morales.

RELACIÓN ENTRE EL DISCURSO Y LA ACCIÓN MORAL		
ACCIONES / DISCURSO	Acciones seguidas de expectativas Morales	Acciones NO seguidas de expectativas Morales
Términos Morales usados en el discurso	Modelo de conducta moral congruente	Modelo de fachada (discrepancia entre acción y mensaje)
Términos Morales No usados en el discurso	Modelo de silencio o mutismo moral (evitar hablar de la moral)	Modelo congruente de conducta amoral (coherencia entre el discurso y acción)

Los autores indagan en las causas de este fenómeno, en el que tienden a evitar hablar de la moral ya que esto puede representar una amenaza a la armonía, y a la imagen de poder y efectividad. Por su parte, las consecuencias del silencio moral pueden derivar en la amnesia moral, un estrecho concepto de moralidad, stress moral para los gerentes, negligencia por abusos morales y disminución de los estándares morales.

Aplicando el modelo de Bird y Waters al modelo moral que probablemente aplicaría la empresa hacia el inversor minoritario, en este trabajo *se parte de la hipótesis que la proporción (%) de consejeros independientes en el consejo de administración denota el término moral usado en el discurso del consejo de administración*. Así por ejemplo una empresa con una proporción de consejeros independientes que supera ampliamente la proporción de capital flotante, transmite una idea o mensaje de tranquilidad y respaldo al inversor minoritario. Diremos que esa empresa usa un claro discurso moral hacia sus intereses dándoles directa o indirectamente respaldo y garantías. Si las acciones de dicha empresa coinciden con las expectativas así comunicadas en su discurso, entonces decimos que la empresa en cuestión tiene un modelo de conducta moral congruente. Si por el contrario, las acciones no están seguidas de expectativas morales, como por ejemplo una emisión importante en momentos de recesión que diluye el valor de las acciones de los antiguos accionistas, entonces estamos en presencia de un modelo de hipocresía o fachada ya que, su discurso, intrínsecamente a favor no coincide con sus acciones en contra de los intereses minoritarios. Una sociedad que tiene una representación por debajo de la proporción de capital flotante, claramente no tiene un discurso moral hacia el minoritario, es decir no crea falsas expectativas, pero si ejerce acciones seguidas de expectativa moral, como por ejemplo un alto beneficio por acción con altos dividendos, entonces aplica un modelo de mutismo moral o sea, su consejo de administración no dice: "me preocupan los minoritarios", pero sin embargo se preocupa por ellos en los hechos. Si en cambio, ejerce prácticas que les significan perjuicios, estamos entonces en presencia de un consejo de administración que aplica un modelo congruente de conducta inmoral o amoral, ya que hay coherencia entre el discurso (baja representación de los intereses minoritarios en el consejo) y la mala acción (aplica prácticas que en general los perjudica). El modelo de hipótesis propuesto sería:

RELACIÓN PROBABLE ENTRE EL DISCURSO Y LA ACCIÓN MORAL EN EL CONSEJO DE ADMINISTRACIÓN			Acciones seguidas de expectativas morales hacia el inversor minoritario	Acciones NO seguidas de expectativas morales hacia el inversor minoritario
DISCURSO	ACCIONES			
Proporción (%) de consejeros independientes **con mayoría absoluta** independiente (Mayor al 51 %).	Pero **Aproximado al %** de Capital Flotante que es superior al 50 %	**Y autónomo** de otros consejos	*Modelo de conducta moral congruente*	Menos probable
		Y NO autónomo de otros consejos	Menos probable	Más probable *Modelo de fachada*
	Pero **MUY ALTO** respecto al Capital Flotante que es inferior al 50 %		Menos probable	*Modelo de fachada (Más probable Señal de una crisis profunda)*
Proporción (%) de consejeros independientes **sin mayoría absoluta**	Pero **Aproximado** al % de Capital Flotante que es inferior al 50 %		*Modelo de silencio o mutismo moral*	Menos probable
	Pero **MUY BAJO** respecto al Capital Flotante que es superior al 50 %		Menos probable	*Modelo de conducta amoral congruente (Si la acción perjudica al minoritario)*

Algunas preguntas al comenzar a leer este libro

En mi tesis doctoral demuestro empíricamente que las empresas del IBEX-35 con capital disperso, mayoría absoluta de consejeros independientes y autónomos de otros consejos, durante el período 2011 – 2014, tuvieron mejores prácticas hacia el minoritario y un beneficio por acción medio mayor que el resto, lo que repercutió en el PER de dichas empresas, haciéndolas más atractivas para invertir. Casi un año después ese grupo de empresas representaban para el hipotético inversor una rentabilidad por dividendos en el período julio 2015 – julio 2016 de más del 7 %. Como resumen de las mejores prácticas encontradas en este grupo de empresas puede mencionarse que:

- Tuvieron menor límite promedio de derecho a asistencia a Junta
- Emitieron en promedio menor cantidad de acciones
- Otorgaron en promedio la prima de asistencia a Junta más alta
- Tuvieron en promedio mayor asistencia a Junta del capital flotante
- Tuvieron en promedio menor límite de derecho a voto.
- Tuvieron atípicamente bajos número de lazos directos con otras empresas

Profundizando en tan apasionante tema y, procesando datos de fuente secundaria altamente confiable, como los informes anuales de gobierno corporativo (IAGC), con técnicas estadísticas de altísimo rigor científico, pretendo encontrar respuestas a un vasto número de preguntas que detallo a continuación:

- Si el consejero independiente tiene como función principal desde el inicio: hacer valer los intereses del accionista minoritario en el consejo de administración, entonces ¿un consejo con mayor proporción de consejeros independientes es más conveniente para dicho inversor?

- Cuando se plantea como hipótesis que el discurso de la empresa a los inversores minoritarios es: su proporción de consejeros independientes en el consejo de administración ¿acaso hay que sospechar que una crisis profunda sucede cuándo esa proporción es excesiva?

- ¿Por qué hay consejos de administración que tienen el capital social concentrado en unos pocos accionistas y sin embargo tienen mayoría de consejeros independientes en el consejo de administración? ¿Podría aumentar las probabilidades de ser un consejo con moral de fachada hacia el minoritario?

- Por el contrario, ¿Por qué hay consejos que tienen el capital social disperso en un número casi infinito de inversores y sin embargo tienen una representación muy pequeña en el consejo de consejeros independientes? ¿Acaso eso no es un discurso inmoral hacia el minoritario?

- ¿Existe alguna relación entre la concentración del capital social y la estructura del consejo de administración que sea más probablemente de fachada?

- ¿Cuándo hay cambios importantes en la estructura del consejo de administración, es correcto suponer que dicha reestructuración responde a una crisis profunda en el seno de la empresa que, en el futuro repercutirá negativamente en los intereses del inversor?

- ¿Un consejo con consejeros independientes altamente entrelazados con otros consejos de administración, es más conveniente para el inversor que otro cuyos consejeros independientes no tienen lazos con otros consejos?

- ¿Los grandes escándalos por fraudes son más habituales o frecuentes en alguna configuración de consejeros independientes que en otra?, y de ser así ¿en cuál?

- Dado que las pérdidas por salidas del selectivo Español son en general muy importantes, a los efectos de medir los riesgos: ¿Existen configuraciones con más probabilidad a salir del IBEX-35?, y de ser así ¿en cuál?

Métodos y técnicas estadísticas de análisis de datos utilizados

Las técnicas estadísticas que a continuación se explican fueron utilizadas para resumir y dar significación a los resultados y conclusiones del análisis descriptivo así como para establecer relaciones de asociación entre las distintas variables.

Para el análisis de información se ha considerado oportuno seguir un procedimiento descriptivo, pues dado que el universo en estudio son las empresas pertenecientes al IBEX-35 año base 2015 período 2013 a 2017 primer semestre, con sede central en España, y que los datos incluyen a toda la población, la herramienta de análisis apropiada es la estadística descriptiva para cada una de las variables definidas.

- **Análisis de detección automática de interacciones (AID)**

El Análisis AID, acrónimo de Automatic Interaction Detection (Detección automática de interacciones), además de estudiar la relación de dependencia entre una variable dependiente y múltiples independientes o explicativas, detecta el efecto y las interacciones existentes entre las variables explicativas, como su nombre indica. No proporciona, sin embargo, una función con coeficientes que determinen la relación existente entre la variable dependiente y las independientes, pero puede utilizarse para completar el análisis y estimar una relación funcional. La principal aplicación del análisis AID es en segmentación de mercados. Las variables independientes o explicativas utilizadas en el análisis AID han de estar medidas con escalas nominales u ordinales, y la variable dependiente o a explicar debe estar medida con una escala métrica (proporcional o interválica) o dicotómica (valores 1 ó 0). El AID se basa en un análisis de la varianza de las diferencias entre las medias de todos los grupos dicotómicos posibles (Santesmases Mestre, 2011, pág. 347). Con los datos de porcentaje de consejeros independientes y porcentaje de capital flotante, se realizará un análisis de interdependencias (AID), con el objetivo de validar la segmentación de la población proporción de consejeros independientes - concentración del capital flotante de la empresa.

- **Análisis de clasificación múltiple (ACM)**

El análisis de clasificación múltiple (ACM) es una técnica poco conocida, a pesar de sus notables ventajas, tanto en el manejo de los datos, como en la interpretación de los resultados. El ACM analiza la relación entre una variable dependiente o criterio y varias variables explicativas o predictoras. La primera debe estar medida en una escala métrica o dicotómica, mientras que las variables explicativas o independientes -y ésta es, una de las características distintivas del ACM- deben estar medidas con escalas no métricas o categóricas (nominales u ordinales), o convertidas en ellas, si la escala original es de orden superior. El ACM sustituye con ventaja al análisis de regresión múltiple con variables ficticias, por la complejidad que puede suponer en esta última técnica la transformación de las variables categóricas en ficticias y la interpretación de los coeficientes de regresión obtenidos (Santesmases Mestre, 2011, pág. 347).

Capítulo 2

El Consejo de Administración

El Consejo de Administración es el principal órgano de gobierno en las empresas cotizadas (Fraile & Fradejas, 2010, pág. 14), (Gallo & Cappuyns, 1997, pág. 1) y responsable sobre todos los asuntos relacionados con el buen gobierno corporativo (Cavanna, 2013, pág. 5).

El Reglamento del Registro Mercantil (RRM) – Real Decreto 1784/1996, de 19 de Julio, en su artículo 124 Capítulo IV de la Inscripción de las Sociedades Anónimas – regula las formas que puede adoptar el órgano de administración. De acuerdo con el Art. 124 del RRM los estatutos de la S.A. deben definir la estructura del órgano al que confía la administración, debiéndose elegir por una de las siguientes fórmulas:

    a)   A un administrador único.

    b)   A varios administradores que actúen solidariamente.

    c)   A dos administradores que actúen solidariamente.

d) A un Consejo de Administración, integrado por un mínimo de tres miembros.

El Art. 209 – Título VI – Administración de la Sociedad – Ley de Sociedades de Capital (LSC) Competencia del órgano de Administración. Es competencia de los administradores la gestión y la representación de la Sociedad. El Art. 233 inc. d., en el caso de Consejo de Administración, el poder de representación corresponde al propio Consejo, que actuará colegiadamente. No obstante, los Estatutos podrán atribuir el poder de representación a uno o varios miembros del Consejo a título individual o conjunto. Cuando el Consejo, mediante el acuerdo de delegación, nombre Comisión Ejecutiva o uno o varios consejeros delegados, se indicará el régimen de actuación. El Art. 234 (LSC), establece que la representación se extenderá a todos los actos comprendidos en el objeto social delimitado en los estatutos.

2.1 Composición del CA – derecho de representación

La composición del Consejo de Administración es una cuestión clave en las sociedades cotizadas. El Art. 243 (LSC) establece el mecanismo de representación proporcional de las minorías, este artículo permite que las *"acciones que voluntariamente se agrupen, hasta constituir una cifra del capital social igual o superior a la que resulte de dividir este último por el número de integrantes del Consejo, tendrán derecho a designar los que, superando fracciones enteras, se deduzcan de la correspondiente proporción"* (Alonso Ureba, 2010, pág. 611). En la práctica sucede que los accionistas minoritarios no ejercitan el derecho de representación, dejando en manos de los directivos de la empresa y de los accionistas de control el gobierno de la sociedad, perdiendo así la representación efectiva de sus intereses en el Consejo de Administración.

2.2 Códigos éticos

Con el objetivo, entre otros, de resolver esta anomalía, en 1997 el Gobierno Español creó una primer Comisión denominada *Comisión Especial para el estudio de un Código Ético de los Consejos de Administración*, Presidida por el Profesor D. Manuel Olivencia Ruiz, que en 1998 redactó un Informe y una serie de recomendaciones sobre el Buen Gobierno de las Sociedades Cotizadas, denominado "Código de Buen Gobierno" o "Código de Olivencia" que incluye veintitrés recomendaciones (Olivencia, 1999, pág. 64).

Por diversas razones; escándalos financieros en varios países, turbulencias en los mercados, globalización, entre otras, Y dado que en la práctica, la información proporcionada por las sociedades cotizadas era insuficiente y no seguían las recomendaciones del Código Olivencia, lo que aplicaba en particular a la información proporcionada a la Junta de Accionistas (Aldama, 2003, pág. 10), el Gobierno decidió crear una segunda Comisión denominada *Comisión Especial para el Fomento de la Transparencia y Seguridad en los Mercados y en las Sociedades Cotizadas*, presidida por el Profesor D. Enrique de Aldama y Miñón, que en 2003 presentó sus conclusiones.

El Gobierno hizo suyas las propuestas de la Comisión Aldama y promulgó una Ley conocida como la Ley de Transparencia – Ley 26/2003, que modificó la Ley de Mercado de Valores, obligando a que toda sociedad anónima cotizada publique un Informe Anual de Gobierno Corporativo (IAGC) (Art. 116 – CAPITULO IV DE LA INFORMACION SOCIETARIA – LEY MERCADO DE VALORES). Y encargó a la Comisión Nacional de Mercado de Valores (CNMV), que actualice el Código de Buen Gobierno para sociedades cotizadas (Villanueva, 2015, pág. 77). El Código de recomendaciones de la CNMV fue promulgado a mediados del año 2005, siendo su Presidente D. Manuel Conthe, de ahí su denominación habitual como "Código Conthe".

Con el fin de adecuar el Código Unificado a los avances en materia de gobierno corporativo, específicamente de mejorar la eficacia y responsabilidad en la gestión de las sociedades españolas, el 10 de mayo de 2013 se creó una Comisión de expertos en materia de gobierno corporativo para promover las iniciativas y las reformas normativas que se consideraran adecuadas. Así se crea el nuevo Código de buen gobierno de las sociedades cotizadas (el **Código de buen gobierno**), elaborado con el apoyo y asesoramiento de la Comisión de expertos y aprobado por Acuerdo del Consejo de la CNMV de 18 de febrero de 2015.

La tabla 1 expone una comparación de los apartados centrales o de mayor relevancia de cada uno de ellos. Fueron seleccionados los temas coincidentes al Consejo de Administración y aquellos centrales para las buenas prácticas de gobierno corporativo.

Aspectos Evaluados en Códigos	Detalle
a.- Tipo de adopción de buenas prácticas	El cumplimiento de las buenas prácticas es voluntario, siendo obligatorio informar o en su caso explicar la falta de seguimiento de las recomendaciones.
b.- Sociedades a las que se dirigen los códigos	Compañías cotizadas con algunas excepciones y/o ampliaciones.
c.- Funciones del Consejo de Administración	Análisis de las Responsabilidades más relevantes que cada Código señala para el Consejo de Administración.
d.- Estructura del Consejo de Administración	Análisis de la composición cuantitativa y cualitativa que cada uno de los Códigos hace de los Consejos de Administración.

Tabla 1 - Comparación Códigos de Buen Gobierno Corporativo Español.

a.- Tipo de adopción de buenas prácticas

Los distintos Códigos consideran que sus pautas son de carácter voluntario. Cada empresa es libre de adoptar aquellas prácticas que considere más adecuada. Las medidas propuestas son recomendaciones cuya adopción en última instancia es una decisión de cada empresa.

El informe Olivencia aconsejaba a las empresas la publicación referente a las Buenas Prácticas de Gobierno Corporativo sin establecer un formato pre-establecido. Entiende que las recomendaciones tienen fundamentalmente un propósito orientador (Olivencia, 1999, pág. 60).

El Informe Aldama recomienda la extensión de los deberes de información y alienta el establecimiento de obligaciones de transparencia (Aldama, 2003, pág. 13). Recalca la necesidad de la obligatoriedad de la transmisión de información al mercado y que no puede ser meramente voluntaria (Aldama, 2003, pág. 16). Insta a introducir en la práctica Española el principio conocido como "cumplir o explicar" (Aldama, 2003, pág. 19).

En el Código Unificado de buen gobierno de las sociedades cotizadas (Código Conthe), se hace mención expresa al Art. 61 bis de la Ley de Mercado de Valores que obliga a las sociedades cotizadas españolas a consignar en su Informe Anual de Gobierno Corporativo (IAGC) *"el grado de seguimiento de las recomendaciones de gobierno corporativo o, en su caso, la explicación de la falta de seguimiento de dichas recomendaciones"* (Código Unificado Refundido, 2013, pág. 3). De esta forma las compañías deben indicar cuál es el seguimiento de las normas o códigos sobre buen gobierno, su grado de cumplimiento, explicando las desviaciones sobre aquellas recomendaciones que existen y no dan cumplimiento.

En el Código de buen gobierno sigue fiel al principio de "cumplir o explicar" (CNMV, 2015, pág. 10). En su Recomendación N° 14, en cuanto a la selección de consejeros señala expresamente que:

"la política de selección de consejeros promueva el objetivo de que en el año 2020 el número de consejeras represente, al menos, el 30 % del total de miembros del consejo de administración" (Comisión Nacional del Mercado de Valores, 2015, pág. 26).

La tabla 2 expone una comparación de los códigos, su tipo de adopción y la exigencia de formato de informe.

Código	Tipo de adopción	Formato de Informe
Olivencia	Voluntaria, orientador	Sin formato
Aldama	Voluntaria, cumplir o explicar	Informe Anual de Gobierno Corporativo
Conthe	Voluntaria, cumplir o explicar	Informe Anual de Gobierno Corporativo
Buen gobierno	Voluntaria, cumplir o explicar	Informe Anual de Gobierno Corporativo

Tabla 2 - Comparación tipo de adopción de las recomendaciones de buenas prácticas.

b.- Sociedades a las que se dirigen los Códigos

Los códigos se dirigen en general a las sociedades cotizadas con algunas diferencias mínimas entre ellos. La tabla 3 muestra la comparación entre las sociedades a las que se dirigen los códigos.

Código	Sociedades a las que se dirige
Olivencia	Sociedades cotizadas en las que el volumen de acciones de libre circulación supera el 75 % del capital social (Olivencia, 1999, pág. 11)

Aldama	Sociedades cotizadas, pero puede extenderse a las sociedades que acuden al mercado primario de valores (mercado de emisiones) con el objetivo de colocar sus valores al público , con independencia de que los valores no coticen posteriormente en el mercado secundario (Aldama, 2003, pág. 11)
Conthe	Sociedades cotizadas (Código Unificado Refundido, 2013, pág. 3)
Buen gobierno	Sociedades cotizadas con independencia de su tamaño y nivel de capitalización. Si algunas recomendaciones resultan poco apropiadas o excesivamente onerosas para empresas de menor tamaño, bastará con la empresa en cuestión explique debidamente las razones de su no aplicación, salvaguardando así su libertad (CNMV, 2015, pág. 11)

Tabla 3 - Comparación sociedades a las que se dirigen los Códigos.

c.- Principales Funciones del Consejo de Administración

Las diferentes funciones asignadas al Consejo de Administración según los Códigos de buenas prácticas son mostradas en la tabla 4.

Código	Principales Funciones del Consejo de Administración
Olivencia	General de supervisión. Responsabilidades fundamentales: • Orientar la política de la compañía • Controlar las instancias de gestión • Enlace con los accionistas (Olivencia, 1999, pág. 17)

Aldama	Papel preponderante en la dirección y control de gestión que salvaguarden los intereses de accionistas e inversores (Aldama, 2003, pág. 32)
Conthe	Función general de supervisión , integrada por tres responsabilidades fundamentales: • Orientar e impulsar la política de la compañía (responsabilidad estratégica), • Controlar las instancias de gestión (responsabilidad de vigilancia) • Servir de enlace con los accionistas (responsabilidad de comunicación) (Código Unificado Refundido, 2013, pág. 9)
Buen gobierno	Asumir, colectiva y unitariamente, la responsabilidad directa sobre la administración total social y la supervisión de la dirección de la sociedad, con el propósito común de promover el interés social (CNMV, 2015, pág. 24)

Tabla 4 - Comparación Funciones del Consejo de Administración

d.- Estructura del Consejo de Administración

El sistema proporcional previsto en la Ley de Sociedades Anónimas, en materia de nombramiento de miembros del Consejo de Administración (LSA, 2011, pág. 491), contiene un principio regulativo de indudable valor para la orientación de la composición del grupo de consejeros externos dentro del Consejo de Administración.

Tamaño del Consejo de Administración

Los Códigos españoles incluyen recomendaciones sobre el tamaño y composición de los Consejos de Administración. Los tres grupos de trabajo cuyos aportes se encuentran materializados en Códigos de Buen Gobierno hacen un análisis sobre las estructuras de los Consejos de Administración y realizan una serie de recomendaciones para las sociedades cotizadas españolas (Fraile & Fradejas, 2010, pág. 89). La tabla 5 expone dichas recomendaciones.

Código	Estructura del Consejo de Administración
Olivencia	Recomienda entre 5 y 15 miembros (Olivencia, 1999, pág. 64).
Aldama	Recomienda un número razonable (Aldama, 2003, pág. 32).
Conthe	Recomienda que no sea inferíos a 5 ni superior a 15 miembros (Código Unificado Refundido, 2013, pág. 11).
Buen gobierno	Recomienda entre 5 y 15 miembros (CNMV, 2015, pág. 25)

Tabla 5 - Estructuras recomendadas del Consejo de Administración

Puede concluirse que la buena práctica referida al tamaño del consejo de administración no ha cambiado a lo largo de los últimos 20 años, manteniéndose entre un mínimo de 5 y un máximo de 15 miembros.

41

Tipos de consejeros

Los tipos de consejeros en las empresas españolas se pueden ver en la Ilustración 1.

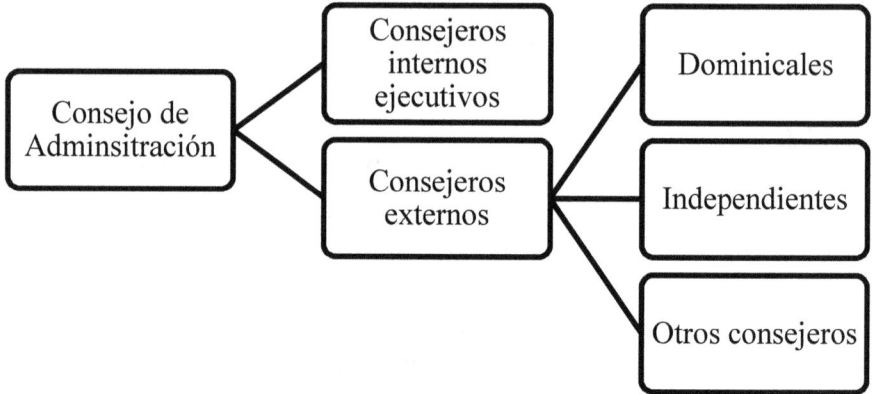

Ilustración 1 - Tipología de consejeros en empresas Españolas
Fuente **(Stein & Plaza, 2011)**

- **Consejeros internos/ejecutivos:** Son miembros del equipo directivo de la compañía, que ocupan un puesto en el Consejo de Administración. Podrían tener doble condición de ejecutivo – accionista aunque no resulta necesaria. Normalmente cuentan con un perfil técnico relacionado con su labor de dirección (financiero, industrial, comercial, entre otros)

- **Consejeros externos:** Una de las tareas más difíciles del consejero externo consiste en decidir si la administración está haciendo un buen trabajo (Mace, 1975, pág. 17).

  o **Consejeros dominicales:** Consejeros que representan a un porcentaje de las acciones de la compañía. Son personas ajenas a la gestión diaria de la compañía pero cuentan con una vinculación directa con la misma y el accionista o grupo de accionistas de control (accionistas significativos). En empresas familiares normalmente representan a aquellas ramas familiares que no se encuentran directamente relacionadas con la gestión. También, en ocasiones podrían representar a accionistas que delegan la representación de su participación.

o **Consejeros independientes**: Son designados en atención de sus condiciones personales y profesionales, que pueden desempeñar sus funciones sin verse condicionados por relaciones con la sociedad, sus accionistas significativos o sus directivos. Aportan una visión externa, profesional e independiente con el objetivo de generar valor para los accionistas. Están llamados a representar al capital flotante (accionistas minoritarios)

o **Otros consejeros**: Son aquellos que no pueden ser considerados como dominicales ni independientes. La presencia de este tipo de consejero en el Consejo se justifica dada su experiencia y conocimiento. Podrían por ejemplo catalogarse como *otros consejeros* un ejecutivo que por jubilarse deja de desempeñar sus labores de dirección (Stein & Plaza, 2011, pág. 3)

Relación Externos/Ejecutivos:

Código	Estructura del Consejo de Administración
Olivencia	Recomienda que sean una amplia mayoría de externos sobre ejecutivos (Olivencia, 1999, pág. 64).
Aldama	Recomienda una mayoría amplia de consejeros externos (Aldama, 2003, pág. 36).

Conthe	Recomienda que los consejeros externos dominicales e independientes sean una amplia mayoría, y que los ejecutivos sean el mínimo necesario (Código Unificado Refundido, 2013, pág. 12).
Buen gobierno	Recomienda que los consejeros dominicales e independientes constituyan una amplia mayoría y que el número de consejeros ejecutivos sea el mínimo necesario, teniendo en cuenta la complejidad del grupo societario y el porcentaje de participación de los consejeros ejecutivos en el capital de la sociedad. (CNMV, 2015, pág. 27)

Tabla 6 - Relación externos/ejecutivos recomendadas

Puede concluirse que la buena práctica referida a la relación externos/ejecutivos no ha cambiado a lo largo de los últimos 20 años, o sea que los dominicales e independientes sean una amplia mayoría sobre los ejecutivos.

Independientes:

Código	Estructura del Consejo de Administración
Olivencia	Recomienda un número razonable (Olivencia, 1999, pág. 64).
Aldama	Recomienda una participación muy significativa de consejeros independientes (Aldama, 2003, pág. 36).
Conthe	Recomienda que el número de consejeros independientes represente al menos un tercio del total de consejeros (Código Unificado Refundido, 2013, pág. 13).
Buen gobierno	Recomienda que el número de consejeros independientes represente al menos la mitad del total de consejeros. Que sin embargo, cuando la sociedad no sea

	de elevada capitalización o cuando, aún siéndolo, cuente con un accionista, o varios actuando concertadamente, que controlen más del 30 % del capital social, el número de consejeros independientes represente, al menos, un tercio del total de consejeros (CNMV, 2015, pág. 28).

Tabla 7 - Comparación número de consejeros independientes

De la tabla precedente puede concluirse que la recomendación sobre el número de consejeros independientes de los últimos 20 años apunta a un crecimiento de la presencia del número de éstos en el consejo de administración.

Dominicales/Independientes

Código	Estructura del Consejo de Administración
Olivencia	Recomienda que la proporción entre dominicales e independientes se establezca teniendo en cuenta la relación existente entre el capital integrado por paquetes significativo y el resto (Olivencia, 1999, pág. 64).
Aldama	No se expide al respecto
Conthe	Recomienda que la relación entre consejeros dominicales y consejeros independientes debe reflejar la relación entre el porcentaje de capital representado en el Consejo por los consejeros dominicales y el capital flotante –incluyendo dentro de éste el correspondiente a inversores institucionales que renuncian de forma deliberada a tener presencia en el Consejo (Código Unificado Refundido, 2013, pág. 12).

Buen gobierno	De acuerdo al principio de proporcionalidad, entre participación accionarial y representación en el consejo de administración, la relación entre consejeros dominicales y consejeros independientes debe reflejar la relación entre el porcentaje de capital representado en el consejo de administración por los consejeros dominicales y el resto del capital. Este principio proporcional no es, sin embargo, una regla matemática exacta, sino una regla aproximada cuyo objetivo es asegurar que los consejeros independientes tengan un peso suficiente en el consejo de administración y que ningún accionista significativo ejerza una influencia desproporcionada en relación a su participación en el capital (CNMV, 2015, pág. 27)

Tabla 8 - Comparación relación dominicales/independientes

Se puede comprobar que se mantiene el principio de proporcionalidad entre participación accionarial y representación en el consejo de administración, destacando la importancia del peso de los consejeros independientes en el consejo. Es importante destacar un sesgo hacia la proporcionalidad matemática, que si bien aclara que ésta no debe ser exacta, da lugar a comenzar a debatir qué se entiende por *aproximada*, algo hasta ahora nunca había sido mencionado.

2.3 Evolución de la estructura del CA en la empresa

De acuerdo a Coase (Coase, 1937, págs. 386-405), la firma[3] existe por su habilidad para economizar en ciertos costos del uso del mercado y, por lo tanto, la organización de determinada actividad económica se realizará dentro de una firma si los costos de coordinar la producción dentro de ella son menores que los costos en que se tendría que incurrir si se compra el insumo a través del mercado. Cuando un empresario decide establecer una empresa lo hace entonces porque estima que la producción interna de un bien o servicio puede ser más eficiente (principalmente en términos de costos) que la obtención de este bien o servicio a través del mercado. Cuando la empresa se inicia, o en los primeros momentos cuando es pequeña o mediana y particularmente cuando es una empresa familiar, es frecuente encontrar al fundador o promotor de la empresa, o a uno de sus principales accionistas como administrador único de la sociedad (IC-A, Código de Buenas Prácticas para los Administradores, Consejeros y el Consejo, 2006, pág. 12). Esta situación confiere a dicha persona una concentración de poder y, fundamentalmente una reducción de costos con la consiguiente justificación de la firma, según concepto de Coase.

Cuando el empresario decide expandir la empresa deberá recurrir a administradores o gerentes profesionales para su administración. De la separación entre la propiedad y la dirección surge entonces el problema de agencia. Para Bolton y Scharfstein es central reconocer que los administradores no son los dueños de las firmas, sino que son sólo sus agentes o representantes (Bolton & Scharfstein, 1990, pág. 96). Por tal motivo es importante conocer cuáles serán los problemas de agencia que ocurrirán cuando los administradores tomen sus decisiones sobre el uso de los bienes de la empresa sin ser sus dueños. Una relación de agencia se define como un contrato (implícito o explícito) bajo el cual una o más personas -el principal- contrata a otra -el agente- para que desarrolle cierta actividad en su representación que involucre la delegación de alguna autoridad en la toma de decisiones por el agente. Un ejemplo habitual de un probable problema de agencia es el que se da entre

---

[3] A partir de aquí firma se usa como sinónimo de agencia y empresa

los administradores de las empresas y sus accionistas, donde los primeros no siempre actúan teniendo como objetivo maximizar la riqueza de los accionistas.

En España, la empresa para poder cotizar en Bolsa, deberá pasar por un proceso de adaptación a las más exigentes prácticas de buen gobierno, entre las que se destaca contar con un *Consejo de Administración* con presencia de *consejeros externos profesionales independientes*, estructurados en comisiones (IC-A, Código de Buenas Prácticas para los Administradores, Consejeros y el Consejo, 2006, pág. 13). En una primera etapa, el Consejo de Administración estará compuesto por accionistas y altos ejecutivos de la empresa (accionistas o no), sin incorporarse aún los *consejeros externos profesionales independientes* (IC-A, 2006, pág. 14). Cuando la empresa decide cotizar en Bolsa es cuando se produce el mayor cambio interno en materia de gobierno corporativo. Pasa de tener un Consejo de Administración compuesto exclusivamente por accionistas y ejecutivos de la empresa, a incorporar *consejeros externos profesionales independientes* (IC-A, Código de Buenas Prácticas para los Administradores, Consejeros y el Consejo, 2006, pág. 16).

2.3.1 Empresas con propiedad concentrada

En general las empresas de propiedad concentrada son empresas familiares en donde la construcción, con vista a las generaciones futuras, hace de la empresa su patrimonio principal. Una de las características más destacadas de las empresas familiares españolas, es su concentración de la propiedad en donde el accionista que tiene mayoría de las acciones del derecho a voto de la sociedad, puede identificarse claramente. Un estudio realizado sobre 151 empresas cotizantes del IBEX -35 y mercado continuo español, arroja que el 30 % de las empresas tienen 1 solo accionista que posee más del 50 % del capital; el 20 % entre 2 accionistas poseen más del 50 % del capital. Como promedio, la familia posee más del 90 % del capital (Gallo & Cappuyns, 1997, pág. 3). En España, según estudios sobre composición de los Consejos de Administración, el 36 % de las empresas no tienen separada las funciones del Presidente del Consejo de Administración de las del máximo ejecutivo de la

48

empresa, limitando la independencia del Consejo (IESE & Russell, 2009, pág. 5). Esta concentración de la propiedad en manos del fundador o accionista principal, quien a su vez ejerce el cargo como administrador único, junto al hecho de poseer un Consejo de Administración dependiente[4] usa para sí el Consejo como órgano de simple ratificación o sello, siendo la causa de la aparición de la práctica conocida como *problema de agencia horizontal* (Roe, THE INSTITUTIONS OF CORPORATE GOVERNANCE, Discussion Paper No. 488, 2004, pág. 2). La concentración de los poderes de control difícilmente serán resignados por los propietarios que son miembros de la familia más allá de que cuente o no con un Consejo de Administración (Mace, 1975, pág. 135).

En línea con el problema de agencia horizontal, en un estudio sobre las empresas del S&P 500 demuestra que las empresas con una presencia equilibrada en el Consejo de Administración del capital familiar fundacional y de consejeros independientes, son más valiosas para el accionista minoritario, en contraste con aquellas en donde la proporción de consejeros independientes es relativamente más pequeña a la representación accionarial familiar (Anderson & Reeb, 2004, pág. 209).

2.3.2 Empresas con propiedad dispersa

En las grandes empresas la separación entre propiedad y dirección hace que sea necesario contar en el órgano de administración con un grupo de expertos identificados como ejecutivos y con un Primer Ejecutivo que centraliza el poder de éstos, de esta separación surgen los probables problemas de agencia. Para Demsetz la estructura de la propiedad es el reflejo del equilibrio entre las preferencias de los inversores, más o menos interesados en la diversificación de sus

---

[4] En otro estudio sobre opinión de Inversores Institucionales, ellos sostienen que una de las principales deficiencias de los Consejos Administración, es su falta de independencia con el equipo directivo, ya sea por esa falta de separación entre Presidente y CEO o por la participación de los altos directivos en el Consejo (ANEXO F. Análisis Comparativo entre Inversores Institucionales y Presidentes) (IESE & Russell, 2009)

capitales o en tomar responsabilidades de control, y las preferencias de los directivos más o menos interesados por los consumos en el trabajo, o por una compensación más líquida (Demsetz, 1983, pág. 375). Como máximo responsable de la supervisión del equipo directivo, es fundamental la independencia del Consejo de Administración de éste. Para Alchain y Demsetz dado que los miembros del equipo directivo no pueden ser vigilados completamente surgen conflictos de interés. La inexistencia de información completa hace que estos tengan incentivos a disminuir su esfuerzo respecto al que estarían dispuestos a entregar si pudiesen ser vigilados en forma perfecta. Se genera entonces un conflicto entre los objetivos individuales y grupales, que se exacerba a medida que es mayor el grado de imperfección en la información acerca del desempeño de cada miembro del equipo. Asimismo, el problema de la menor producción causado por este conflicto de intereses es más importante a medida que las actividades entre los miembros del equipo sean más complementarias (Alchain & Demsetz, 1972, pág. 777) . Para solucionar este problema los autores proponen la entrega de derechos residuales de propiedad al que esté dispuesto a coordinar y vigilar el comportamiento del equipo. Baker, Jensen y Murphy, por su parte, destacan que los incentivos influencian, en parte importante, el comportamiento de los individuos en la organización. Según estos autores, el problema principal-agente se reduce con un buen sistema de incentivos (Baker, Jensen, & Murphy, 1988, pág. 593), como por ejemplo bonos en función del rendimiento, derechos sobre acciones o decisiones de despido en función del rendimiento (García Castro, Ariño Martín, Rodríguez Badal, & Ayuso, 2008).

En el sistema Español las empresas con propiedad dispersa son: a) las sociedades en las que no existe ningún accionista que alcance el porcentaje del cinco por ciento del capital social o; b) sociedades de control minoritario en donde existen participaciones significativas no mayoritarias que permiten el control de la sociedad bien individualmente, derivado de la dispersión del resto de los accionistas, o en agrupación con otros accionistas (San Juan y Muñoz, 2012, pág. 378).

En estas empresas se diluye el incentivo de control por parte de los dueños (accionistas minoritarios) al Primer Ejecutivo o

Presidente quien tiene el control total de las decisiones. Los accionistas, muy dispersos y sin posibilidad de control sobre el Consejo de administración, resignan el poder y control (Mintzberg, El Poder en la Organización, 1992, pág. 748). Para Baker, Jensen y Murphy la estructura interna de incentivos de la empresa es determinante para reducir el problema principal-agente y mitigar los potenciales problemas de agencia (Baker, Jensen, & Murphy, Compensation and Incentives: Practice vs Theory, 1988, pág. 593).

En estas empresas de propiedad dispersa el Primer ejecutivo o Presidente es también quien suele elegir a los miembros del Consejo, en este caso el Consejo, que debería controlar al Primer Ejecutivo se vuelve su aliado ya que le debe fidelidad y apoyo. En consecuencia, improbablemente el Consejo será capaz de señalar los errores o desvíos que el Primer Ejecutivo o Presidente puedan cometer. Esta práctica convierte a los Consejos de Administración en un órgano de simple ratificación o sello. Este comportamiento del Consejo se conoce como *problema de agencia vertical* (Roe, THE INSTITUTIONS OF CORPORATE GOVERNANCE, Discussion Paper No. 488, 2004, pág. 2).

Para Hermalin y Weisbach los Consejos de Administración tienden a perder independencia conforme evoluciona favorablemente el desempeño del Primer Ejecutivo (Hermalin & Weisbach, 1998, pág. 97). Existe una probabilidad mayor de dimisión del Primer Ejecutivo para las empresas que han experimentado malos resultados y sus Consejos de Administración presentan una mayoría de consejeros externos (Weisbach, 1988, pág. 431).

2.3.3   Independientes por Sector

La finalidad de este capítulo es comparar la proporción de consejeros independientes en los Consejos de Administración de las empresas seleccionadas, clasificándolas según sectores y visualizar rápidamente los mínimos y máximos, ilustración 2. Puede compararse fácilmente los distintos sectores por su composición de consejeros independientes y los casos atípicos.

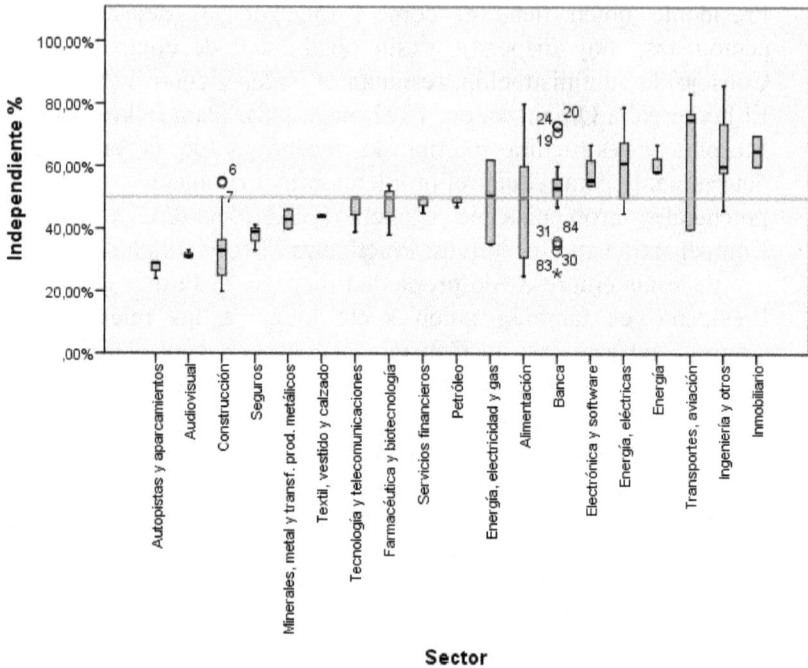

Ilustración 2 – Porcentaje consejeros independientes por sector
Fuente IAGC 2014 – 2016, Software SPSS de IBM.

En específico se observa lo siguiente:

- Las menores participaciones de consejeros independientes corresponden a los sectores: Autopista, Audiovisual, Construcción y Seguros.
- Existen dos observaciones atípicas de consejeros independientes altas en Construcción (Acciona 2015 y 2016).
- Existen tres observaciones atípicas de consejeros independientes altas en Banca (Bankia 2014, 2015 y 2016).

- Existen cuatro observaciones atípicas de consejeros independientes bajas en Banca (Caixabank 2014 y 2015) y Popular (2014 y 2015).

2.3.4 Porcentaje medio de Independientes por empresas

A continuación se detalla el porcentaje medio de consejeros independientes por cada empresa en el período 2014 – 2016.

Consejeros Independientes %		
Empresa	**Media**	**Desviación estándar**
Abengoa	66,0%	28%
Abertis	27,3%	2%
Acciona	54,7%	,3%
Acerinox	43,0%	4%
ACS	28,6%	4%
Aena	40,0%	0%
Amadeus	68,6%	15%
Bankia	73,0%	0%
Bankinter	52,0%	3%
BBVA	59,1%	10%
BME	48,3%	2%
Caixabank	37,0%	12%
CellnexTelecom	44,4%	0%
Colonial	36,3%	0%
Día	72,6%	11%
Ebro Foods	28,9%	3%
Enagas	61,3%	1%
Endesa	45,2%	,3%
FCC	28,3%	7%
Ferrovial	37,1%	12%
Gamesa	61,1%	5%
Gas Natural	37,0%	3%

Grifols	47,2%	8%
IAG	78,4%	4%
Iberdrola	71,4%	7%
Inditex	44,1%	,2%
Indra	54,9%	1%
Jazztel	67,0%	0%
Mapfre	37,7%	4%
Mediaset	31,5%	1%
Meliá	45,4%	0%
Merlin Prop	65,0%	7%
OHL	36,1%	5%
Popular	38,6%	7%
REE	58,8%	4%
Repsol	49,0%	1%
Sabadell	54,3%	5%
Sacyr	21,1%	,2%
Santander	53,0%	0%
Tecnicas Reunidas	59,1%	2%
Telefónica	46,3%	6%
Viscofán	48,6%	8%
TOTAL	48,8%	15%

Capítulo 3

El capital flotante

El Capital flotante es la parte del capital social que se encuentra en manos de los pequeños inversores o accionistas minoritarios (Comisión Nacional del Mercado de Valores, 2015, pág. 11). Es la parte de la empresa que se encuentra expuesta a la negociación en el mercado de valores. Las acciones emitidas en poder de los accionistas se dice que están en *circulación*. En el caso de las empresas cotizantes, las acciones en circulación disponibles para su compra en el mercado son el capital flotante.

Para la estimación del capital flotante (Bolsa de Madrid) se tendrá en cuenta el número de títulos efectivamente en circulación en el mercado y que no pertenece a una participación directa (capital cautivo y, por tanto, no circulante en el mercado). Según los datos que figuran en el Registro de la CNMV en fechas previas a la reunión del Comité Asesor Técnico responsable de los índices (BME), se considerará capital cautivo:

- Las participaciones directas superiores o iguales al 3% del capital, y
- Las participaciones directas que posean los miembros del Consejo de Administración, independientemente de su cuantía.

3.1 El capital flotante y el problema de agencia

Encontrando su fundamento en la necesidad de protección de los intereses de los accionistas minoritarios, para frenar, en lo posible, una serie de privilegios y a veces escasas responsabilidades, por parte de los miembros de los Consejos de Administración, se publicó el 'The Cadbury Report' (Cadbury, 1992) en Reino Unido haciendo de esta forma más rigurosos los aspectos de supervisión financiera de las sociedades (Castelo Montero, 2003, pág. 55). Con el mismo propósito fundamental de protección a los accionistas minoritarios en los EEUU, la 'Ley Sarbanes-Oxley' (Sarbanes & Oxley, 2002). En España el 'Código de Buen Gobierno' (Olivencia, 1999), incorpora conceptos éticos y de buen gobierno a los principales temas de gestión corporativa. Al respecto de las prácticas actuales sobre buen gobierno en España, en opinión de los inversores institucionales, al ser consultados sobre los cambios necesarios para resolver los actuales problemas en el ámbito de gobierno corporativo, señalan como punto clave: "Garantizar la independencia de los consejeros (incorporando consejeros externos y separando las funciones del consejero delegado y las del presidente del Consejo de Administración)." (IESE & Russell, 2009, pág. 21). En el mismo estudio pero al consultar a los Presidentes de Consejos (46 % de los encuestados del IBEX-35 y 56% del mercado continuo Español), el 36 % ostentan ambos cargos (IESE & Russell, 2009, pág. 23). Entre las principales carencias señaladas por los Presidentes de los Consejos se destaca su falta de independencia

(IESE & Russell, 2009, pág. 30). En los casos donde existe una concentración de poder en donde las funciones del consejero delegado y presidente de Consejo recaen en la misma persona, el consejero independiente difícilmente puede ser un mecanismo óptimo de control para resolver los problemas de agencia (Agrawal & Knoeber, 1996, pág. 377).

Los consejeros independientes defienden el capital flotante y por ello deben oponerse a cualquier acuerdo que signifique un perjuicio a los accionistas minoritarios (Navarro-Rubio & Tàpies, 2012). Distintas investigaciones concuerdan con esta afirmación y resaltan la importancia del consejero independiente para disminuir el problema de agencia. Para Musteen las empresas con Consejos de Administración grandes y con una mayor proporción de consejeros externos poseen mejor reputación que aquellas con Consejos pequeños y elevadas proporciones de internos (Musteen, Datta, & Kemmerer, 2010, pág. 498) . Se encuentra beneficiosa la contratación mayoritaria de consejeros independientes dado que mejora la vigilancia, estableciendo en 19 aproximadamente su máxima cantidad de miembros para evitar que los problemas de coordinación superen las ventajas obtenidas sobre el control y vigilancia (De Andres & Vallelado, 2008, págs. 2578-2579).

3.2 Capital flotante por Sector

La finalidad de este capítulo es comparar el capital flotante, de las empresas seleccionadas clasificándolas según los sectores, ilustración 3. Puede observarse que el sector aparece en el eje horizontal, y cada diagrama de caja en el eje vertical por encima del sector correspondiente. De esta manera se pueden comparar los distintos sectores por su capital flotante, y visualizar rápidamente los mínimos, máximos y casos atípicos.

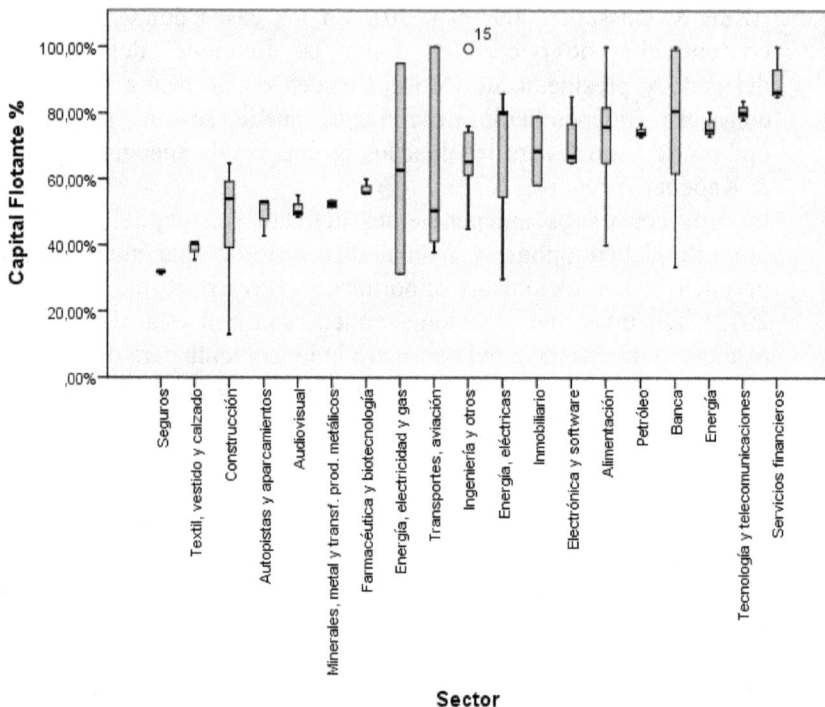

Ilustración 3 – Porcentaje capital flotante por sector Fuente IAGC
2014 – 2016, Software SPSS de IBM.

En específico se observa, lo siguiente:

- Los mayores porcentajes de capital flotante corresponden al sector Servicios financieros.
- Con base a las medianas, Seguros, Textil y Construcción son los que tienen menor capital flotante.
- Con base a las medianas, Banca y Servicios financieros son los que tienen mayor capital flotante.
- Existe un dato atípico en Amadeus en 2014.

3.3 Porcentaje medio de Capital Flotante por empresa

A continuación se detalla el porcentaje medio de capital flotante de cada empresa durante el período 2014 – 2016.

Capital Flotante %		
Código de	**Media**	**Desviación**
Abengoa	56,5%	16%
Abertis	49,6%	5%
Acciona	39,4%	,1%
Acerinox	52,4%	1%
ACS	59,4%	5 %
Aena	39,6%	2%
Amadeus	82,7%	14%
Bankia	36,0%	2%
Bankinter	63,0%	1%
BBVA	100,0%	0%
BME	90,5%	8%
Caixabank	64,3%	31%
CellnexTelecom	39,4%	0%
Colonial	57,9%	0%
Día	82,9%	7%
Ebro Foods	49,3%	13%
Enagas	93,3%	2%
Endesa	29,8%	0%
FCC	36,2%	20%
Ferrovial	57,2%	1%
Gamesa	76,1%	3%
Gas Natural	32,7%	2%
Grifols	57,2%	2%
IAG	83,5%	28%
Iberdrola	82,2%	3%
Inditex	38,9%	2%
Indra	66,3%	2%

Jazztel	85,0%	0%
Mapfre	31,8%	,5%
Mediaset	51,0%	3%
Meliá	44,2%	0%
Merlin Prop	68,6%	14%
OHL	30,9%	7%
Popular	78,5%	2%
REE	80,0%	0%
Repsol	74,5%	2%
Sabadell	84,8%	5%
Sacyr	60,0%	1%
Santander	99,2%	,7%
Tecnicas Reunidas	61,7%	1%
Telefónica	80,6%	2%
Viscofán	82,4%	16%
Total	63,8%	22%

Capítulo 4

Matriz Consejo – Propiedad

Las empresas a lo largo de su vida y por diversos motivos modifican la estructura de su propiedad. A fin de evitar los probables problemas de agencia, estos cambios deberían verse reflejados en adaptaciones de la estructura de su Consejo de Administración. Estudiar los movimientos de la resultante entre las variables -estructura de la propiedad y estructura del Consejo- en un período de tiempo, resulta revelador para analizar cómo la capacidad de adaptación a eventuales cambios, garantiza o no el equilibrio dinámico entre dichas variables y con ello, si se evitan o alientan los probables problemas de agencia. Dicho de otro modo, analizar si la localización de la resultante (poder de control) en un período de tiempo dado, representa proporcionalmente o no a los dueños del capital en el Consejo de Administración (Mace, 1975, pág. 135). Cuando los dueños de ese capital son en su mayoría accionistas minoritarios esa localización adquiere, por razones obvias, una mayor relevancia. Para comenzar con el análisis de las adaptaciones estructura-propiedad, se seguirá el siguiente procedimiento:

1. Construir una matriz de 2 x 2
2. Las filas representan el poder dentro del Consejo de Administración.
   a. Primer fila – Consejo de Administración **con** mayoría absoluta de consejeros independientes *(fuerte)*.
   b. Segunda fila – Consejo de Administración **sin** mayoría absoluta de consejeros independientes *(débil)*.
3. Las columnas representan el poder del Propietario.
   a. Primer columna – Propiedad concentrada *(fuerte)*.
   b. Segunda columna – Propiedad dispersa *(débil)*.

Entonces, si queremos ubicar en la matriz la categoría resultante de un Consejo de Administración sin consejeros independientes y capital concentrado en un único accionista o dueño de la totalidad de las acciones, la resultante quedará representada como un punto en el ángulo de la parte inferior izquierda de la fila 2 columna 1, como se muestra en la Ilustración 4.

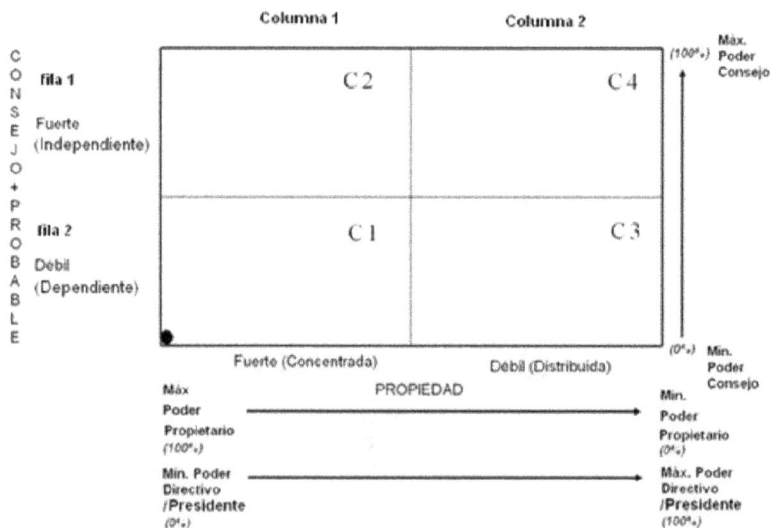

Ilustración 4 Matriz Estructura del Consejo – Propiedad
Elaboración propia

El límite entre un Consejo fuerte y débil a los intereses de los accionistas minoritarios está representado en la matriz por el eje horizontal que divide la composición del Consejo con mayoría absoluta de consejeros independientes (fuerte) y sin mayoría absoluta (débil). La *mayoría absoluta* es, matemáticamente, una mayoría con más de la mitad de los votos de consejeros externos profesionales independientes "del total" de los miembros que componen el Consejo. El límite entre una empresa con propiedad concentrada y propiedad dispersa está representada por el eje vertical (primera columna propiedad concentrada).

Del conjunto de variables independientes {% consejeros independientes y propiedad}, se obtiene la categoría resultante (variable dependiente), la cual se representará como un punto en alguna de las cuatro categorías (C1, C2, C3 o C4), como se muestra en la Ilustración 5.

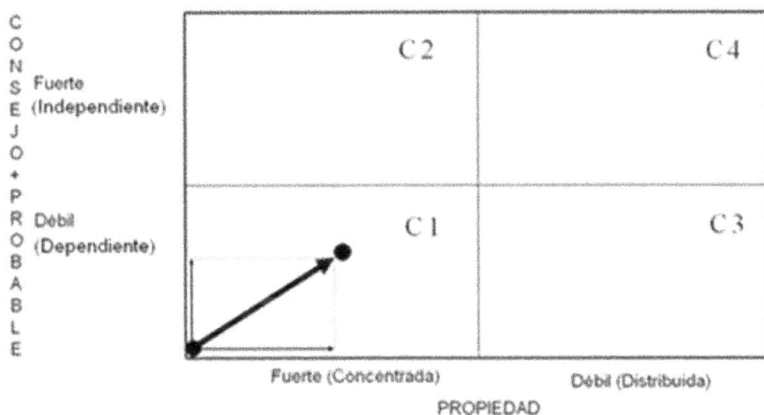

Ilustración 5 Matriz Estructura del Consejo – Propiedad y Categoría Resultante
Elaboración propia

En la ilustración 6 puede observarse las categorías resultantes para las empresas del IBEX-35 del período 2014 – 2016. Se tomaron los valores medios de proporción de consejeros independientes y capital flotante para ese período.

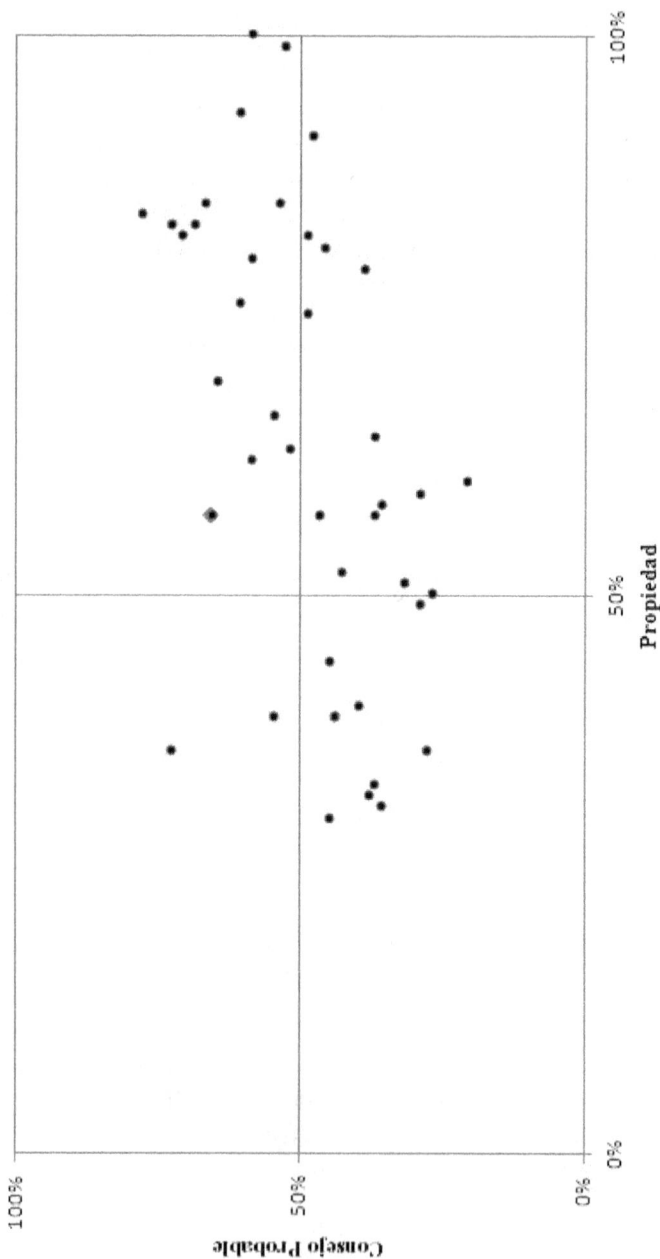

Ilustración 6 Categorías Empresas del IBEX-35 período 2014 - 2016

Fuente: Elaboración propia – Datos IAGC

Capítulo 5

Movimientos en la Matriz[5]

"La ética es independiente de las normativas y regulaciones deontológicas concretas. No las necesita para su fundamentación y desarrollo sino que las dirige e inspira."
(Santaella, 1995, pág. 17)

5.1 Representación del accionista minoritario en el CA

La empresa está sujeta a múltiples requerimientos legales, impositivos, transparencia informativa, derechos laborales y tantos

---

[5] De aquí en adelante a la matriz cuyas columnas representan la estructura de capital y las filas la estructura del Consejo de Administración se referenciará como Matriz o matriz (Consejo – Propiedad)

otros. Pero incluso más allá de tales requerimientos, a las empresas se les ha venido demandando un comportamiento ético, unas buenas prácticas (Guarnizo García J. V., 2006, pág. 15).

El artículo 61 bis de la Ley del Mercado de Valores, fiel al principio conocido internacionalmente como "cumplir o explicar", obliga a las sociedades cotizadas españolas a consignar en su Informe Anual de Gobierno Corporativo "el grado de seguimiento de las recomendaciones de gobierno corporativo o, en su caso, la explicación de la falta de seguimiento de dichas recomendaciones". El Código Unificado de buen gobierno de las sociedades cotizadas, formula las recomendaciones que deben considerar las sociedades cotizadas para cumplimentar la obligación de información impuesta por ese precepto.

La legislación española deja a la libre autonomía de cada sociedad la decisión de seguir o no las recomendaciones de buen gobierno corporativo, pero les exige que, cuando no lo hagan, revelen los motivos que justifican su proceder, al objeto de que los accionistas, los inversores y los mercados en general puedan juzgarlos (Código Unificado Refundido, 2013, pág. 3).

5.2 Adaptabilidad6 estructura Consejo – Propiedad

"La adaptabilidad es el cambio para conseguir un estado de equilibrio nuevo y diferente, por medio de la alteración de su statu quo interno, la empresa puede modificar su constitución y estructura para facilitar la consecución de sus objetivos"
(Chiavenato I. , 2009, pág. 38).

El Art. 243 (LSC) establece el mecanismo de representación proporcional de las minorías, este artículo permite que las **acciones que voluntariamente se agrupen**, hasta constituir una cifra del capital social igual o superior a la que resulte de Dividir este último por el número de integrantes del Consejo, **tendrán derecho a designar** los que, superando fracciones enteras, se deduzcan de la

---

[6] A partir de aquí "Adaptabilidad estructura Consejo – Propiedad", será llamada también "Movimientos en la Matriz"

correspondiente proporción" esto es algo que muy pocos accionistas minoritarios hacen. Mientras que la recomendación de los Códigos Olivencia y Conthe, mencionan la **Implementación voluntaria del principio de proporcionalidad** "la relación entre consejeros independientes y dominicales debe establecerse teniendo en cuenta la existente en el accionariado de la sociedad entre el capital flotante y el capital estable. Se debe explicar el por qué de un dominical con menos del 5 % del capital social. La brecha entre la LSC y las recomendaciones del Código de Buenas Prácticas (de carácter optativo) refleja la mejor o peor adaptabilidad con buenas prácticas o la ética aplicada en cuanto a la estructura del Consejo que practica la sociedad. Si bien el Código de Buenas Prácticas especifica explícitamente que la proporcionalidad no se trata de un simple cálculo matemático de consejeros en representación del capital (CNMV, 2015, pág. 27), en mi opinión y es lo que intentaré demostrar, cuanto más se acerque esa representación al ideal matemático, mayor probabilidad de congruencia moral habrá entre su discurso y su acción. Por el contrario, alejarse de la representación ideal, tanto por exceso como por defecto, puede dar lugar a discursos que generan expectativas morales exageradas que luego no son correspondidas con acciones. Así una representación por defecto, es sinónimo de un discurso en sí mismo amoral, ya que se le está diciendo abiertamente a los minoritarios que ellos no tendrán la representación en el Consejo que les corresponde. Por el contrario, una representación por exceso puede significar un discurso sobreactuado con la consiguiente inmoralidad encubierta que implica el hecho de mentir, o un recurso extremo para salir de una profunda crisis.

El diagrama de flujo (Ilustración 7), sistematiza aquellas condiciones en las que la empresa cumple con las recomendaciones y en las que debería dar explicaciones por su no cumplimiento o falta de adaptabilidad, de acuerdo a las recomendaciones del Código de Buen Gobierno, se hacen aproximaciones matemáticas a la representación, sin otro considerando que la ética de la representación justa y proporcional en el discurso.

67

PROCESO EVALUACIÓN
ESTRUCTURA CONSEJO

En cuanto el ejercicio adecuado del derecho de voto por el accionista y valorar adecuadamente cada propuesta el Código Unificado recomienda, de forma especial, en el nombramiento de consejeros evitar la lista sábana, de manera que los accionistas puedan valorarlos y votarlos uno por uno (Código Unificado Refundido, 2013, pág. 7).

¿Nombramiento del consejero en lista sábana?

Si

No

Buena Práctica

No Buena Práctica

A

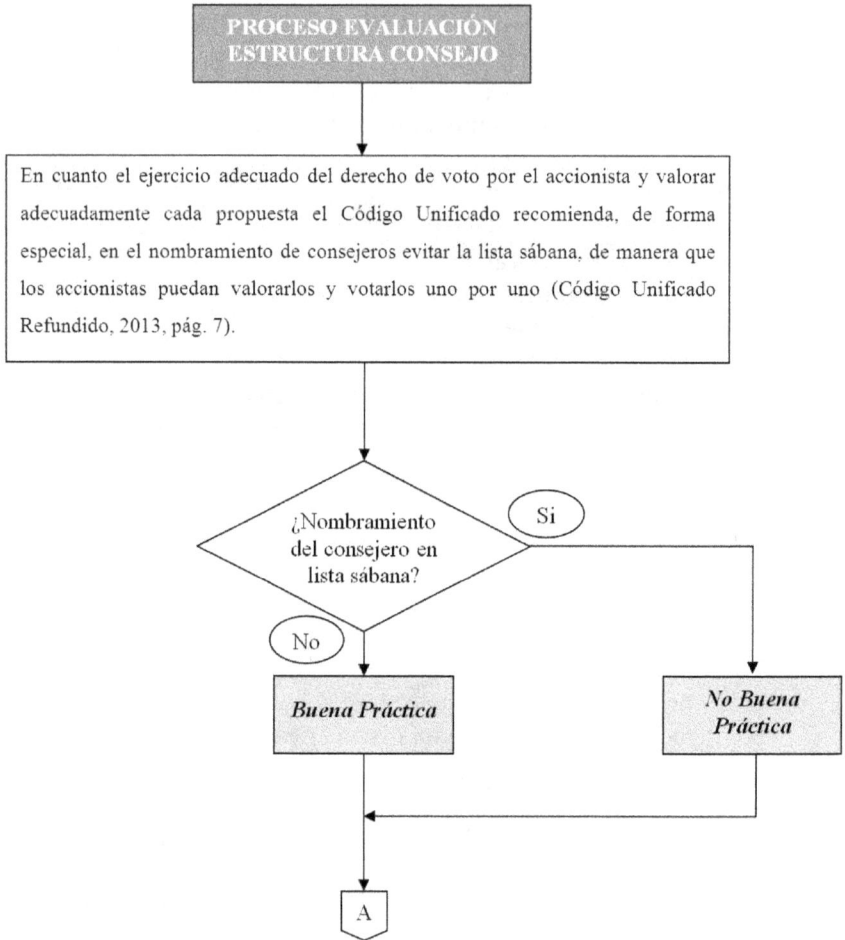

Ilustración 7 Diagrama de flujo Adaptabilidad
Fuente elaboración propia.

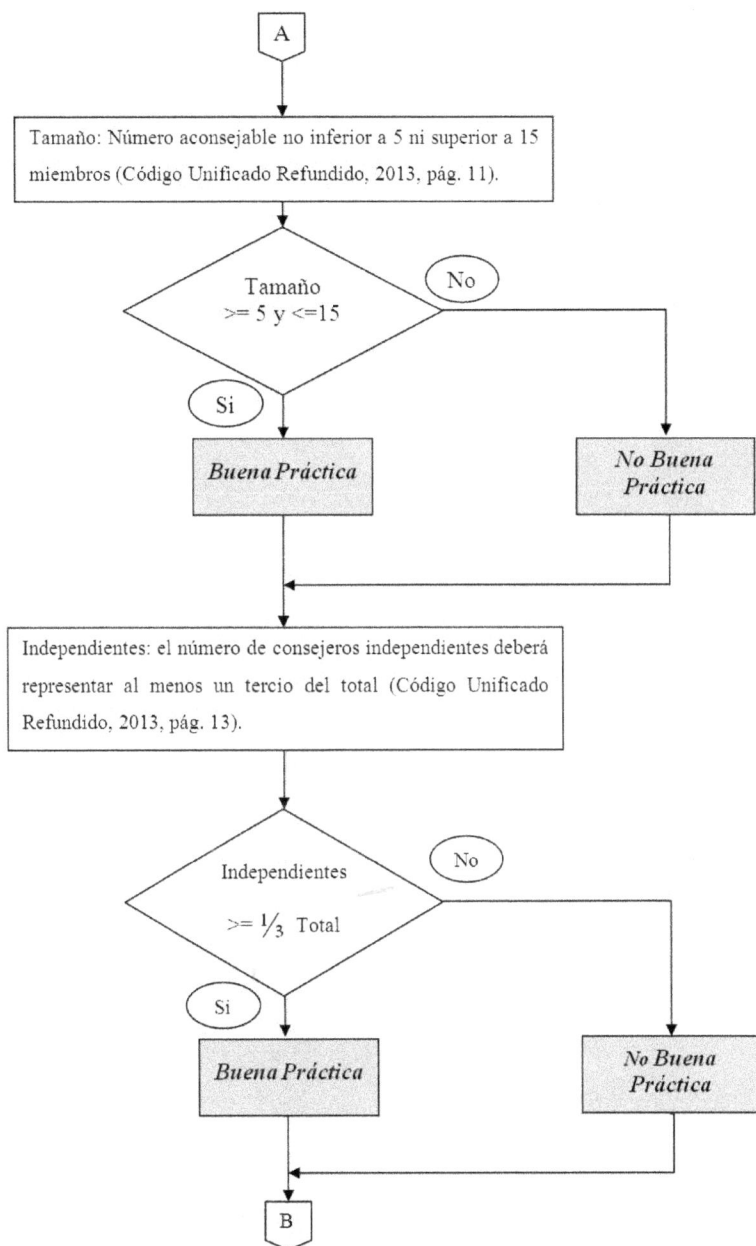

A

Tamaño: Número aconsejable no inferior a 5 ni superior a 15 miembros (Código Unificado Refundido, 2013, pág. 11).

Tamaño
≥ 5 y ≤ 15

No

Si

Buena Práctica

No Buena Práctica

Independientes: el número de consejeros independientes deberá representar al menos un tercio del total (Código Unificado Refundido, 2013, pág. 13).

Independientes
$\geq 1/3$ Total

No

Si

Buena Práctica

No Buena Práctica

B

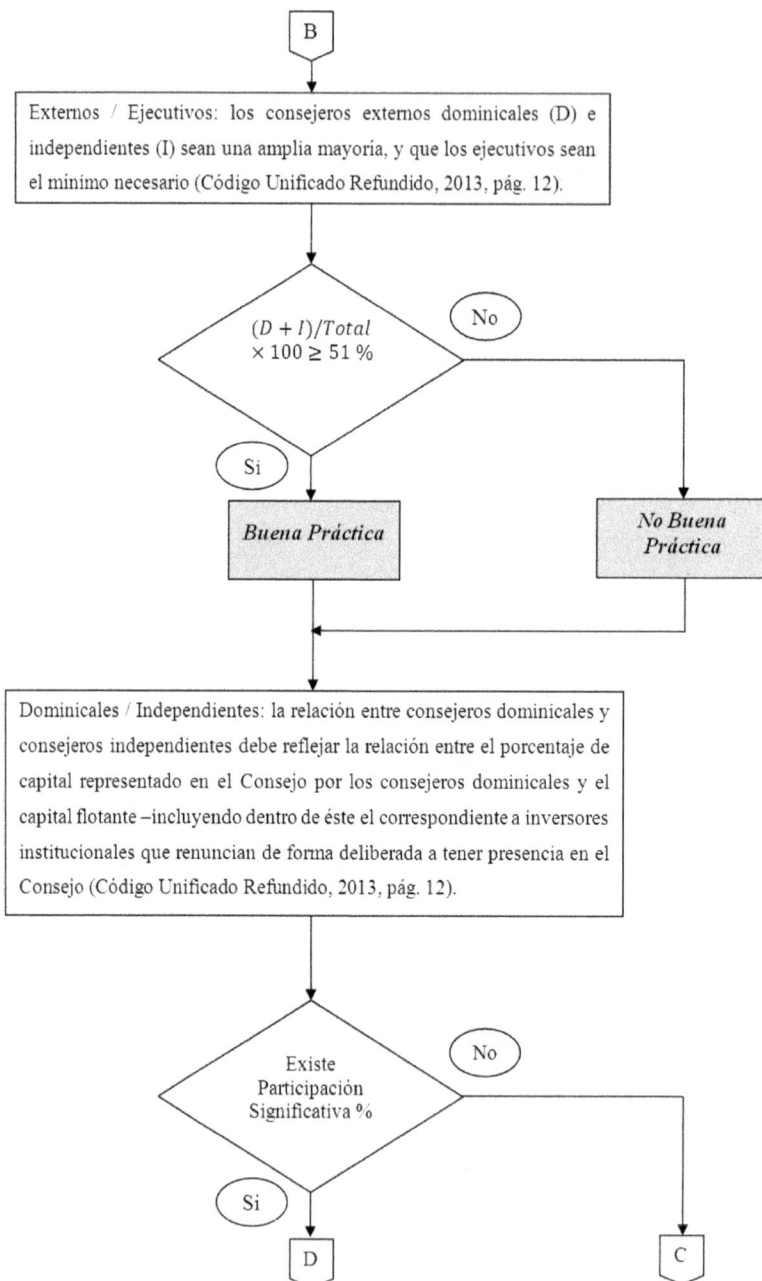

B

Externos / Ejecutivos: los consejeros externos dominicales (D) e independientes (I) sean una amplia mayoría, y que los ejecutivos sean el mínimo necesario (Código Unificado Refundido, 2013, pág. 12).

$(D + I)/Total \times 100 \geq 51\%$

No

Si

Buena Práctica

No Buena Práctica

Dominicales / Independientes: la relación entre consejeros dominicales y consejeros independientes debe reflejar la relación entre el porcentaje de capital representado en el Consejo por los consejeros dominicales y el capital flotante –incluyendo dentro de éste el correspondiente a inversores institucionales que renuncian de forma deliberada a tener presencia en el Consejo (Código Unificado Refundido, 2013, pág. 12).

Existe Participación Significativa %

No

Si

D

C

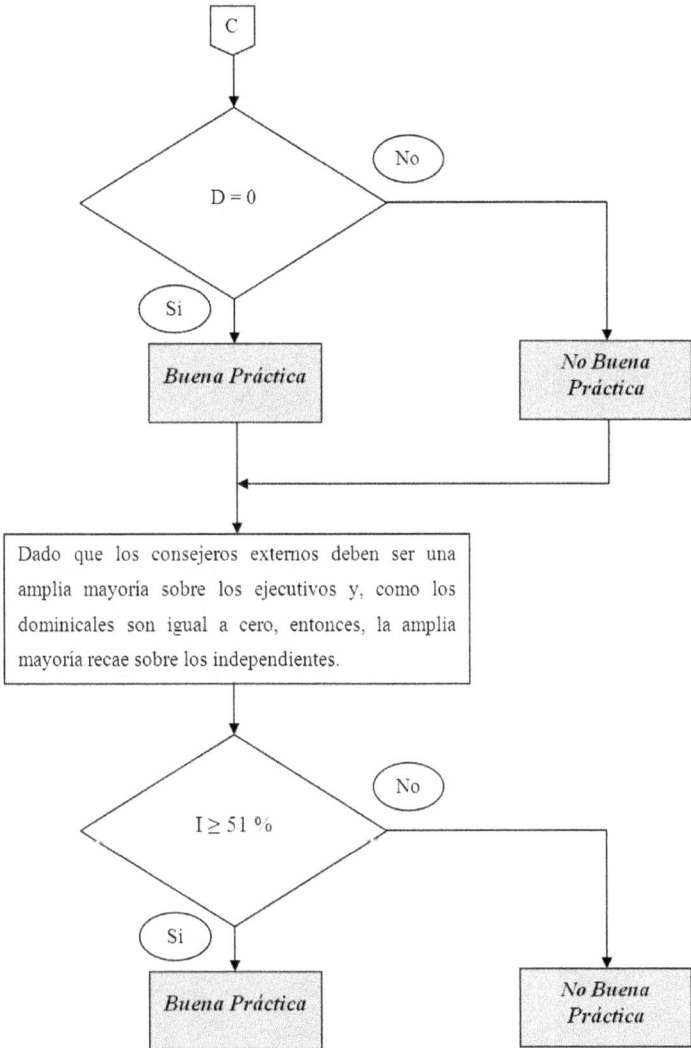

D

$$\text{Proporción consejeros } (Pc) = \frac{\text{Participación significativa de capital}}{\text{Capital Flotante}}$$

$\frac{D}{I} = Pc$

Si

No

Buena Práctica

$\frac{D}{I} < Pc$

Si

No

Consejo más independiente

No Buena Práctica

Buena Práctica

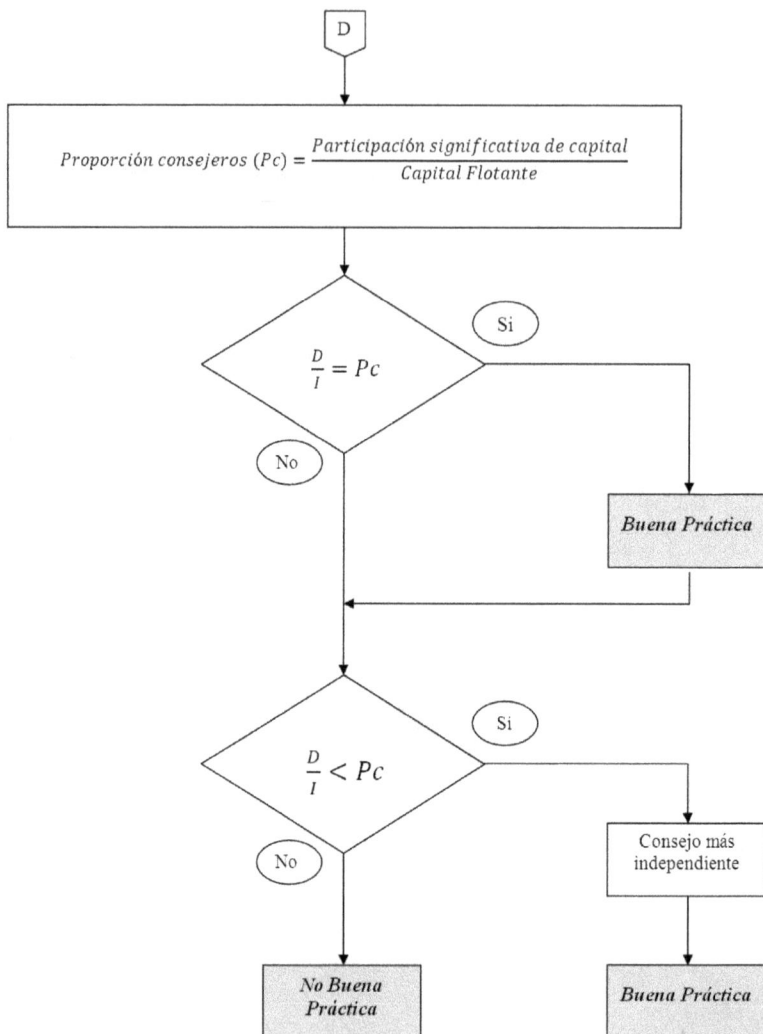

La categoría resultante Consejo-Propiedad es en general algo dinámico, dando por resultado movimientos, dentro o entre categorías. Estos movimientos pueden significar adaptaciones

favorables o desfavorables a los intereses del accionista minoritario según la representación independiente en el Consejo.
Los movimientos de adaptación pueden ser:

- Verticales (en la estructura del Consejo)
- Horizontales (en la estructura del capital)
- Oblicuos (combinación de ambos)

5.3 Movimientos verticales en la matriz

La estructura del Consejo puede modificarse:

- **Cuantitativamente.** Cambiando el número de consejeros (ampliar el número o reducirlo), manteniendo la proporción de la representatividad
- **Cualitativamente.** Cambiando el tipo de consejero (un independiente por un dominical, un local por un extranjero, etc.), sin cambiar el número de ellos.
- **Cuali-cuantitativamente.** Cambiando el tipo de consejero y su proporción aritmética de representatividad en el Consejo

5.3.1 Aumento de la representatividad del minoritario

- **Una empresa que se encuentra en C1 y pasa a C2.**
  Amplia la proporción de consejeros independientes de manera dudosa. Esta ampliación puede significar a simple vista un fortalecimiento de la representatividad del interés por el capital flotante en la empresa o simplemente para mejorar la imagen ante los inversores (Ilustración 8). Este movimiento precedió a profundas crisis y renovaciones, donde los minoritarios sufren grandes pérdidas pero, luego de un período largo de tiempo que puede llegar a durar años, llegan a ver sus frutos.

73

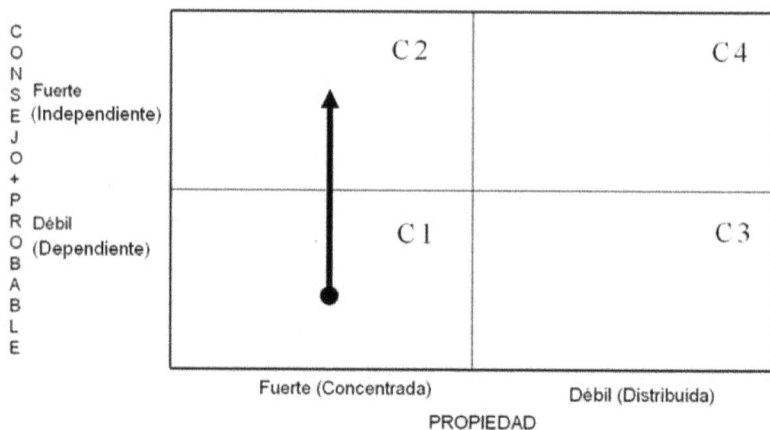

Ilustración 8 Cambio a estructura independiente de C1 a C2.
Elaboración propia.

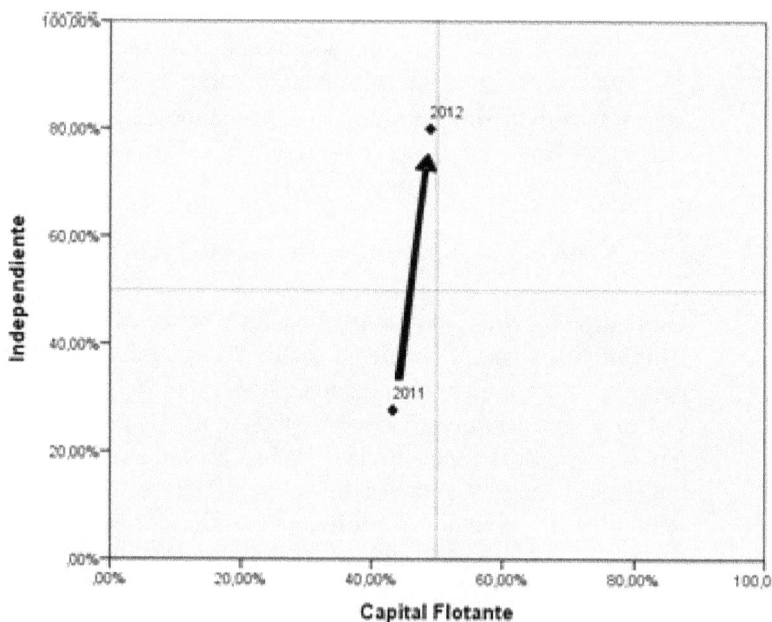

Ilustración 9 Cambio a estructura independiente de C1 a C2.
Elaboración propia.

74

Este movimiento fue utilizado por Bankia (Ilustración 9), a mediados de 2012. Debido a los acontecimientos de dominio público, refleja un acelerado intento por salir de una profunda crisis. Es el preludio de duros sacrificios para los minoritarios.

- **Una empresa que se encuentra en C3 y pasa a C4.**
  Se amplía la proporción de consejeros independientes. Esta ampliación puede significar un fortalecimiento de la representatividad del interés por el capital flotante en la empresa o una simple mejora de su imagen ante los inversores o un esfuerzo por mejorar la performance en general (Ilustración 10).

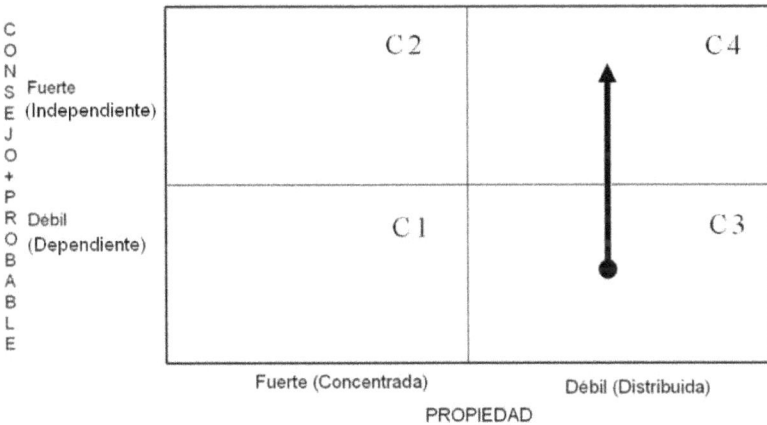

Ilustración 10 Cambio a estructura independiente de C3 a C4
Elaboración propia.

Este movimiento fue utilizado por Santander luego de la muerte de Don Emilio Botín (10-09-2014) y el nombramiento a la Presidencia del banco por unanimidad de Ana Botín ese mismo día (Ilustración 11). Puede apreciarse con un zoom, como la ubicación en la matriz pasa de un C3 de borde a un tímido C4 de borde, lugar donde se ubica

75

desde aquel día cuando asume la Presidencia del Banco la hija de Don Emilio Botín. Prácticamente sin cambios en el capital flotante, la constitución del consejo de administración pasó de un 50 % de consejeros independientes (8 de un total de 16 miembros), a un 53 % (8 de un total de 15 miembros). Tras el nombramiento de Ana Botín dos consejeros independientes renuncian –Fernando de Asúa (además era el Vicepresidente Primero) y Abel Matutes, siendo nombrados en sus reemplazos a: Sol Daurella y Carlos Fernández.

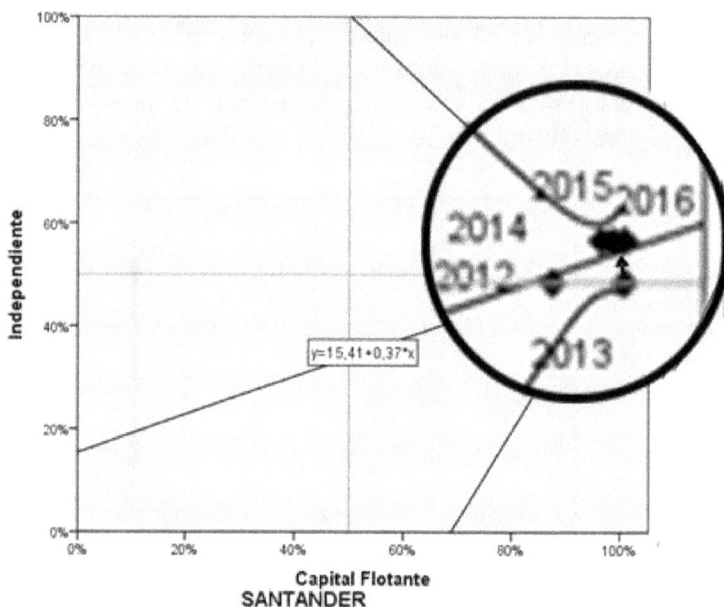

Ilustración 11 Cambio a estructura independiente de C3 a C4
Elaboración propia.

Estos cambios más la designación de José Antonio Álvarez como nuevo consejero delegado en reemplazo de Javier Marín Romano, son comunicados por el Banco a través de "Hechos Relevantes" en su sitio web corporativo el 25 de noviembre de 2014. El 8 de enero de 2015, el Banco Santander anuncia una ampliación de capital del 7.500

millones de euros, casi el 10 % del capital de la entidad pre-ampliación. Las acciones nuevas fueron colocadas el 08-01-2015 a 6,18 euros, un 9,9 % por debajo de la cotización del día anterior. Las consecuencias para el inversor de la ampliación de capital significaron una pérdida en la cotización del 16,1 % por efecto de la dilución, como puede observarse en la ilustración 13.

Este movimiento también fue utilizado presuntamente como un intento de mejora de imagen ante inversores por Popular en diciembre de 2016 (Ilustración 12). Obsérvese el cambio abrupto en la trayectoria de la tendencia, si bien no llega a superar el 50 % de independientes y pasar e C4, evidencia un comportamiento atípico en la conformación de su consejo de administración 6 meses antes del impacto negativo para los minoritarios.

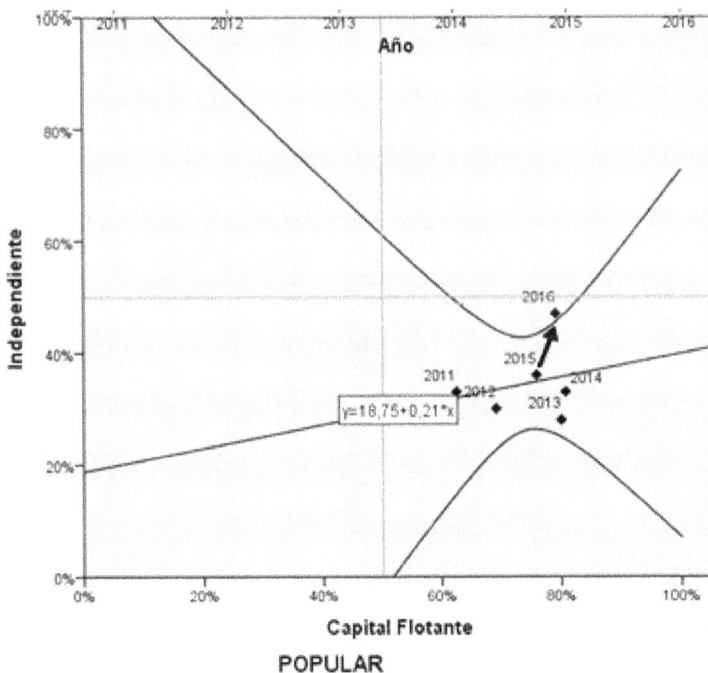

POPULAR

Ilustración 12 Cambio a estructura independiente de C3 a C4
Elaboración propia.

77

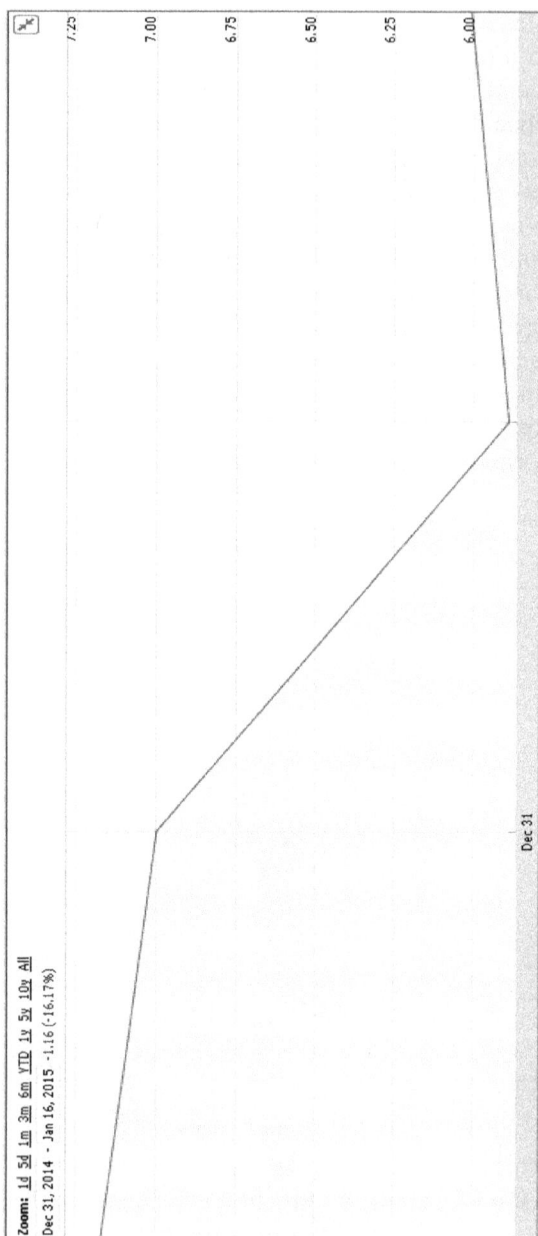

Ilustración 13 Caída en la cotización de Santander luego de la ampliación de capital del 08-01-2015

Fuente: Google Finance

Pudimos comprobar que posteriormente a la reestructuración atípica independiente de: Bankia (2012), Santander (2014) y Popular (2016), luego del reacomodamiento del consejo de administración -como mínimo sospechosamente anómalo, los perjuicios han sido muy significativos, dando una señal clara que algo importante estaba sucediendo en el seno de la empresa. Lo curioso es que este reacomodamiento termina reflejado en un movimiento vertical en la categoría resultante en la matriz consejo – propiedad, que podría interpretarse como una mejora debida a la mayor representación, pero que lamentablemente, este cambio de dirección hacia la categoría INDEPENDIENTE, sin una tendencia sostenida en el tiempo, resulta como mínimo sospechosa y representa una señal de alerta para el inversor minoritario.

5.3.2 Disminución de representatividad del minoritario

- **Una empresa que se encuentra en C2 y pasa a C1.**
  Reduce la proporción de consejeros independientes en el Consejo. Esta reducción puede significar un debilitamiento del Consejo de Administración y una disminución de la representatividad del capital flotante en la empresa (Ilustración 14).

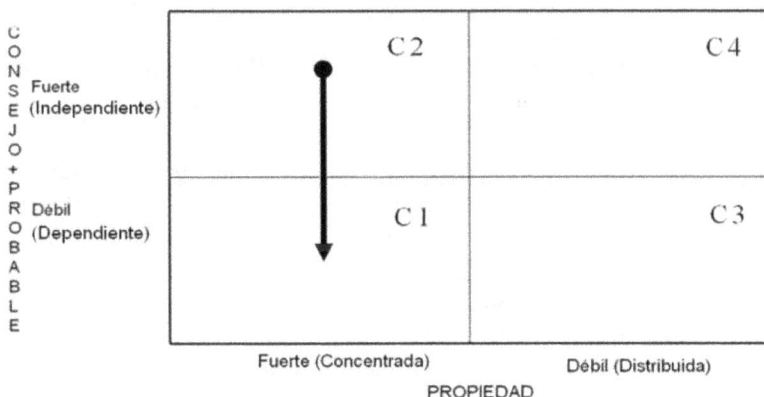

Ilustración 14 Cambio a estructura dependiente de C2 a C1
Elaboración propia.

79

- **Una empresa que se encuentra en C4 y pasa a C3.**
  Reduce la proporción de consejeros independientes en el Consejo. Esta reducción significa un debilitamiento del Consejo de Administración por la disminución de la representatividad del capital flotante en la empresa y un aumento del poder del Primer Ejecutivo (Ilustración 15).

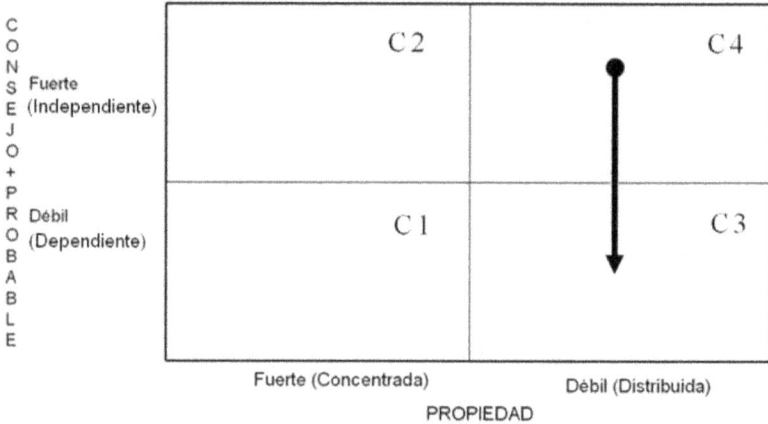

Ilustración 15 Cambio a estructura dependiente de C4 a C3
Elaboración propia

Obsérvese como Viscofan pasa en 2013 de estar con una amplia mayoría independiente a un C4 cercano al borde -cuando sale del IBEX-35-, y luego pasa a C3 en 2015, desde donde reingresa al IBEX-35 en 2016 (Ilustración 16).

En la ilustración 17 puede apreciarse el caso de BBVA que no llega a pasar a C3 pero que se acerca peligrosamente de una manera sistemática en los últimos años a este cuadrante de la matriz – consejo propiedad. Curiosamente su Presidente Francisco González fue tomando cada vez mayor protagonismo en la conducción, como se puede ver a través de sus logros publicados recientemente por los medios especializado.

80

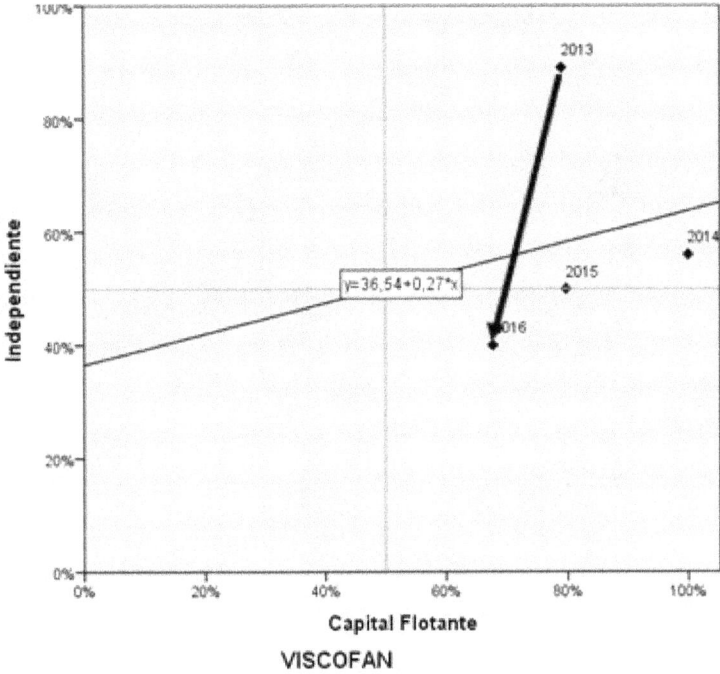

Ilustración 16 Cambio a estructura dependiente de C4 a C3
Elaboración propia

Así puede mencionarse como un importante logro, que suma al discurso moral, el hecho que fue elegido como el *"mejor banquero del año"* por la revista Euromoney en julio de 2016. Dicha revista lo define como *"un líder del sector"* que ha posicionado a la entidad *"no solo para sobrevivir en esta nueva era tecnológica, sino para triunfar en ella"* (Expansión, 2016). Pero, con la disminución de la representación minoritaria, resta.

81

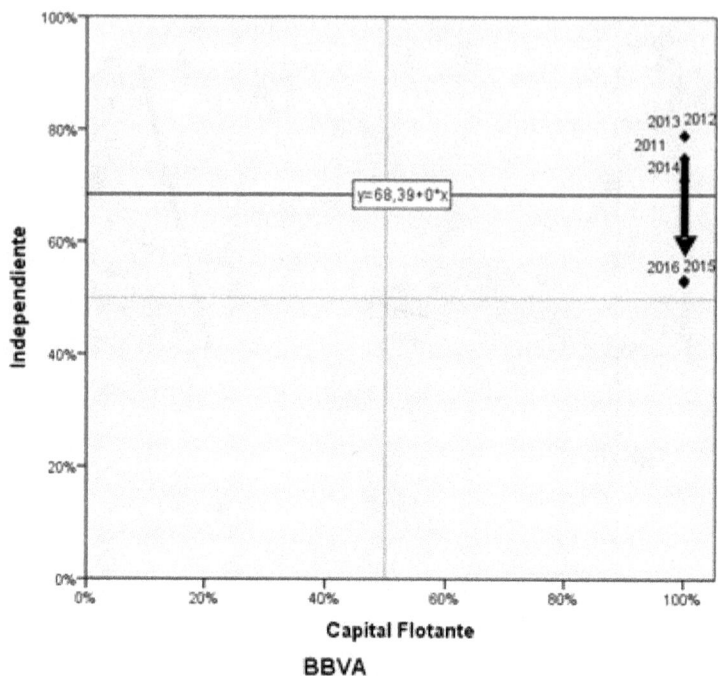

Ilustración 17 Cambio a estructura dependiente de C4 a C3
Elaboración propia

5.4 Movimientos horizontales en la matriz

"España viene atravesando una grave y larga crisis económica
con agudas consecuencias sociales. Entre 2008 y 2012 se han
destruido casi 1,9 millones de empresas en España."
(Juan Carlos I, 2013, pág. 795)

Cuando una empresa necesita fondos puede contraer deudas, pero una buena práctica sobre el equilibrio financiero asegura que nunca éstas deben superar al patrimonio neto (Gay de Liébana, 2013, pág. 240). El aumentar las deudas más allá de los fondos propios puede ser visto por los inversores como una mala señal (Buffett & Clark, 2009, pág. 136). Resultaría entonces a simple vista que el capital propio con emisión de acciones es la fuente más sencilla de financiación de la empresa (Brealey & Stewart, 1993, pág. 401). Esto permitiría, por un lado contrarrestar cualquier desequilibrio en la razón deudas sobre patrimonio neto, llevándola a un valor razonable sin necesidad de ningún sacrificio y, por otro lado, daría margen para aumentar el endeudamiento si por el contrario la ecuación se encontrase originalmente dentro de valores óptimos.

Pero la solución de recurrir al capital propio cuando éste es en realidad de muchísimos accionistas minoritarios dispersos, que no tienen ningún incentivo ni posibilidad de controlar en que se invertirá su dinero, requiere de un análisis más profundo. En un interesante estudio Jensen y Meckling argumentan que, dado que los directivos poseen, en el mejor de los casos, una muy pequeña parte del total de la propiedad de la empresa, ellos sobre-invertirán en activos que no son necesarios para la maximización del valor de ésta, pero que sí ayudan a maximizar su bienestar (autos con chofer, muebles, etc.). Lo anterior, debido a que ellos soportan sólo una porción del costo de inversión en estas actividades (equivalente al porcentaje de su participación en la propiedad de la empresa), pero reciben el beneficio completo de estas inversiones. De acuerdo a esta visión, la empresa tiene como objetivo minimizar los costos que surgen debido a los conflictos de interés que existen entre sus diferentes integrantes, especialmente entre accionistas y directivos, y entre accionistas y acreedores. Así, por ejemplo, de acuerdo a estos autores, si la empresa necesita financiamiento externo para sus

83

actividades actuales o para un nuevo proyecto de inversión, debería confiar más en el financiamiento vía endeudamiento que en aquel vía emisión de acciones, ya que el repago obligatorio de la deuda disminuye las posibilidades de que los administradores utilicen los flujos de caja en inversiones innecesarias para la maximización del valor de la empresa (Jensen & Meckling, 1976, pág. 305).

Las ampliaciones de capital son entonces para captar dinero. Las razones de dicha decisión pueden ser variadas pero en líneas generales podríamos resumirlas que son para: invertir en activos; para financiarse sin recurrir a una entidad financiera; o para no distribuir utilidades. En el primer caso, será positivo para los accionistas siempre que el valor o rendimiento esperado por acción aumente. En el segundo caso la empresa necesita dinero y ninguna entidad financiera está dispuesta a prestárselo o, si lo hace, es a un costo muy elevado. En el tercer caso, desde el punto de vista jurídico, los accionistas son los propietarios de la empresa de modo que los beneficios de la empresa a ellos le corresponden (Soldevilla García, 1990, pág. 188), desde el punto de vista financiero, la capitalización de utilidades, es su no distribución, lo que le permite a la empresa mantener en su poder recursos financieros importantes sin generar intereses a favor de los accionistas. Capitalizar las utilidades es aumentar el aporte de los socios sin costo alguno para la empresa. En el segundo y tercer caso los inversores (accionistas) interpretan en general la decisión de emitir como una mala noticia (Tilli, 2010, pág. 134). La ampliación de capital, especialmente en épocas de inestabilidad o crisis, hace bajar la acción ya que habla de una necesidad de dinero que ninguna entidad financiera está dispuesta a prestar o, si lo hace, será a intereses elevados.

Si la empresa dedica una parte del beneficio a la recompra de sus propias acciones, se entrega a los accionistas que no venden sus acciones un porcentaje adicional de la empresa (Serrano García, 2013, pág. 322). Cuando una empresa compra acciones propias, puede hacer dos cosas con ellas: cancelarlas o conservarlas con la posibilidad de volverlas a emitir más adelante. Si las cancela, dichas acciones dejan de existir. Si las conserva, con la posibilidad de volverlas a emitir más adelantes, entonces aparecen en el balance de situación patrimonial como acciones emitidas pero no en circulación.

Cuando una empresa compra sus acciones y las conserva como acciones propias, lo que hace en realidad es reducir su capital.

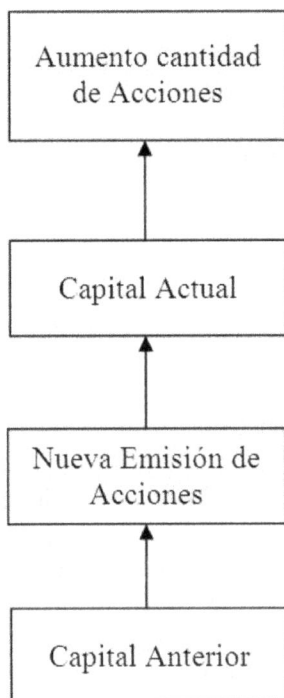

Ilustración 18 Aumento de la cantidad de acciones en circulación
Elaboración propia

Dado que la cuantía de los fondos del mercado es limitada y volumen de estos fondos repercute en la cotización de las acciones, el mayor número de acciones ofertadas reduce el valor de mercado de la acción, produciéndose el efecto conocido como dilución (Soldevilla García, 1990, pág. 205). La ilustración 18 muestra este proceso de ampliación del capital por emisión de acciones. El efecto de dilución está provocado por la mayor cantidad de acciones ofertadas en el mercado. Esta disminución en el precio de la acción trae aparejado una reducción en la inversión, acentuando la recesión en épocas de crisis (Weston & Brigham, 1969, pág. 457).

La estructura de la propiedad puede modificarse:

- **Cuantitativamente.** Aumentando/reduciendo el número de acciones en circulación.
- **Cualitativamente.** Concentrando/Distribuyendo el número de acciones en poder de algún accionista o inversor institucional.
- **Cuali-cuantitativamente.** Una combinación de ambas. O sea: a) aumentando / reduciendo el número de acciones en circulación concentrando su tenencia en un menor número de accionistas o; b) aumentando / reduciendo el número de acciones en circulación distribuyendo su tenencia entre un mayor número de accionistas.

5.4.1   Aumento del número de acciones en circulación

- **Una empresa que se encuentra en C1 y pasa a C3.**
  Cuando una empresa cotizante en Bolsa, amplía el capital social disponible para su compra en el mercado (capital flotante), por sobre el 50 % o, cuando una empresa no cotizante decide cotizar en Bolsa más del 50 % de su capital (Ilustración 19).

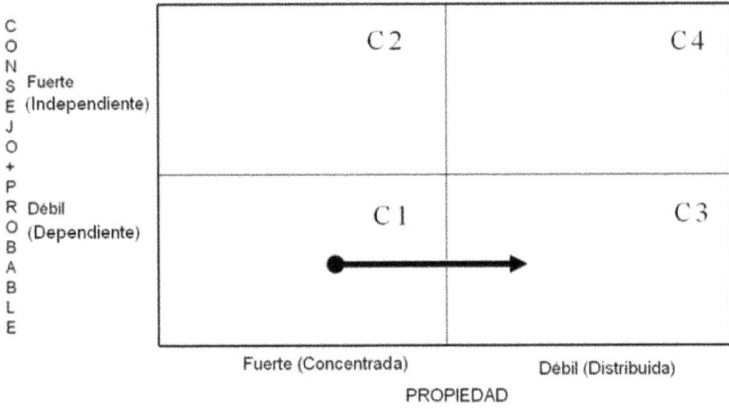

Ilustración 19 Cambio a estructura dispersa de C1 a C3
Elaboración propia.

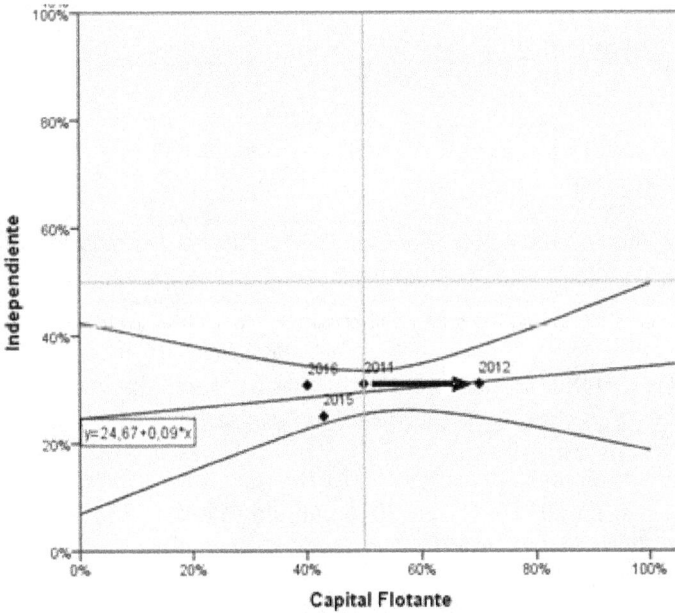

EBRO FOODS

Ilustración 20 Cambio a estructura dispersa de C1 a C3
Elaboración propia.

Obsérvese el caso de Ebro Foods (Ilustración 20) en 2011 pasa de un C1 de borde a C3 cuando posteriormente sale del IBEX-35.

5.4.2   Reducción del número de acciones en circulación

• **Una empresa que se encuentra en C3 y pasa a C1.**
Esta operación puede significar que un único o reducido número de accionistas concentren el capital (núcleo duro), auto comprándolo en la Bolsa sacando dichas acciones del mercado para tener el control de la empresa (Ilustración 21).

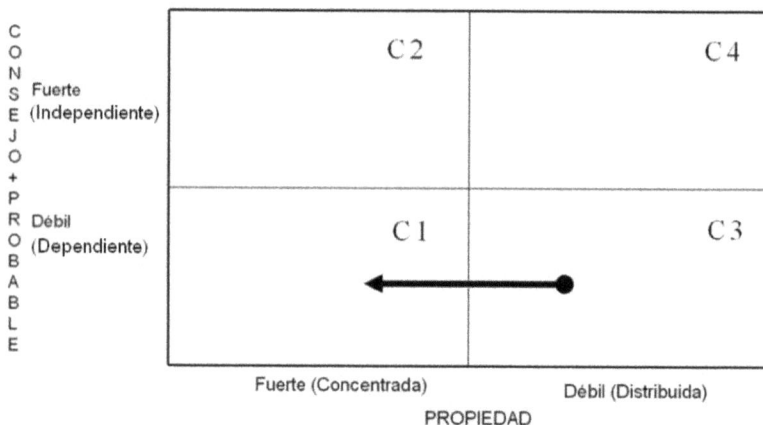

Ilustración 21 Cambio a estructura concentrada de C3 a C1
Elaboración propia.

Obsérvese el caso de OHL (Ilustración 22) como pasa de un C3 en 2011 a C1 en 2016 cuando sale del IBEX-35. Si bien la salida se produce varios años después, nótese una firme tendencia en la concentración de capital que hace entrever a las claras que se trató de una decisión estratégica, a largo plazo de la compañía.

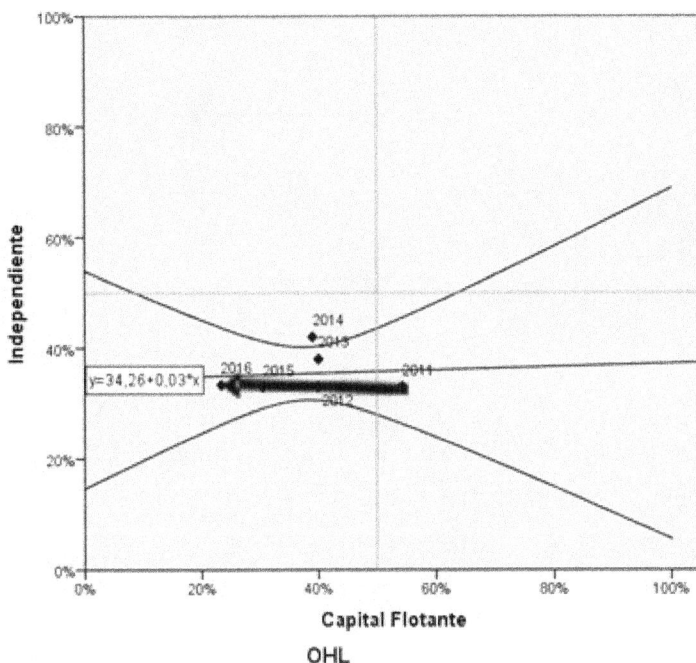

Ilustración 22 Cambio a estructura concentrada de C1 a C3
Elaboración propia.

- **Una empresa que se encuentra en C4 y pasa a C2.**
  Cuando una sociedad pasa a ser controlada o cuando recompra sus acciones modificando radicalmente su estructura de capital (Brigham & Houston, 2006, pág. 551) manteniendo la estructura de su Consejo de Administración (Ilustración 23).
  Obsérvese el caso de IAG (Ilustración 24) como se mueve de un sólido C4 en 2014/5 a un peligroso C4 de borde casi rozando C2 en 2016, esto podría estar anticipando una crisis.

89

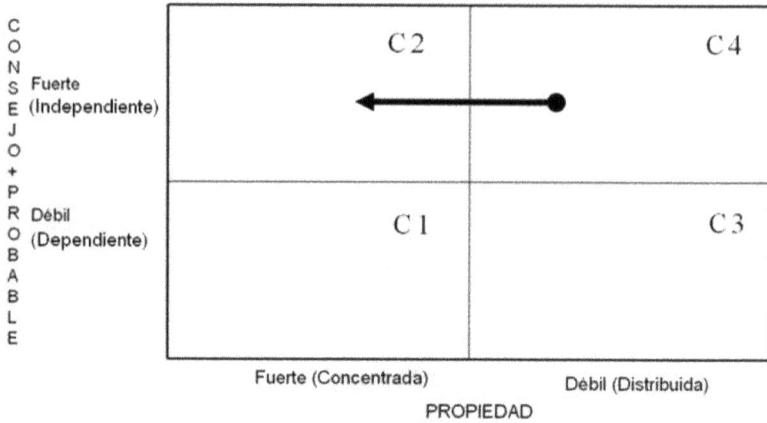

Ilustración 23 Cambio a estructura concentrada de C4 a C2
Elaboración propia.

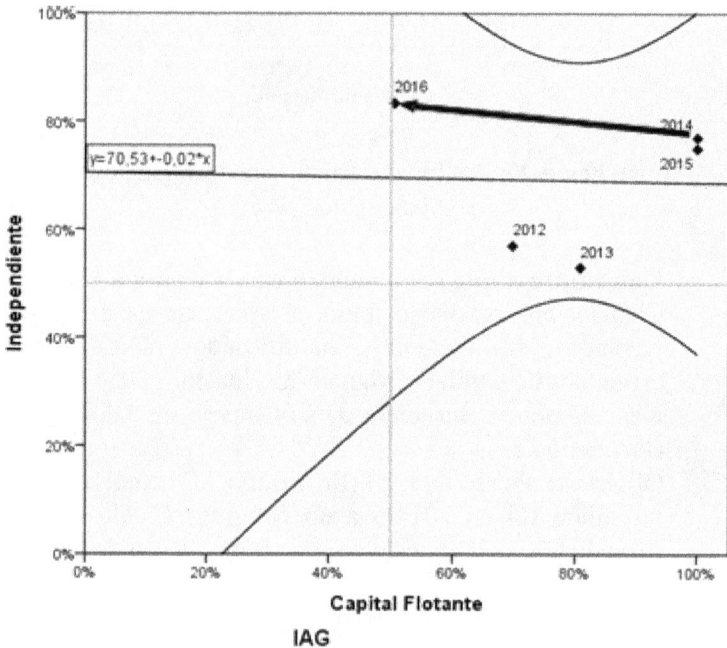

Ilustración 24 Cambio a estructura concentrada de C4 a C2
Elaboración propia.

5.5 Movimientos oblicuos en la matriz

Un movimiento oblicuo en la Matriz se da cuando luego de una operación, la categoría resultante Consejo – Propiedad se mueve en una dirección no paralela a las filas (Propiedad) ni a las columnas (Consejo). Por ejemplo, cuando una persona física o jurídica desea realizar una adquisición con la intención de tener una participación significativa o de control en el capital social debe previamente realizar una oferta de adquisición pública a los titulares de las acciones de la sociedad cotizada en Bolsa (Diez Estella, 2012, pág. 511). Estas ofertas públicas de adquisición de valores denominadas OPAs pueden representar una concentración de la propiedad en manos del comprador y un cambio cualitativo (dominical por independiente) en la constitución del Consejo de Administración, dando por resultado un movimiento oblicuo en la matriz.

- **Una empresa que se encuentra en C4 y pasa a C1.**
  Cuando una empresa cotizante ve disminuido su capital flotante luego que un inversor adquiere un paquete significativo de acciones. Esto puede significar una modificación radical de su estructura de capital (Brigham & Houston, 2006, pág. 551) y los miembros que originalmente eran mayoría independiente pasan a ser minoría con el aumento de consejeros dominicales (Ilustración 25). Si el comprador recurre a una Oferta Pública de Adquisición (OPA), puede ofrecer a los accionistas de la segunda empresa la posibilidad de comprarle sus acciones a un precio superior al de la cotización Bursátil (Amat Salas, 2010, pág. 79). Esta circunstancia puede resultar en un conflicto entre los accionistas y los administradores los que saben que si la OPA triunfa serán seguramente separados de sus cargos, por lo que tienen todos los incentivos para tratar que la sociedad destinataria de la OPA adopte medidas defensivas para impedir su éxito (García de Enterría, 1991, pág. 423). Bajo estas circunstancias y como medida precautoria los administradores deben someter a la Junta General decisiones como: repartir dividendos extraordinarios; enajenación,

91

gravamen o arrendamiento de inmuebles u otros activos sociales (Diez Estella, 2012, pág. 526).

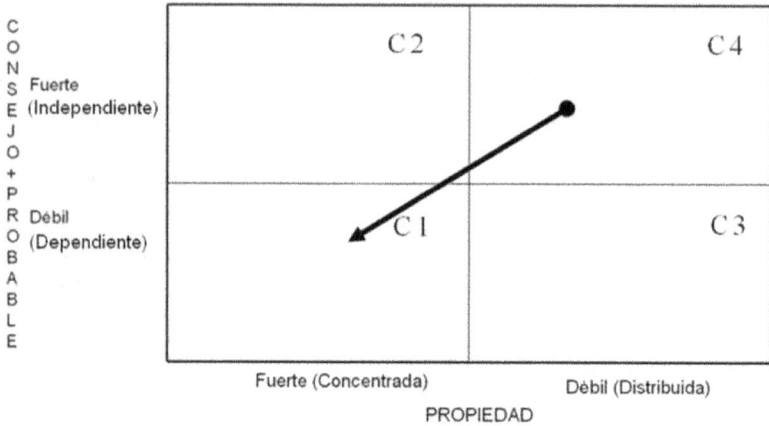

Ilustración 25 Cambio a concentrada – dependiente de C4 a C1
Elaboración propia.

- **Una empresa que se encuentra en C1 y pasa a C4.**
  Cuando una empresa cotizante ve aumentado su capital flotante luego que un inversor mayoritario se desprende de un paquete significativo de acciones y los miembros del Consejo, que originalmente eran dominicales, pasan a ser minoría con el aumento de consejeros independientes (Ilustración 26). Este cambio estructural Consejo/Propiedad puede ocurrir también cuando una empresa realiza una Oferta Pública de Venta (OPV) para iniciar la cotización en Bolsa.

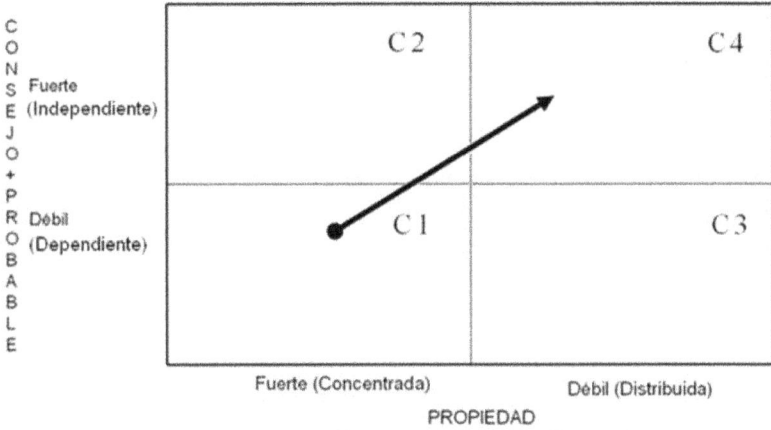

Ilustración 26 Cambio a dispersa – independiente de C1 a C4
Elaboración propia.

- **Una empresa que se encuentra en C2 y pasa a C3.**
  Cuando una empresa cotizante con un núcleo duro mayoritario y mayoría absoluta de consejeros independientes, aumenta su capital flotante por encima del 50 % y la proporción de consejeros independientes pasan a ser minoría en el Consejo, por ejemplo con la renuncia de un consejero independiente después de tomada tal decisión (Ilustración 27).

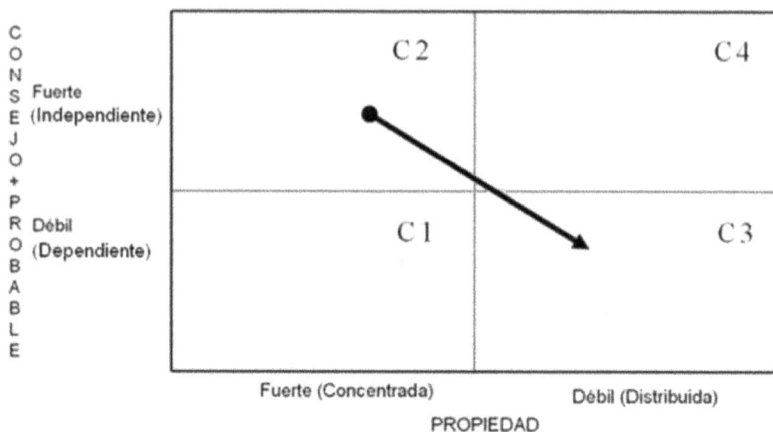

Ilustración 27 Cambio a dispersa – independiente de C2 a C3
Elaboración propia.

- **Una empresa que se encuentra en C3 y pasa a C2.**
Cuando una empresa cotizante con capital flotante mayoritario y minoría de consejeros independientes, aumenta su núcleo duro por encima del 50 %, y la proporción de consejeros independientes pasan a ser mayoría en el Consejo (Ilustración 28). Este cambio estructural Consejo/Propiedad puede ocurrir cuando el núcleo duro controlante pretende mejorar su imagen de transparencia y control aumentando la proporción de consejeros independientes en el Consejo, con propiedad concentrada. O cuando debe enfrentarse a un desesperado cambio de rumbo. Es la antesala de fuertes renovaciones. Los accionistas minoritarios serán grandes perdedores en el corto y mediano plazo.

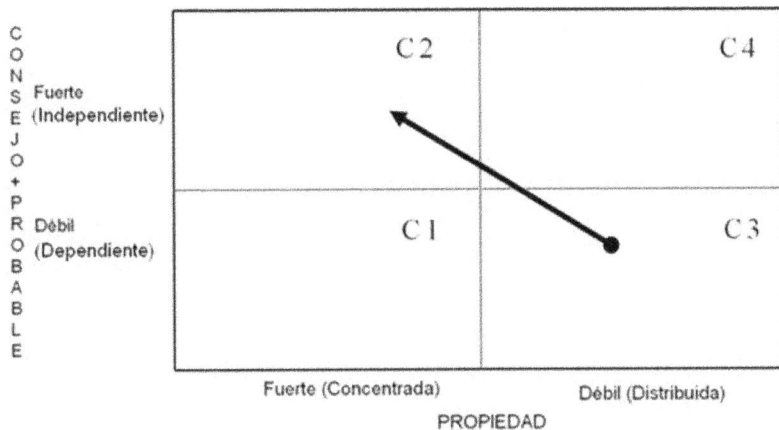

Ilustración 28 Cambio a concentrada – independiente de C3 a C2
Elaboración propia

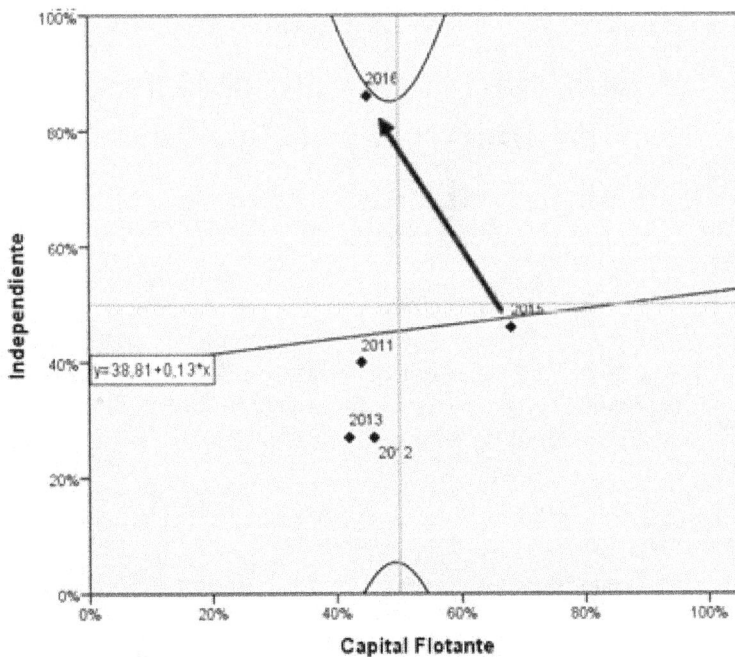

Ilustración 29 Cambio a concentrada – independiente de C3 a C2
Elaboración propia

Este movimiento oblicuo de C3 a C2 se observó en el período 2016 en el caso de Abengoa (Ilustración 29), que si bien no formaba parte del IBEX-35 ese año, forma parte de grupo de empresas analizadas (año base 2015, actualizado). Este cambio de categoría fue acompañado de una pérdida cercana al 50 % en la cotización de las acciones. Luego en el capítulo "Pérdidas días antes de la salida", se analizará en detalle este caso. La evolución de los hechos son increíblemente coincidentes con el caso Bankia de fines de 2012, esto es: se posiciona en el cuadrante C2 con una fuerte reestructuración del consejo de administración con mayoría independiente y luego de la destitución forzosa de su ex presidente Felipe Benjumea, los problemas siguen como puede verse en la secuencia cronológica de acontecimientos que se detallan a continuación:

21/01/2007

Juicio contra directivos Abengoa por administración desleal comienza mañana (Economista, www.eleconomista.es, 2017)

Madrid, 21 enero (EFECOM).- La Audiencia Nacional iniciará mañana el juicio oral contra el presidente de Abengoa, Felipe Benjumea, el consejero delegado, Francisco Benjumea, y otros cuatro directivos de la compañía por un supuesto delito de administración desleal en la compraventa del 3,72 por ciento de Xfera.

31/03/2017

Abengoa anuncia el cierre del proceso de reestructuración y

estrena la nueva etapa con caídas del 78% (Economista, www.eleconomista.es, 2017)

Fernando S. Monreal / Ana Míguez

07/06/2017

Minoristas de Abengoa preparan una demanda por estafa en el folleto informativo de la ampliación de capital (www.okdiario.com, 2017)

Por Borja Jiménez

Minoristas de Abengoa se están agrupando con la intención de hacer una demanda conjunta contra la compañía sevillana y su consejo, a los que exigen responsabilidad civil por estafa en el folleto informativo de la ampliación de capital.... El folleto se hizo público el pasado 30 de marzo a las 19:00 de las tarde, y la ampliación de capital tuvo lugar en menos de 24 horas, el 31 de marzo a las 9 de la mañana. "Buscaban ocultar información en menos de 24 horas" (OKdiario, 2017).

14/11/2017

Abengoa gana 4.733 millones hasta septiembre por la cancelación de la deuda (www.expansion.com, 2017)

Por D.B.@dariobravof

Conclusión:

Los casos de Bankia y Abengoa demuestra que la posición C2 en la matriz consejo – propiedad, anticipa una fuerte crisis que aumenta los riesgos para los minoritarios. El discurso, cargado de expectativa moral por el exceso matemático de la representación de consejeros independientes, se contradice con las acciones de enormes perjuicios hacia los intereses de los inversores minoritarios, al menos hasta que los resultados de las reestructuraciones profundas comiencen a generar frutos.

Capítulo 6

El Consejo en la red del IBEX-35

> *"En una sociedad pluralista las principales funciones sociales han sido confiadas a organizaciones, desde producción de bienes y servicios económicos hasta el cuidado de la salud, la seguridad social, la educación, la investigación y la protección del medio natural. En consecuencia, dichas organizaciones deben ser competentes y eficaces y, además actuar en un marco de* **autonomía** *responsable"* (Drucker, La gerencia. Tareas, responsabilidades y prácticas, 2000, pág. IX)

99

Para Mintzberg la autonomía de la empresa queda manifestada en el seno del Consejo de Administración (Mintzberg, El Poder en la Organización, 1992, pág. 108). Según el autor, cuando la empresa necesita contactos y recursos, los miembros del Consejo son elegidos y utilizados como *intermediarios* para conseguir el apoyo de importantes agentes externos (Mintzberg, El Poder en la Organización, 1992, pág. 99). A esta relación entre empresas se las denomina red corporativa; y al consejero que pertenece a varias empresas, consejero múltiple, o compartido dando por resultado el entrelazamiento de Consejos de Administración. Estos entrelazamientos deberían facilitar los mecanismos de comunicación, de supervisión y la acción política efectiva (Mizruchi, 1996, pág. 280).

6.1 Los vínculos del consejero con otros CA

En las ciencias sociales, el estudio de la interacción entre actores sociales es llamado análisis de redes sociales. El enfoque de redes sociales parte de la noción intuitiva de que la trama de los lazos sociales en que los actores existen tienen consecuencias sociales importantes (Freeman, 2012, pág. 2). Una red social es un conjunto de actores (nodos) vinculados entre sí. Los actores pueden ser personas individuales (consejeros) o grupales (Consejos de Administración). Mientras que el vínculo es cualquier tipo de relación que exista entre ellos, la red de consejeros está compuesta por los Consejos (grupos) de las empresas en estudio. A la red de consejeros (individuos) perteneciente a los Consejos de Administración se la denomina red de afiliación o red de modo 2. Esta red es una red cuyos nodos (vértices) están conectados a través de sus miembros pertenecientes a grupos de cierto tipo (Consejo de Administración de cada empresa).

La red de afiliación tiene dos tipos de vértices: uno representa a los actores (consejeros) y el otro a las entidades de las que son miembros. La red de modo 2, queda definida claramente en una tabla cuyas columnas representan los Consejos de Administración de las empresas en estudio y las filas los consejeros de la red. Cuando el consejero de la fila pertenece al Consejo de

Administración la celda de la columna correspondiente tendrá un 1 y de lo contrario un 0 (Santos Castroviejo, 2013, pág. 133).

En el análisis de redes sociales las interacciones entre los actores son representadas en un grafo. Un grafo es un conjunto de *puntos* y un conjunto de líneas o *aristas* que conectan pares de puntos. En la teoría de los grafos en un grafo estrella el nodo central debería ocupar un valor máximo de centralidad, mientras que los nodos de los extremos tienen un valor de centralidad inferior. La centralidad de un punto puede determinarse por referencia a cualquier de los tres atributos estructurales del nodo: grado, intermediación y cercanía (Freeman, 2000, pág. 139).

6.2 Centralidad

Intuitivamente un nodo con valor alto de centralidad indica que dicho nodo está conectado a muchos nodos que a su vez están bien conectados, o sea son excelentes medios para difundir una infección, un rumor, entre otros. Es evidente que en una estrella el punto central reúne una serie de características que le otorgan la mayor centralidad. Estas características le dan al centro de la estrella propiedades únicas como:

- El mayor grado posible;
- Se encuentra intermediando en el mayor número de relaciones posibles entre puntos.
- Está ubicada a la menor distancia de todos los demás puntos, lo que la ubica lo más cerca posible de los demás.

Una red centralizada tendrá en consecuencia, muchos de sus nodos dispersos alrededor de uno o unos pocos nodos, la banca en España es especialmente central (Baena del Alcázar, 1999, pág. 398) aunque en 2000 la banca y el sector energético han reducido enormemente su protagonismo cediendo influencia ante el peso del sector de la construcción y el crecimiento de las empresas de servicios y de comunicaciones (Rodríguez, 2003, pág. 14). En el otro extremo de la red están las islas, representadas por los nodos cuya centralidad de grado e intermediación valen cero. Estas características convierten a una isla en inalcanzable. La cercanía indica el grado en que un nodo se encuentra distante de todos los demás en la red.

6.3 Centralidad de grado

Representa el número de lazos directos o número de enlaces de contacto directo de un nodo con los demás. Es decir con cuantos nodos (Consejos), se encuentra directamente conectado el consejero. El hecho de tener más vínculos posibilita intercambios entre otros Consejos. La centralidad medida como grado responde al potencial de comunicación del consejero. Una empresa tiene más poder de comunicación cuanto más empresas dependen de ella (Sicilia, Simo, Sallan, & Lordan, 2012, pág. 1408). Pero una empresa que dependa de otras para hacer negocios, más lejos estará de la autonomía responsable que propone Drucker (Drucker, La gerencia. Tareas, responsabilidades y prácticas, 2000, pág. IX).

6.4 Sub-red cercana e interdependiente

La red de círculo interior es una red interdependiente que trasciende la empresa, el sector y la región, está compuesta por directivos y administradores de las grandes empresas (Useem, 1984, pág. 3) donde la confianza entre sus miembros es absolutamente esencial (Domhoff, 2006, pág. 73). Es de imaginar a esta subred como una estructura emergente de un mundo pequeño que no requiere ningún mecanismo especial de coordinación (Davis, Yoo, & Baker, 2003, pág. 322). En una red el círculo interior es una sub-red cercana e interdependiente, es un tipo de red que tiene una estructura básica de grupos locales no muy numerosos de consejeros muy bien vinculados entre sí y resistente a los cambios (Santos Castroviejo, 2013, pág. 94), un catalizador de cierto consenso y de capacidad de acción conjunta, difusión de opiniones y acción política (Santos Castroviejo, 2013, pág. 91). Un consejero que pertenece a varias empresas constituye un nodo de ese mundo pequeño o estrecho, anudado y cercano con otras tantas, haciendo incluso las veces de intermediario. Lo que da sentido al estudio de las redes sociales en esta investigación es justamente la proyección que pueda tener este "círculo interior" sobre las buenas prácticas hacia el accionista minoritario y los beneficios por acción de las empresas.

Cuando un Consejo de Administración tiene predilección por reclutar consejeros independientes pertenecientes al mundo **pequeño o estrecho**, esa preferencia quedará reflejada en la cantidad de lazos directos que dicho Consejo tiene con el mundo pequeño que, simultáneamente, lo genera (Santos Castroviejo, 2013, pág. 94).

6.5 Sub-red difusa o círculo exterior

En una red el círculo exterior en cambio es una sub-red difusa, autónoma de todos los demás puntos del grafo, poco visible y no relacionada con el círculo interior o sub-red del círculo central.

Descubrir entonces, entre los Consejos con mayoría absoluta de consejeros independientes, aquellos que evidencian tener mínimas relaciones directas o lazos directos con respecto al resto de la red es relevante a los efectos de encontrar aquellos Consejos de Administración que pertenecen a la sub-red difusa o círculo exterior, alejados y por lo tanto con mayor autonomía respecto a los demás (Alcántara, De Andrés, & López de Foronda, 2010, pág. 5).

Esta red exterior es un anillo cuyos Consejos de Administración cumplen con los siguientes requisitos:

1. Su cantidad de lazos directos con otros Consejos son rarezas estadísticas, esto es una evidencia clara que su conectividad con otros Consejos es meramente casual no buscada, sino propia de la profesión de consejero.

2. No tiene un tercer punto de contacto que represente la idea de intermediación con otro Consejo de Administración de la red y,

3. Que se encuentre tan alejado del círculo interior que evidencia evitar el potencial control en la comunicación.

103

6.6 Intensidad relacional

La intensidad relacional se incrementa en el mundo estrecho. En un estudio sobre las relaciones en el IBEX-35 del 31 de enero de 2010 (Alcántara, De Andrés, & López de Foronda, 2010, pág. 12), los autores consideran una relación "Fuerte" a aquella cuyo valor es 3 o más, lo que quiere decir que en un par de empresas hay 3 o más consejeros compartidos.

En otro estudio sobre la red de administradores compuesto por 1323 sociedades anónimas en total, de las que 133 eran cotizadas en el mercado continuo Español en 2010, solo 20 eran aisladas, o sea no tenían consejero compartido. Estas empresas representaban solo el 15 % del total. El resto de 113 empresas aglutinaban 285 lazos directos, o sea 2,52 lazos promedio por Consejo de Administración con otros Consejos, lo que redondeado da 3 lazos de media. Para Castroviejo (Santos Castroviejo, 2013, pág. 134), esta red más densa, abarca normalmente al 80% de las empresas. En el círculo interior, señala el autor, se distingue un anillo más denso formado por aquellos Consejos que tienen más de tres lazos, lo que lo llamó "Núcleo del círculo interior".

Analizando ambas investigaciones podemos observar que existe una coincidencia ya que en la primera la cantidad de lazos medios entre Consejos es de 2,629 con una mediana de 2. Es importante destacar que este estudio tiene en cuenta solo las empresas del IBEX-35. Mientras que en la segunda investigación la media de lazos es de 2,52. En este estudio solo se tienen en cuenta las empresas cotizadas en el continuo español, sin otros lazos con otras empresas. En síntesis ambas investigaciones coinciden con el número de 3 lazos promedio como frontera de densidad relacional para pertenecer al círculo interior interdependiente o al círculo exterior autónomo.

6.7 Análisis de la Red IBEX-35 año 2015 ajustado

Para realizar el grafo se utilizó el siguiente procedimiento:

1. Las empresas del IBEX-35 – año base 2015, actualizadas con IAGC 2016.

2. Armado de la matriz de adyacencias[7]. Para ello se deben cargar los datos de las relaciones directas de los consejeros, según el punto anterior, en una planilla de Excel (Ilustración 30). Cada fila y cada columna representa una empresa (nodo) del IBEX-35 en el período analizado. La diagonal (intersección de cada fila con columna de la misma empresa), es el total de consejeros de dicha empresa.). Se debe completar la celda de la matriz de adyacencias que corresponde al consejero que tiene lazos con otras empresas. Por ejemplo, si un consejero tiene lasos con dos empresas (Ej. A y B), dicho lazo es bidireccional, lo que significa que se debe aplicar el lazo a las dos empresas en cuestión (Ay B). , como se muestra a continuación:

3. Finalmente importar la matriz de adyacencias en el software NETDRAW 2.1408 para obtener el grafo de la red, como se muestra en la Ilustración 31.

Análisis del grafo de los Consejos de Administración de las empresas que pertenecen exclusivamente al IBEX-35

En un primer acercamiento a la red, la Ilustración 31 muestra el grafo de la red con las relaciones exclusivamente entre empresas del IBEX-35, obtenido con el software NetDraw 2.140 (Borgatti, 2002). Se representa cada empresa como un nodo y las relaciones que se dan entre ellas con líneas que van de unas a otras. Cada línea representa la existencia de al menos un consejero que pertenece a los dos Consejos de Administración, plasmando la existencia de dicha relación. Las relaciones significan interdependencias de la

---

[7] Todo grafo simple puede ser representado por una matriz, que llamamos matriz de adyacencia. Se trata de una matriz cuadrada de n filas X n columnas (siendo n el número de vértices del grafo). Para construir la matriz de adyacencia, cada elemento a_{ij} vale 1 cuando hay una arista que una los vértices i y j. En caso contrario el elemento a_{ij} vale 0.

[8] Borgatti, S.P. 2002. NetDraw: Graph Visualization Software. Harvard: Analytic Technologies

	Abengoa	Abertis	Acciona	Acerinox	Acs	Aena	Amadeus	Bankia	Bankinter	BBVA	BME	Caixabank	Dia	Ebro Foods	Enagas	Endesa	FCC	Ferrovial	Gamesa	Gas Natural	Grifols	IAG	Iberdrola	Inditex	Indra	Mapfre	Mediaset	Merlin Prop	OHL	Popular	REE	Repsol	Sabadell	Sacyr	Santander	Tecnicas Reunidas	Telefónica	Viscofán
Abengoa	7																											1										
Abertis		11																		1												1						
Acciona			11																		1																	
Acerinox				11					1	1													1		1													
Acs					16											1										1				1								
Aena						15			1																													
Amadeus							10																											1				
Bankia								11												1							2											1
Bankinter				1		1			10																													
BBVA										15																												
BME				1							12									1		1										1						
Caixabank												16								1																		1
Dia													10																									
Ebro Foods														13																		1						
Enagas															13																	1						
Endesa				1										1		11										2				1	1							
FCC																	15																					
Ferrovial				1														11																			1	
Gamesa																			12				1															1
Gas Natural		1										1								17												1						1
Grifols			1																		13																	
IAG																						12	1															
Iberdrola				1																			14															
Inditex																								9		1											1	1
Indra				1												1						1			13												1	
Mapfre					1																					17												
Mediaset								2																			13			1			1					
Merlin Prop	1																									1		15							1	1		
OHL	1																												12	1								
Popular																1											1		1	15								
REE																		2													11							
Repsol		1																		1						1						16			2			
Sabadell																																	14					
Sacyr							1																								1		2	14				
Santander	1						1					1				1							1					1							15			
Tecnicas Reunidas																																				13		
Telefónica				1							1							1		1					1						1						18	
Viscofán														1								1																10

Ilustración 30 Matriz de adyacencias
Elaboración propia

Empresa las cuales condicionan su autonomía (Pfeffer, 1972, pág. 220).

Observando el grafo podemos analizar cuáles son las empresas más conectadas de la red y cuáles no. Se observa la existencia de Consejos de Administración que no tienen relación con ningún otro Consejo, estos Consejos son islas de la red IBEX-35 y por lo tanto tienen en principio la mayor autonomía con respecto al resto. Estas empresas son: BBVA, DÍA, FCC y TÉCNICAS REUNIDAS. Además pueden visualizarse dos subredes con BME como nodo que hace las veces de intermediario entre ambas. En la subred menor ACERINOX e INDRA son las más conectadas. Por su parte en la otra subred SANTANDER y TELEFÓNICA son las empresas más conectadas de toda la red con 6 lazos directos. ACCIONA y GRIFOLS parecen aisladas del resto.

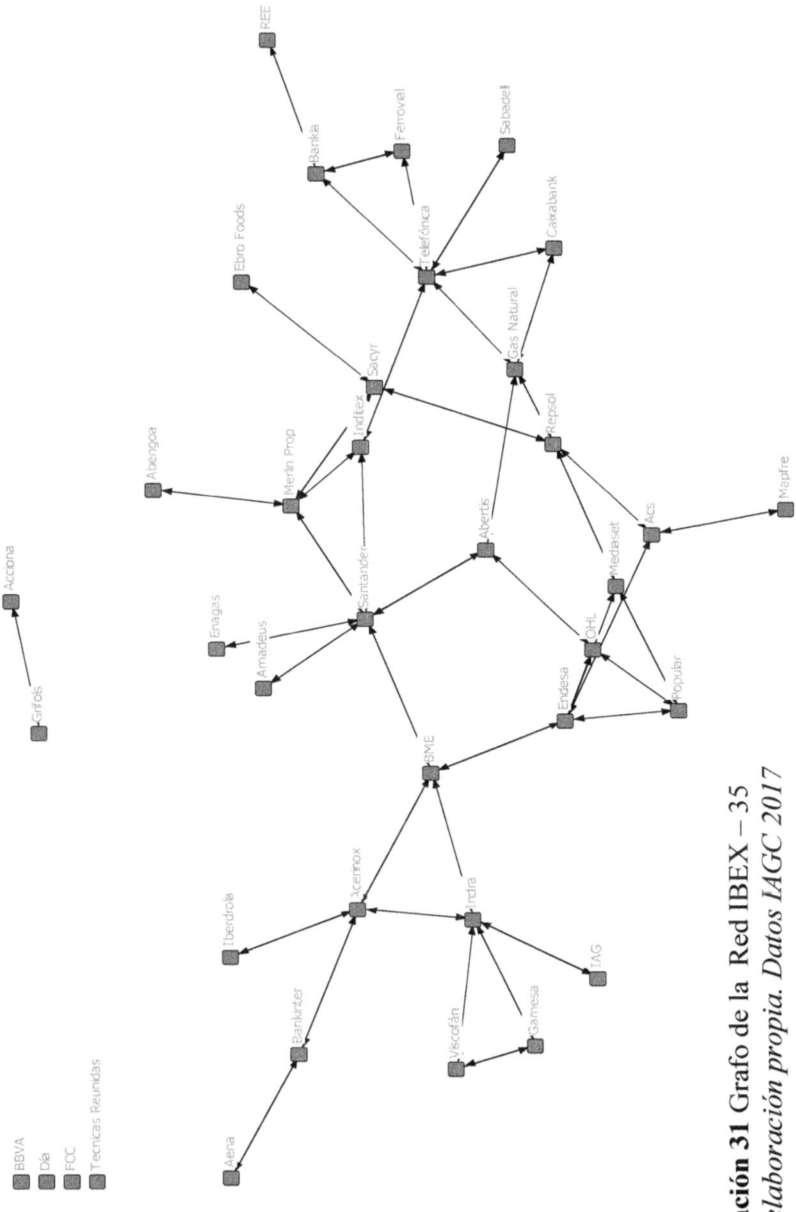

Ilustración 31 Grafo de la Red IBEX – 35
Fuente elaboración propia. Datos IAGC 2017

Rarezas estadísticas en lazos directos

El diagrama de caja (Ilustración 32) permite apreciar los máximos, mínimos y cuartiles en lazos directos entre los consejos del IBEX-35. Puede apreciarse un 6 para las empresas con mayor centralidad, 0 para las de menor o más autónomas, una mediana de 2 y un tercer cuartil, que agrupa al 75 % de los casos, que se encuentra en 3.

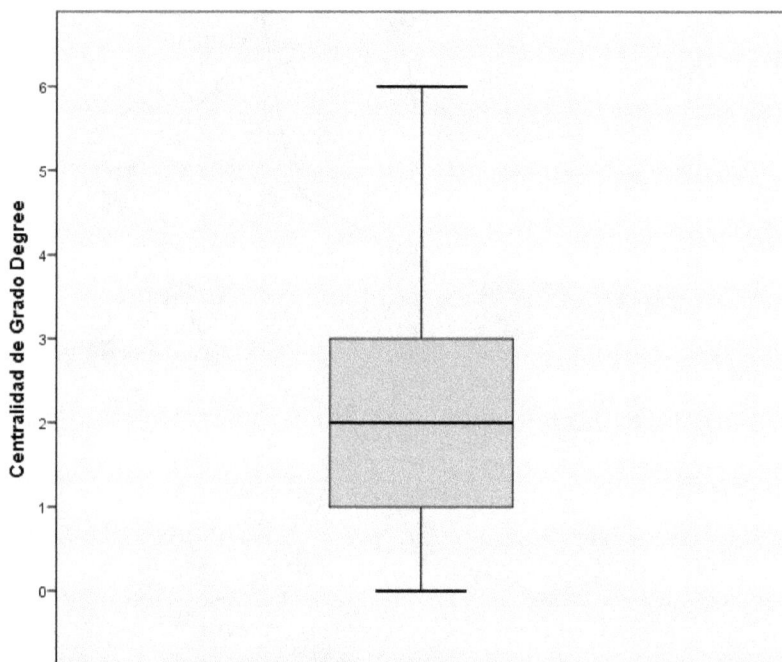

Ilustración 32 Matriz de adyacencias
Elaboración propia

A priori se consideran autónomos, o poco conectados, los Consejos de Administración que son islas. Las rarezas estadísticas quedan evidenciadas en la evaluación de los cuartiles de la centralidad de grado (Mason & Lind, 1998, pág. 162), gráficamente en el diagrama de caja (Anderson, Sweeney, & Williams, 2012, pág. 110),

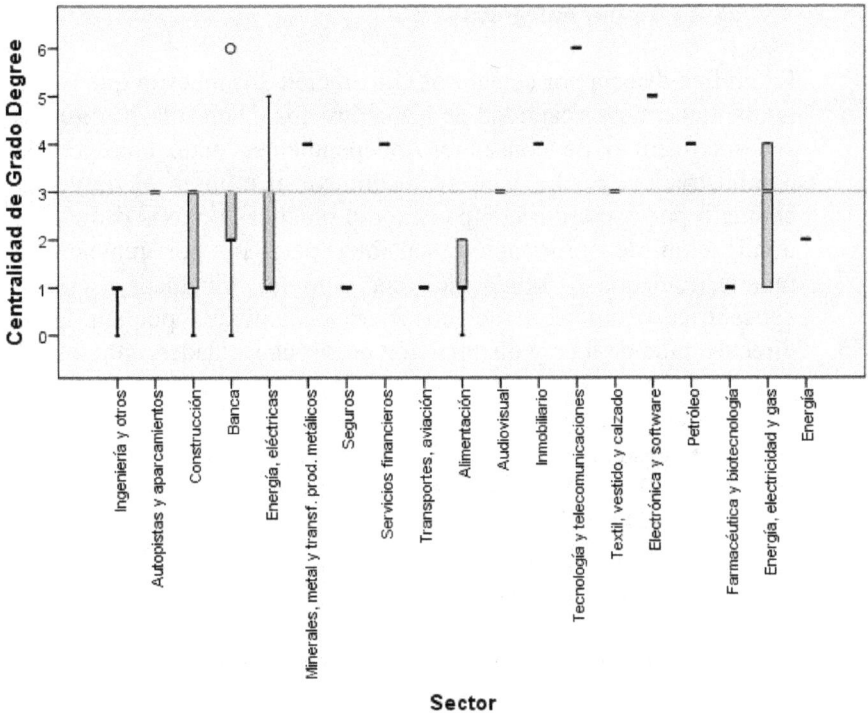

Ilustración 33 Caja de Centralidad de grado en la red del IBEX -35
Fuente elaboración propia. Software SPSS, IBM. V22.

El diagrama de caja por sector (Ilustración 33) muestra una relación de grado o lazos directos atípicamente alta en el sector Banca con 6 en SANTANDER lo que le significaría una debilidad para la empresa y la correspondiente amenaza para sus minoritarios. En el otro extremo del mismo sector aparece como isla del IBEX-35 BBVA, la ventaja de la isla es que no se vería o sería menos afectada por un acontecimiento exógeno a la empresa. En líneas generales la centralidad alta crea vulnerabilidad a la empresa y si bien parece una fortaleza a simple vista, significa una pérdida de grados de libertad de los consejeros independientes y del Consejo en sí mismo.

6.8 Lazos por categoría

La gráfica de caja por categorías (Ilustración 34) muestra que C4 es la que tiene menor cantidad de lazos directos. Dichos lazos directos son intercambio de consejeros independientes entre consejos de administración. En las islas se disminuye al mínimo el riesgo de contagio por consejero compartido de: prácticas dolosas o fraudes, divulgación de información sensible, pérdidas por renuncia o muerte, quiebra o salida de una empresa vinculada, imagen egocéntrica o narcisista del consejero encumbrado por sus lazos directos, falta de foco y disminución de sus capacidades, entre otros.

Además puede apreciarse en la figura:
- Encontramos islas (empresas sin lazos directos con el IBEX-35), tanto en C1 (capital concentrado) como en C4 (capital disperso).
- De 4 islas 3 se encuentran en C4 (BBVA, Día y Técnicas Reunidas), 1 en C1 (FCC).
- C4 tiene los menores lazos directos, el 50 % de ellos son atípicamente bajos, su mediana coincide con 1.
- Con base a las medianas, C1 y C3 (son las que tienen mayor cantidad de lazos directos.
- La centralidad de grado (lazos directos), parece tener menor variación en C4.
- Existen tres empresas con cantidad de lazos directos muy altos para el grupo C4 marcados por las atipicidades, ellas son: Santander (6), Indra (5) y Merlin Propiedades (4).

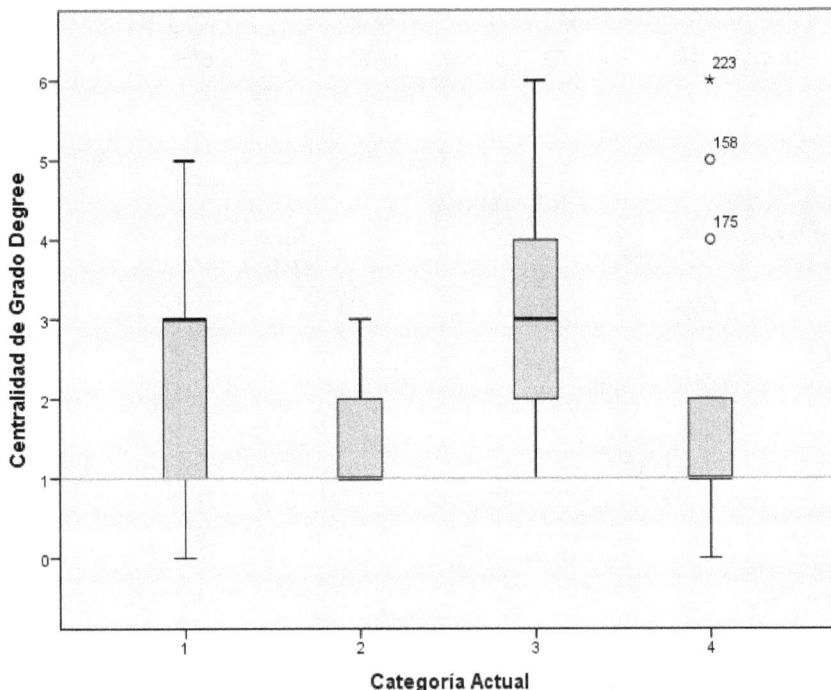

Ilustración 34 Gráfica de cajas por categorías consejo – propiedad
Elaboración propia

6.9 Nueva Categoría 5 – islas y rarezas poco conectadas

Aquellas empresas que demuestran no perseguir conectividad a través de sus consejos de administración, quedan evidenciadas en los pocos lazos directos que sus consejeros independientes tienen. Su escasa o nula conectividad con otros consejos es meramente casual, propia de la profesión de consejero. Además estas empresas no tienen un tercer punto de contacto que represente la idea de intermediación con otro consejo de administración de la red, y su posición en la red se encuentre tan alejado del círculo interior que evidencia evitar el potencial control sobre otras empresas. Así se recategorizó a las empresas de C4 que cumplen con estas premisas: ser independientes (mayoría de consejeros independientes en el consejo de administración), y además ser islas o rareza estadística

111

por pocos lazos directos en el IBEX-35, quedando conformada así la categoría C5 con las siguientes empresas para el ejercicio 2017:

CATEGORÍA 5	
Empresa	**Lazos directos IBEX-35**
Amadeus	1
BBVA	0
Día	0
Enagas	1
Grifols	1
IAG	1
Iberdrola	1
REE	1
Técnicas Reunidas	0

A continuación se muestra un resumen de los valores medios de lazos directos de consejeros independientes por categoría:

Centralidad de Grado Degree		
Categoría	**N**	**Media**
1	9	2,33
2	3	1,67
3	12	3,08
4	5	3,80
5	9	,67
Total	38	2,32

6.10   Vulnerabilidad o riesgo por lazos directos

Recientes escándalos de corrupción han puesto en el centro de discusión los riesgos que se relacionan directamente con las redes. Como ejemplo de lo dicho se destaca el uso de las tarjetas opacas, que ha puesto en relieve la necesidad de sopesar mejor el riesgo que conlleva la interconexión entre los consejos de administración.

Un riesgo al que se expone un inversor, cuya empresa elegida tiene lazos directos con otras empresas, y más aún si esta pertenece también al selectivo, consiste en que: si una de ellas sale del IBEX-35, esa salida probablemente contagiará negativamente a su empresa elegida. Invertir en empresas cuyos consejos de administración tienen consejeros independientes muy relacionados o con lazos directos con otras empresas, no siempre parece ser una buena idea.

Para cuantificar este riesgo de exposición a contagio se calculará la probabilidad que tiene una empresa de que alguno de sus lazos directos salga del IBEX-35 por mala performance. Para ello se estimará la probabilidad conjunta de pertenecer a una categoría y salir del IBEX-35 de cada uno de sus lazos directos. Para calcular dicha probabilidad se utilizará la *"Ley de adición para eventos mutuamente excluyentes"*, ya que se supondrá que la salida de cada nodo o lazo directo es independiente uno de otro. Suponiendo entonces una empresa con dos lazos directos, identificados como A y B, que conforman su red, la probabilidad de salida de cualquiera de sus lazos es la suma de la probabilidad individual de salida del lazo A y del B, ya que son mutuamente excluyentes, debido a que cuando ocurre un evento el otro no ocurre necesariamente. Probabilísticamente hablando, resulta ser un cálculo más conservador ya que no tiene en cuenta en su fórmula la disminución que significaría, en la probabilidad total, la probabilidad conjunta de ocurrencia de ambos eventos, algo que en la práctica es realmente muy poco probable que ocurra y por ello se descarta. Resultando entonces:

Probabilidad de ocurrencia de dos eventos A y B

$$P(A \cup B) = P(A) + P(B) - P(A \cap B)$$

Pero dado que,

$$P(A \cap B) = 0.$$ (Se lee que la probabilidad de intersección del evento A y el evento B = 0)

La probabilidad de adición de eventos mutuamente excluyentes, o sea que alguno de sus dos lazos directos salga del IBEX-35, es entonces para este supuesto de dos lazos directos de:

$$P(A \cup B) = P(A) + P(B)$$

Gráficamente

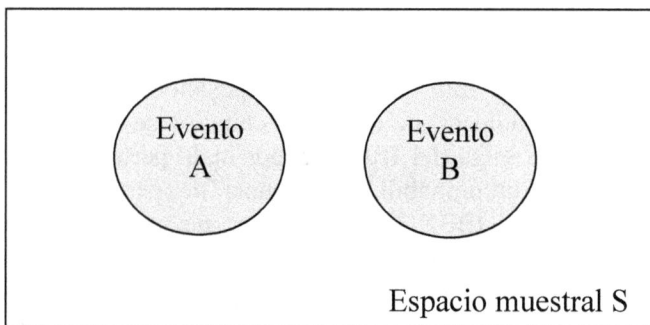

Espacio muestral S

El cálculo de la probabilidad de pertenecer a una categoría y salir del IBEX-35 se detalla en la página 160. En la página 327 se muestra un ranking por empresa de "Probabilidad que algún lazo directo salga el próximo año".

Se postula en este trabajo entonces que:

Las empresas con capital disperso, con mayoría absoluta de consejeros independientes y autónomos de otros consejos, ofrecen al inversor una mayor seguridad frente a posibles amenazas del contexto. Esta afirmación puede apreciarse esquemáticamente en modelo multivariable de la ilustración 35.

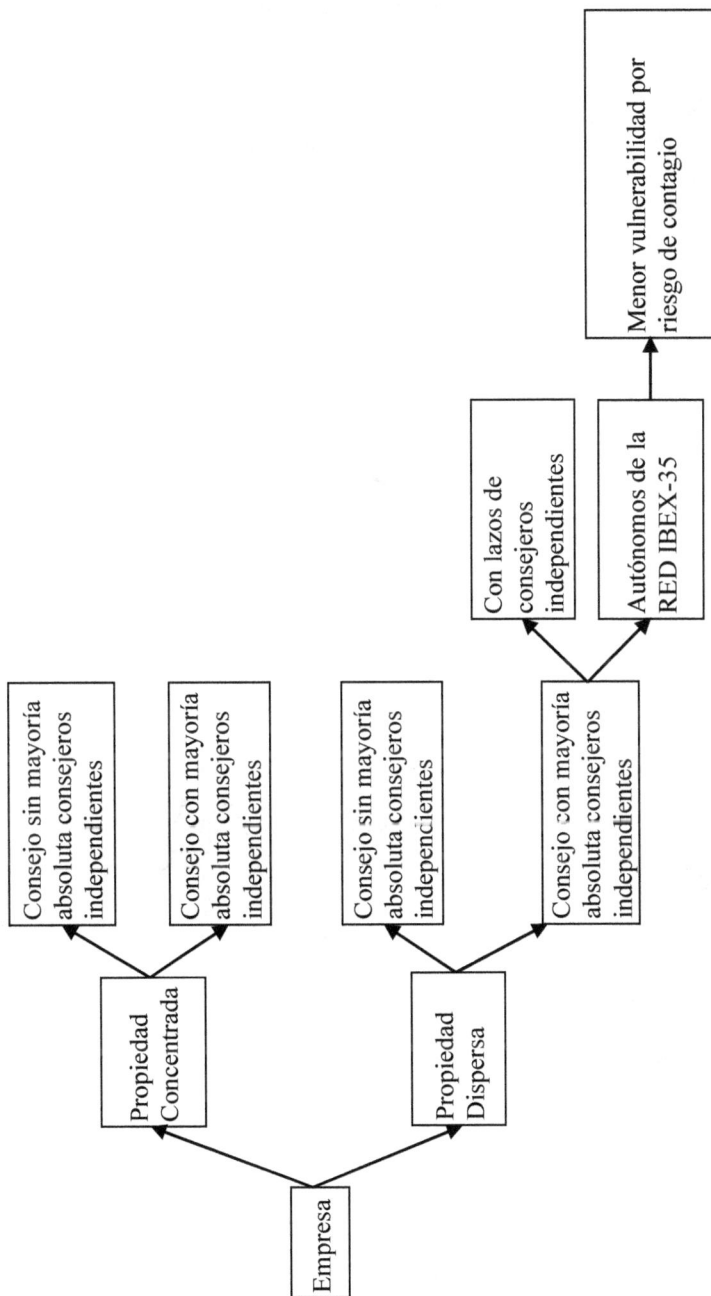

Ilustración 35 Modelo de hipótesis causales multivariadas
Fuente: elaboración propia

6.11   Red de mujeres consejeras multi-consejos del IBEX

La ilustración 36 muestra los lazos compartidos de la población objeto de estudio a julio de 2017, donde pueden apreciarse con la letra "M" aquellas mujeres que se sientan en más de un consejo de administración.

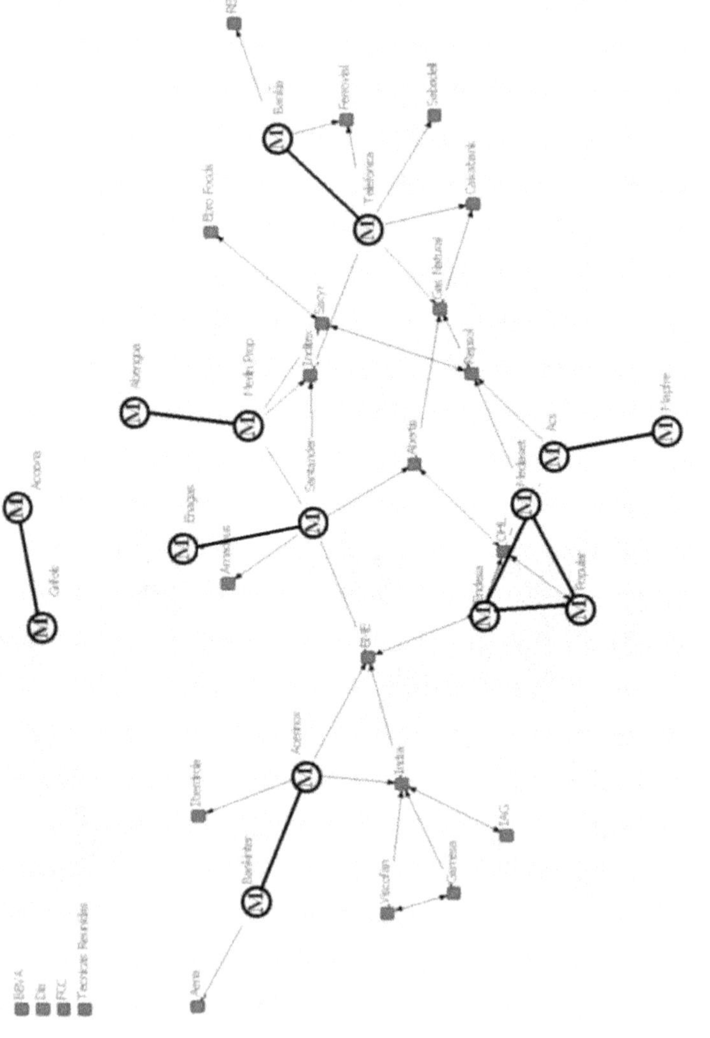

Ilustración 36 Grafo de la Red Mujeres
Fuente elaboración propia. Datos IAGC 2017

Vemos que existe una alta conexión entre Endesa – Mediaset y Popular, donde una misma consejera (Helena Revoredo Delvecchio) ocupa un asiento en dichos consejos, ejerciendo una fuerte influencia de comunicación entre dichas empresas. Luego siguen con dos consejos compartidos:

- Acciona – Grifols (Belén Villalonga Morenés)
- Acerinox – Bankinter (Rosa María García García)
- ACS – Mapfre (Catalina Miñarro Brugarolas)
- Bankia – Telefónica (Catalina Miñarro Brugarolas)
- Enagas – Santander (Isabel Tocino Biscarolasaga)
- Merlin – Abengoa (Pilar Cavero Mestre)

Vemos que 7 consejeras se sientan en 15 de los consejos de administración de la población objeto de este estudio, ocupando así un rol central de comunicación y conexión entre las sociedades por ellas enlazadas pero aumentando también la vulnerabilidad.

6.12   Categorías resultantes para el período 2014 – 2016

A continuación se calculan las categorías de cada empresa teniendo en cuenta los valores medios de porcentaje de consejeros independientes, sus lazos directos con otros consejos y el capital flotante para el período 2014 -2016..

CATEGORÍA VALORES MEDIOS 2014 - 2016			
Empresa	Consejeros Indep. %	Capital Flotante %	Categoría
Abengoa	0,66	0,57	C4
Abertis	0,27	0,50	C1
Acciona	0,55	0,39	C2
Acerinox	0,43	0,52	C3

ACS	0,29	0,59	C3
Aena	0,40	0,40	C1
Amadeus	**0,69**	**0,83**	**C5**
Bankia	0,73	0,36	C2
Bankinter	0,52	0,63	C4
BBVA	**0,59**	**1,00**	**C5**
BME	0,48	0,91	C3
Caixabank	0,37	0,64	C3
CellnexTelecom	0,44	0,39	C1
Colonial	0,36	0,58	C3
Día	**0,73**	**0,83**	**C5**
Ebro Foods	0,29	0,49	C1
Enagas	**0,61**	**0,93**	**C5**
Endesa	0,45	0,30	C1
FCC	0,28	0,36	C1
Ferrovial	0,37	0,57	C3
Gamesa	0,61	0,76	C4
Gas Natural	0,37	0,33	C1
Grifols	**0,47**	**0,57**	**C5**
IAG	**0,78**	**0,84**	**C5**
Iberdrola	**0,71**	**0,82**	**C5**
Inditex	0,44	0,39	C1
Indra	0,55	0,66	C4
Jazztel	0,67	0,85	C4
Mapfre	0,38	0,32	C1
Mediaset	0,32	0,51	C3
Meliá	0,45	0,44	C1
Merlin Prop	0,65	0,69	C4
OHL	0,36	0,31	C1

Popular	0,39	0,79	C3
REE	**0,59**	**0,80**	**C5**
Repsol	0,49	0,75	C3
Sabadell	0,54	0,85	C4
Sacyr	0,21	0,60	C3
Santander	0,53	0,99	C4
Técnicas Reunidas	**0,59**	**0,62**	**C5**
Telefónica	0,46	0,81	C3
Viscofán	0,49	0,82	C3
TOTAL	0,49	0,64	C3

Capítulo 7

Límite al derecho de asistencia a Junta

"El buen gobierno de las sociedades reclama una clara definición de los fines que debe perseguir la administración de la sociedad. La Comisión ha llegado al convencimiento de que la llamada solución 'financiera' es la más adecuada para que haya un ejercicio efectivo y preciso del principio de responsabilidad y la que mejor responde a las expectativas de los inversores" (Olivencia, 1999, pág. 18).

7.1 La Junta General de Accionistas

Es el órgano de la sociedad integrado por todos sus accionistas. Se reúne para deliberar y decidir sobre los asuntos de su competencia, entre los que se destacan: valorar la gestión de la sociedad; aprobar las cuentas del ejercicio anterior y la propuesta de aplicación de resultados (incluido el reparto de dividendos); aprobar el aumento o disminución de capital social; aprobar la modificación de los estatutos sociales, que rigen el funcionamiento de la compañía; aprobar la emisión de obligaciones u otros valores negociables; nombrar, ratificar o cesar a los miembros del Consejo de Administración; nombrar a los auditores de cuentas y autorizar la adquisición de acciones propias (autocartera) (Comisión Nacional del Mercado de Valores, 2015, pág. 15).

7.2 Asistencia a Juntas Generales de Accionistas

Uno de los primeros objetivos del gobierno corporativo es la potenciación del papel de la junta General de Accionistas como órgano de decisión y control básico para la vida de la sociedad y tutela de los intereses de los accionistas (Aldama, 2003, pág. 29). La misma Comisión Especial para el Fomento de la Transparencia y la Seguridad en los Mercados y las Sociedades Cotizadas, potencia a la Junta general como órgano supremo de gobierno de la empresa al proclamar a la Junta General de Accionistas, como el órgano social soberano a través del cual se articula el derecho del accionista a intervenir en la toma de decisiones esenciales de la sociedad, debiendo posibilitar su participación y la expresión de su interés a través del voto (Aldama, 2003, pág. 29). El ejercicio del derecho de asistencia a la Junta General de Accionistas es un requisito previo para el ejercicio del derecho a voto. El voto es pues un derecho político fundamental que se confiere al accionista por la mera titularidad de una acción (Peinado Gracia & Cremades García, 2012, pág. 243).

La Ley de Sociedades de Capital (LSC), prevé de forma general para las sociedades anónimas que el derecho a voto pueda ser ejercido tanto por el propio accionista como por medio de un representante, el cual debe contar con un poder especial otorgado por el accionista para cada Junta. Una vez que el accionista asiste a la Junta General, de forma presencial o por representación, está en condiciones de ejercer el derecho a voto. Según lo crea conveniente el accionista podrá emitir su voto a favor, en contra, en blanco o abstenerse de votar (Peinado Gracia & Cremades García, 2012, pág. 249).

7.3 Limitación al derecho de asistencia a Junta General

Con el propósito de agilizar la celebración de las Juntas en las grandes sociedades de propiedad dispersa, la LSC otorga la posibilidad de limitar estatutariamente el derecho de asistencia a las Juntas Generales exigiendo la titularidad de un número mínimo de acciones (LSC art. 179.2). Esta posibilidad legal de fijar estatutariamente limitaciones al derecho de asistencia de los socios a la Junta general, exigiendo la posesión de un mínimo de acciones, tiene su origen en el propósito de impedir que socios de grandes sociedades con pocas acciones puedan participar en las Juntas y, con una afluencia masiva, impedir su funcionamiento normal (Tobío Rivas, 1995, pág. 58). Así gracias a esta opción que brinda la LSC, los accionistas muy dispersos y sin ninguna posibilidad de hacer valer sus opiniones en la Junta, se ven obligados a agruparse para formar coaliciones externas poderosas con representación. Lo que la LSC hace es, por un lado, orientar las acciones hacia opciones realistas para los accionistas minoritarios deseosos de participar activamente en la junta y por otro lado, la empresa que adhiere a esta limitación; si bien fomenta indirectamente la creación de asociaciones, da viabilidad administrativa a la participación y la creación de espacios políticos alternativos de poder, recurre a una práctica que de ser abusiva lesiona de manera contundente los derechos de los minoritarios.

7.4 Limitación al derecho de asistencia a Junta General

Se realizó un cálculo de medias del límite del derecho de asistencia a Junta empresas del IBEX-35 año base 2015 actualizados con IAGC 2016.

. La asistencia a Junta es un derecho fundamental y una práctica por excelencia que refleja el sentimiento de la empresa por los minoritarios. Agrupando por Categoría de la matriz Consejo – Propiedad, el valor medio del Límite a asistencia a junta arroja el siguiente resultado:

Límite derecho asistencia a Junta			
Categoría Actual	Media	Desviación estándar	N
1	122,33	330,778	9
2	291,67	260,208	3
3	429,17	431,940	12
4	220,00	303,315	5
5	94,44	181,046	9
Total	238,84	346,718	38

Puede apreciarse que:

- las empresas que menos limitan la asistencia a Junta deberían ser por lógica las de la Categoría C1 y C2, ya que son empresas con el menor capital flotante, sin embargo las que tienen la media más baja son las de C5 (Capital Disperso, mayoría absoluta de consejeros independientes y autónomas de otras empresas

- Las de C2, que tienen el capital concentrado en el núcleo duro, inexplicablemente duplican el límite de las C5.

Para completar se realizará un análisis de caja a fin de detectar los casos atípicos por categorías. El diagrama resultante se ve a en la ilustración 37:

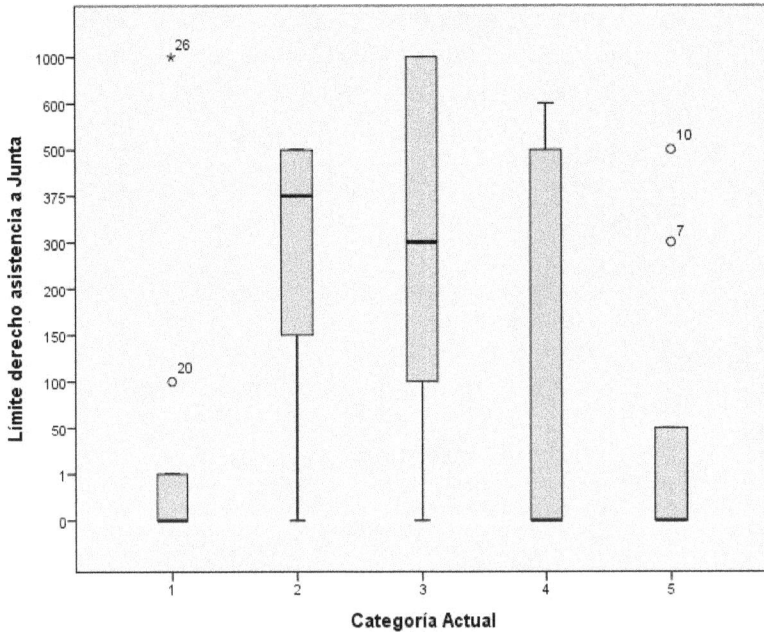

Ilustración 37 Diagrama de caja Límite por Categorías
Elaboración propia

En específico se observa que:

- Con base a las medianas, C5 son las que tienen menor limitación al derecho de asistencia a Junta.
- Se observan dos casos atípicos en C5 para Amadeus (300) y BBVA (500).
- El límite parece tener menor variación en C1. Pero es allí donde se ven dos casos atípicos altos (Gas Natural con 100 y Mapfre con 1000 acciones), se presume para agilizar la Junta, pero negativos para los accionistas minoritarios.
- La mediana nos muestra que contrariamente a lo que se espera de las empresas con capital flotante alto, el 50 % de las empresas pertenecientes a C5 tienen nula limitación al derecho de asistencia a Junta. Por el

125

contrario la mediana es incomprensiblemente la más alta para las empresas de C2, cercana a 375 acciones.

Capítulo 8

BPA, DPA, PAY-OUT y RENT.DIV.

*"Cuantos más dividendos se
reparten, menos crece la empresa"* (Fernandez, 2012, pág. 83)

8.1 Beneficio por Acción (BPA)

*"El Beneficio por Acción es una manera de evaluar la buena
gestión. El crecimiento del Beneficio por Acción depende en gran
medida de las buenas ideas y de la buena gestión empresarial. Una
mala gestión produce poco beneficio"* (Fernandez, 2012, pág. 89).

La obligación de las empresas cotizadas de formular sus estados
contables en función a las *Normas Internacionales de Información
Financiera* (en adelante NIIF) tiene, entre otros objetivos, el de
proporcionar información especialmente útil para la toma de

decisiones a los inversores. Dentro de esta información ocupa un lugar destacado la publicación de la ganancia por acción (que en los mercados generalmente recibe el nombre de beneficio por acción, en adelante BPA) (Pallarés Sanchidrián, 2008, pág. 72). La importancia del BPA para las decisiones de inversión queda reflejada en la opinión de Buffet quien señala que una empresa con BPA alto en un intervalo largo de tiempo, demuestra regularidad y durabilidad de sus ventajas competitivas (Buffett & Clark, 2009, pág. 75).

Al respecto del BPA, existen diversas interpretaciones de cómo debe ser su cálculo:

- Utilidades después de impuestos, divididas entre el número de acciones ordinarias en circulación (Van Horne & Wachowicz, 2002, pág. 3).
- Cociente entre el Beneficio después de impuestos o Beneficio neto y el número de acciones en circulación de la empresa (Fernández P. , 1999, pág. 399).
- Dividir la Utilidad neta de una Empresa, menos el importe de los dividendos de las Acciones preferentes en el caso de que las haya, entre el número de Acciones ordinarias en circulación (Anthony, 1976, pág. 289).
- Dividiendo el "Resultado atribuido a la entidad dominante" entre el número medio ponderado de las acciones en circulación a lo largo del ejercicio o periodo; excluido el número medio de las acciones propias mantenidas en autocartera (BBVA, 2014).
- Dividiendo el resultado del periodo atribuible a los tenedores de instrumentos ordinarios de patrimonio de la controladora (el numerador) entre el promedio ponderado de acciones ordinarias en circulación (el denominador) durante el periodo (IFRS, 2012).

Como expresan Badenes y Santos al referirse a la valoración de empresas, es más importante aplicar el sentido común a la información de la que se dispone que en emplear mecánicamente una fórmula matemática (Badenes & Santos, 1999, pág. 1), de todos modos, el método y cálculo del BPA para aquellas entidades cuyas acciones ordinarias coticen o estén en proceso de emitir acciones ordinarias, se incorpora en la *Norma Internacional de Contabilidad 33* (en adelante NIC 33).

Según las NIC 33, entonces el BPA se calcula de la siguiente manera:

"Las ganancias por acción básicas se calcularán dividiendo el resultado del ejercicio atribuible a los tenedores de instrumentos ordinarios de patrimonio neto dominante (el numerador) entre el promedio ponderado de acciones ordinarias en circulación (el denominador) durante el ejercicio" (NIC 33, 2005, pág. 3).

El beneficio neto de la empresa es un valor fijo y único para el período evaluado pero, el número de acciones en circulación puede cambiar durante el año y con ello el BPA. Para evitar esas variaciones el número de acciones ordinarias será el promedio ponderado de las acciones ordinarias en circulación durante el periodo (IFRS, 2012).

En lo que se refiere a BPA, la NIC 33 es sólo aplicable a las sociedades cotizadas (Fernández de Valderrama, 2006, pág. 19). La empresa deberá presentar en el estado de resultado integral las ganancias por acción básicas (IFRS, 2012). La empresa está obligada a presentar las ganancias por acción, incluso en el caso que estas sean negativas. En este caso se tratará de pérdidas por acción (Pallarés Sanchidrián, 2008, pág. 73).

Dado el contenido intrínseco del BPA (la parte del beneficio neto total de la empresa que le corresponde a cada una de las acciones que componen su capital social) refleja, especialmente en las empresas con propiedad dispersa, la política del Consejo de Administración hacia el capital flotante. El BPA se constituye así en el resultado de las buenas prácticas y una práctica en sí misma hacia el accionista minoritario.

8.2 Dividendo por Acción (DPA)

El dividendo por acción es el beneficio neto de una empresa, que se distribuye como retribución entre sus accionistas, dividido el número de acciones. El dividendo constituye la principal vía de remuneración que obtendrán los accionistas como propietarios de una sociedad. Su importe debe ser aprobado por la Junta General de Accionistas de la sociedad, a propuesta del consejo de administración.

Es una decisión que debe ser muy meditada por los directores financieros ya que los inversores la consideran una variable clave a la hora de decidir en qué activos invertir. Además el dividendo es un factor clave dentro de la política de financiación de la empresa, ya que afecta la estructura de endeudamiento por lo que afecta directamente el crecimiento de la empresa.

El dividendo puede ser repartido en dinero o de otras formas, como acciones de la propia compañía. Es lo que se conoce como scrip dividend. La cantidad y la modalidad elegida es una decisión que, una vez tenidas en cuenta posibles limitaciones regulatorias, corresponde a la Junta General de Accionistas su aprobación.

Normalmente, los dividendos se distribuyen a cuenta de los resultados finales del ejercicio. Con el dividendo complementario se puede ajustar la cantidad final una vez conocidas las cuentas tras el cierre del ejercicio anual. El dividendo extraordinario se genera cuando se han producido beneficios que tienen este carácter excepcional. Los conceptos de dividendo bruto y neto se relacionan a los impuestos, según se hayan descontado (neto) o no (bruto).

8.3 PAY-OUT

El pay-out o coeficiente de reparto de dividendos, es el porcentaje de los beneficios totales obtenidos en el ejercicio que se destina a remunerar a los accionistas mediante el pago de dividendos. Se calcula como cociente entre el dividendo y el beneficio neto o lo que es lo mismo entre el DPA y el BPA.

Según investigaciones de Lintner (Lintner, 1956) surge de entrevistas realizadas por el autor que, la política de dividendos partía de un ratio objetivo de pay-out a largo plazo, y luego los dividendos se van ajustando a éste, evitando cambios bruscos. Otra política de dividendos es el mantenimiento de una tasa de reparto del beneficio o pay-out sin ajuste, o hacia la fijación de una tasa de crecimiento del beneficio. Según trabajos de investigación sobre una muestra de empresas del IBEX-35 el modelo de que se impone es el de ajuste parcial del dividendo al ratio de pay-out que define la empresa a largo plazo (modelo clásico de Lintner) y mantener un dividendo relativamente estable ha sido un objetivo importante en la política de retribución al accionista en concordancia con los objetivos de dividendos declarados por las mismas (Palacín Sánchez, 2004).

8.4 Rentabilidad por Dividendo (RENT.DIV.)

La rentabilidad por dividendo es un ratio que indica el porcentaje de inversión que se recupera directamente con el reparto de los dividendos, por tal motivo es una fuente importantísima para medir la rentabilidad de la inversión.

Se calcula como el cociente entre el dividendo anual que percibe un accionista por cada una de sus acciones (DPA) y el precio de mercado de esa acción, multiplicado por 100 (porcentaje).

$$RENT.DIV. = \frac{DPA}{COTIZACIÓN\ de\ la\ ACCIÓN}$$

La rentabilidad por dividendo representa una garantía para el inversor que busca una ganancia a largo plazo. Las empresas del IBEX-35 son muy importantes y similares entre sí, razón por la cual, pequeñas diferencias en este ratio puede significar una gran ventaja o desventaja para el accionista minoritario, especialmente en momentos de gran volatilidad de los mercados.

8.5 Comparación DPA, BPA y PAY-OUT

A continuación se analizan los DPA, BPA y PAY-OUT de las empresas del IBEX-35, agrupadas por Categoría en la matriz Consejo – Propiedad, empresas del IBEX-35 a diciembre de 2015 (Año base) con datos actualizados a diciembre de 2016. Los consejos C4 que además tienen menos de 1 lazo (autónomos) se agruparon en C5.

Informe		DPA	BPA	DPA/BPA
Categoría Actual		**DPA**	**BPA**	**DPA/BPA**
1	**Media**	**0,9**	**1,5222**	**57,3845**
	N	9	9	9
	Desv. Est.	1,18	2,39	34,21
	Mínimo	0	0,15	0
	Máximo	3,83	7,76	100
2	**Media**	**0,9967**	**2,0233**	**28,5293**
	N	3	3	3
	Desv. Est.	1,63	3,65	24,95
	Mínimo	0	-0,43	0
	Máximo	2,88	6,22	46,3
3	**Media**	**0,7127**	**0,9918**	**80,768**
	N	11	11	11
	Desv. Est.	0,58	0,95	48,08
	Mínimo	0	0,13	0
	Máximo	1,8	2,68	155,17
4	**Media**	**0,21**	**0,558**	**38,9818**
	N	5	5	5
	Desv. Est.	0,14	0,22	28,72
	Mínimo	0	0,43	0
	Máximo	0,4	0,94	76,92
5	**Media**	**0,6711**	**1,18**	**57,1189**
	N	9	9	9
	Desv. Est.	0,49	0,75	19,1
	Mínimo	0,21	0,42	26,67

	Máximo	1,4	2,45	79,43
Total	**Media**	**0,7032**	**1,1916**	**59,4453**
	N	37	37	37
	Desv. Est.	0,81	1,59	37,27
	Mínimo	0	-0,43	0
	Máximo	3,83	7,76	155,17

En concreto la tabla muestra que:

- En C5 no hubo DPA = 0, mínimo = 0,21
- En C5 no hubo BPA = 0, mínimo = 0,42
- En C5 no hubo PAY-OUT = 0, mínimo = 26 %
- El menor DPA fue en C2 = -0,43
- El mayor DPA medio fue en C2 = 0,9967
- El mayor BPA medio fue en C2 = 2,0233
- El menor PAY-OUT medio fue en C2 = 28 %
- El mayor PAY-OUT medio fue en C3 = 80 %
- El PAY-OUT DE C5 y C1 fueron prácticamente idénticos = 57 %

133

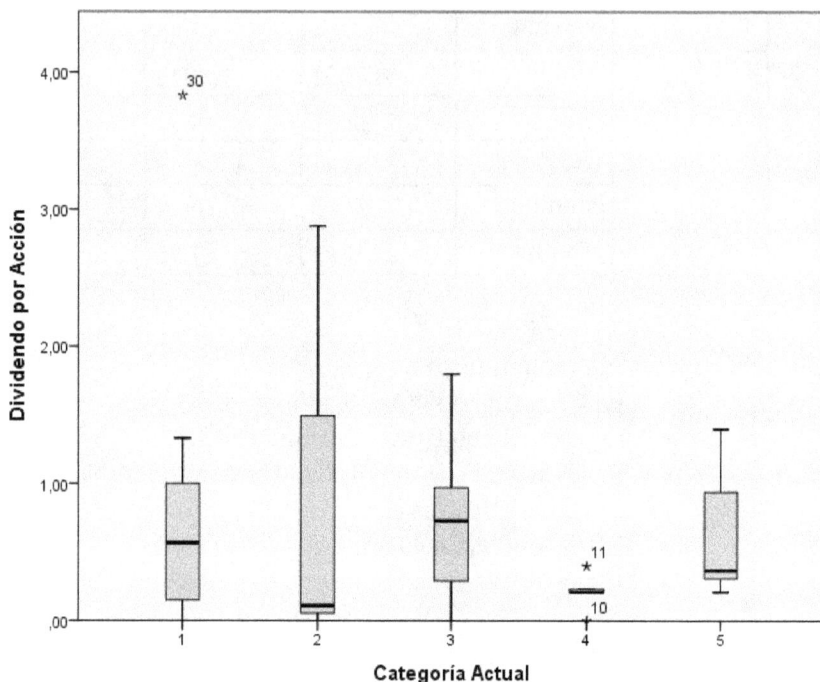

Ilustración 38 Diagrama de caja DPA - Categoría
Elaboración propia

En específico en la ilustración 38 se observa que:

- Existe un valor atípico alto de DPA en 2016 en C1 para Aena.
- La mayor diferencia entre máximos y mínimos se encuentra en C2, lo mismo para la diferencia intercuartílica. Esto es indicativo de la mayor variabilidad en el DPA de todas las Categorías.
- En C2 se encuentra el menor DPA
- En C5 (C4 y autónomo) no existen DPA = 0, siendo el menor 0,21.

134

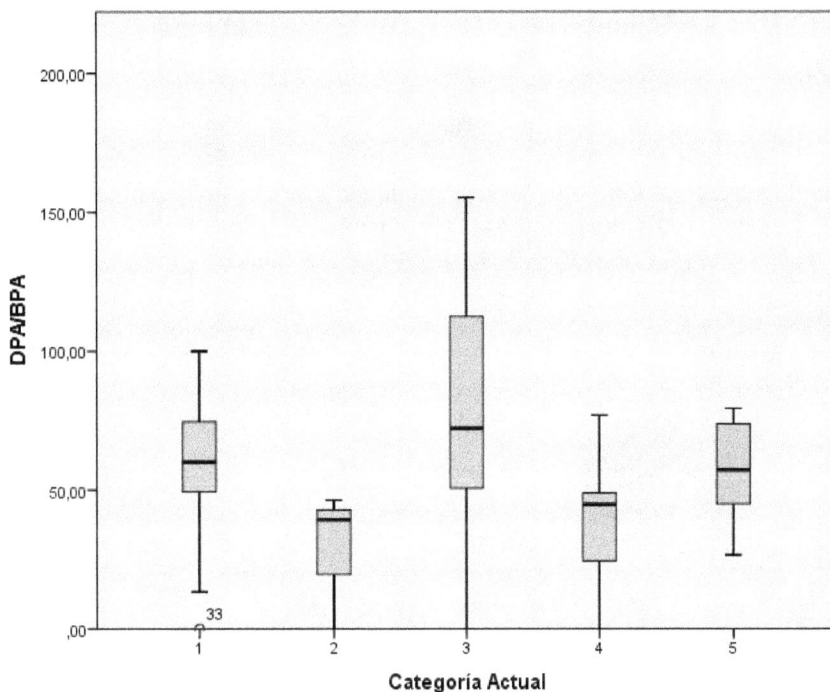

Ilustración 39 Diagrama de caja PAY-OUT - Categoría
Elaboración propia

En específico en la ilustración 39 se observa que:

- Existe un *pay-out* atípico en C1, llamativamente bajo para FCC.
- Con respecto a las medianas el mayor pay-out se encuentra en C3, Pero también se encuentra allí la mayor diferencia ente máximos y mínimos.
- En C5 (empresas independientes y autónomas) el pay-out mínimo es el mayor de todos y se ubica en un 26 %.

135

8.6 Comparativo RENT. DIV. a noviembre 2017

Se sometió a una prueba AID la muestra en estudio, a los efectos de comprobar si el software DYANE encontraba una segmentación entre las medias de cada categoría de la Rentabilidad por Dividendos a noviembre de 2017 (Fuente www.eleconomista.es), El resultado se muestra a continuación:

```
ANALISIS A.I.D (Automatic Interaction Detection)
=====================================================


VARIABLE A EXPLICAR:     RENT. DIV.
VARIABLE EXPLICATIVA 1: CATEGORIA

TAMAÑO MINIMO DE LOS SEGMENTOS: 2
CONTRIBUCIÓN MINIMA DE LA PARTICION A LA EXPLICACIÓN DE
LA VARIANZA:   0,5%

PROPORCIÓN TOTAL DE VARIANZA EXPLICADA: R2 = 0,1036


                   PERFIL DE LOS SEGMENTOS
                   ========================

GRUPO 1    : Tamaño: 41;  Media: 0,0344;  Desv.: 0,0172
Total de la muestra
GRUPO 2    : Tamaño: 31;  Media: 0,0374;  Desv.: 0,0003
- CATEGORÍ: C5, C3 y C1
GRUPO 3    : Tamaño: 10;  Media: 0,0251;  Desv.: 0,0002
- CATEGORÍ: C4 y C2
GRUPO 4    : Tamaño: 9;  Media: 0,0403;  Desv.: 0,0002
- CATEGORÍ: C5
GRUPO 5    : Tamaño: 22;  Media: 0,0362;  Desv.: 0,0003
- CATEGORÍ: C3 y C1
```

```
          ┌ ─ ─ ─ ─ ─ ┐
          |           |
          | Grupo 3   |
          | Media =   |
          |  0,025    |
          | N =   10  |
          |           |
          └ ─ ─ ─ ─ ─ ┘
              ┐
              |
 ┌ ─ ─ ─ ─ ─ ┐
 |           |
 | Grupo 1   |
 | Media =   |
 |  0,034    |
 | N =   41  |  ┤ +R2=0,094
 |           |
 └ ─ ─ ─ ─ ─ ┘
                              ┌ ─ ─ ─ ─ ─ ┐
                              |           |
                              | Grupo 5   |
                              | Media =   |
                              |  0,036    |
                              | N =   22  |
                              |           |
                              └ ─ ─ ─ ─ ─ ┘
                                  ┐
 ┌ ─ ─ ─ ─ ─ ┐                   |
 |           |
 | Grupo 2   |
 | Media =   |
 |  0,037    |
 | N =   31  |  ┤ +R2=0,009
 |           |
 └ ─ ─ ─ ─ ─ ┘
 ┌ ─ ─ ─ ─ ─ ┐
 |           |
 | Grupo 4   |
 | Media =   |
 |  0,040    |
 | N =    9  |
 |           |
 └ ─ ─ ─ ─ ─ ┘
```

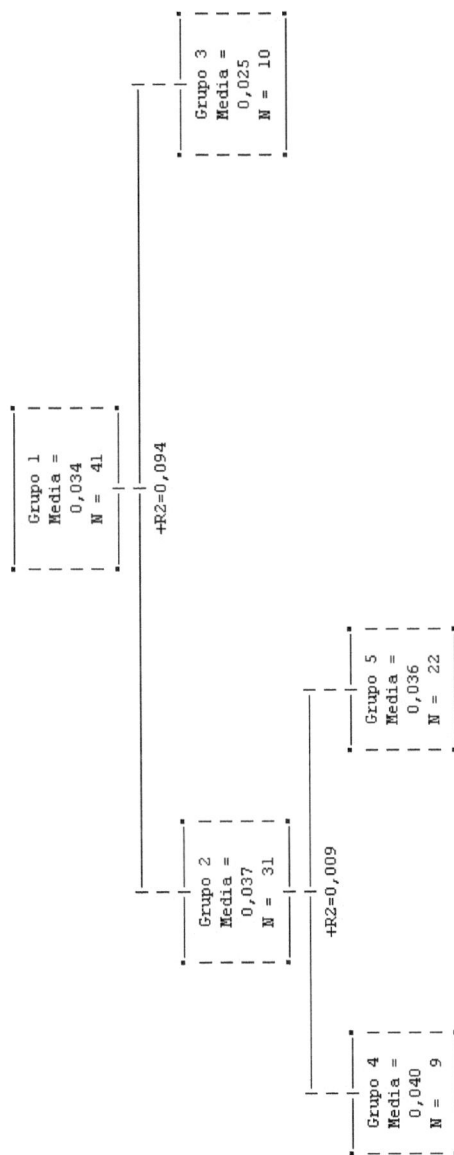

Ilustración 40 AID RENTABILIDAD POR DIVIDENDOS EXPLICADA POR CATEGORIA

Fuente: elaboración propia, software Dyane 2.0 Santesmases Mestre

Conclusión:

Puede apreciarse en la ilustración 40 que el software DYANE calcula para el total de la población (GRUPO 1) una MEDIA TOTAL DE RENTABILIDAD POR DIVIDENDOS 2,44 por ciento. Encuentra una partición que agrupa las categorías C5, C3 y C1 (GRUPO 2) con una media que sube de 2,74 % y otra partición que agrupa las categorías C4 y C2 (GRUPO 3) con una media que sube pero menos de 2,51 %.

El software sigue buscando particiones y encuentra otra formada únicamente por la categoría C5 (GRUPO 4) donde la rentabilidad por dividendos media sube a un máximo alcanzando 4,03 %. Y otro grupo con media de rentabilidad por dividendo menor de 3,62 % formado por C1 y C3 (GRUPO 5).

Por su parte el AID confirma que el 10,36 % de la varianza la rentabilidad por dividendos se explica con la categoría resultante de la matriz consejo – propiedad.

Capítulo 9

Pérdidas días previos a la salida del IBEX-35

Durante el período 2013-2017 (primer semestre) se han producido salidas de empresas históricamente pertenecientes al IBEX-35. Estas salidas han sido clasificadas por dos causas: mala performance u OPA's. En este análisis se incluyen únicamente las salidas por mala performance.

9.1 Población objeto de estudio IBEX-35 año base 2015

Para realizar este análisis se tomará como año base 2015. Se registrarán todas las entradas y salidas, según la categoría en la matriz consejo – propiedad y la fecha en la que se produjo la novedad en la conformación del IBEX-35. Se hará un seguimiento de los movimientos previos al año baso desde 2013, y posteriores hasta la conformación del IBEX-35 a julio de 2017. Se analizarán las pérdidas en las cotizaciones los días previos a las salidas respectivas.

Movimientos en el IBEX-35 año base 2015.

IBEX-35 a diciembre 2015[9]				
Empresa		**Categoría**	**Movimiento**	**Fecha**
Abengoa	ABG	3	Salió	27/11/2015
Abertis	ABE	3		
Acciona	ANA	2	Salió/Entro	22/6-20/7/2015
Acerinox	ACX	3	Entro	22/06/2015
ACS	ACS	3		
Aena	AENA	1	Entro	22/06/2015
Amadeus	AMA	5		
Bankia	BKIA	2		
Bankinter	BKT	3		
BBVA	BBVA	5		
BME	BME	3	Salió	22/06/2015
Caixabank	CABK	1		
Día	DIA	5		
Enagas	ENG	5		
Endesa	ELE	1		

[9] Arcelor-Mittal por tener sede central en la Ciudad de Luxemburgo, no se considera en el análisis

140

FCC	FCC	1		
Ferrovial	FER	3		
Gamesa	GAM	4		
Gas Natural	GAS	1		
Grifols	GRF	5		
IAG	IAG	5		
Iberdrola	IBE	5		
Inditex	ITX	1		
Indra	IDR	4		
Jazztel	JAZ	4	Salió x OPA[10]	24/06/2015
Mapfre	MAP	1		
Mediaset	TL5	1		
Merlin Prop	MRL	4	Entro	21/12/2015
OHL	OHL	1		
Popular	POP	3		
REE	REE	5		
Repsol	REP	3		
Sabadell	SAB	4		
Sacyr	SCYR	3		
Santander	SAN	4		
Técnicas Reunidas	TRE	5		
Telefónica	TEF	3		

Gráficas cotizaciones días previos a la salida año 2015

Quince días previos al anuncio de su salida Acciona pierde algo más del 5 %.

---

[10] La salida de Jazztel por OPA no cuenta como salida por performance

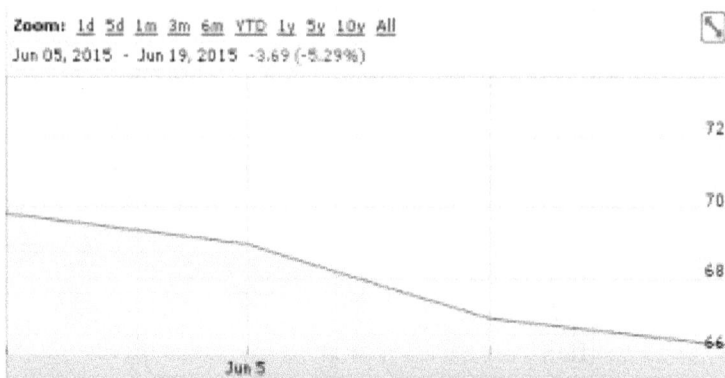

Ilustración 41 ANA
Fuente Google Finance

BME pierde en veinte días cerca del 9 % antes del anuncio público de su salida del IBEX-35.

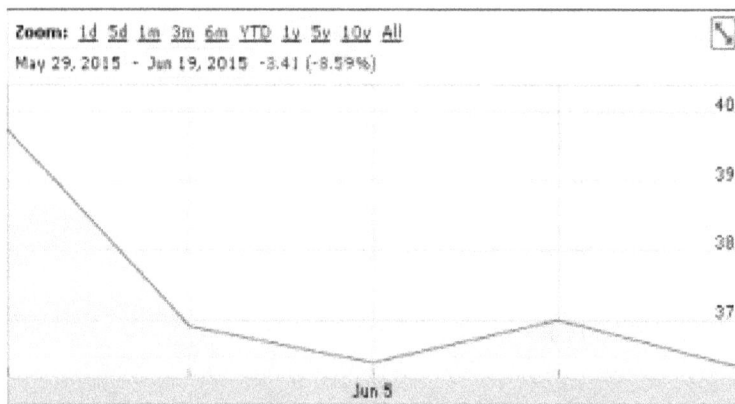

Ilustración 42 BME
Fuente Google Finance

Solo en una semana previa al anuncio de su salida Abengoa pierde un estrepitoso 63 %.

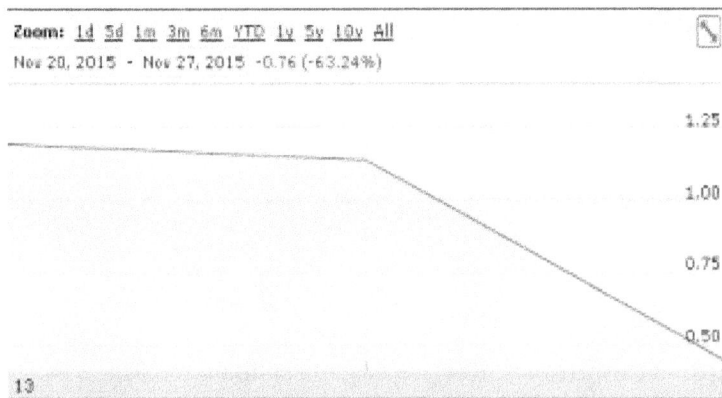

Ilustración 43 ABG
Fuente Google Finance

9.2 Movimientos en el IBEX-35 previos al año base

Se analizarán los movimientos de salida previos al año base de 2015, para los períodos 2013 y 2014, y su impacto en las cotizaciones respectivas.

IBEX-35 a diciembre 2013			
Empresa	**Categoría**	**Movimiento**	**Fecha**
Viscofan	VIS	3	Entro	02/01/2013
Jazztel	JAZ	4	Entro	23/04/2013
Ebro Foods	EBRO	1	Entro	01/07/2013
Sacyr	SCYR	3	Entro	01/10/2013
Bankia	BKIA	2	Entro	23/12/2013
Gamesa	GAM	4	Entro	23/12/2013
Bankia	BKIA	2	Salió	02/01/2013

Gamesa	GAM	4	Salió	02/01/2013
Abengoa	ABG	3	Salió	01/07/2013
ACX	ACX	3	Salió	23/12/2013
Endesa	ELE	1	Salió	23/12/2013

Gráficas cotizaciones días previos a la salida año 2013

Obsérvese el caso Bankia el 28 de diciembre de 2012, la acción pierde 1,08 € que representa el 40,15 % de su cotización, justo el día después que se anuncia públicamente su salida del IBEX-35.

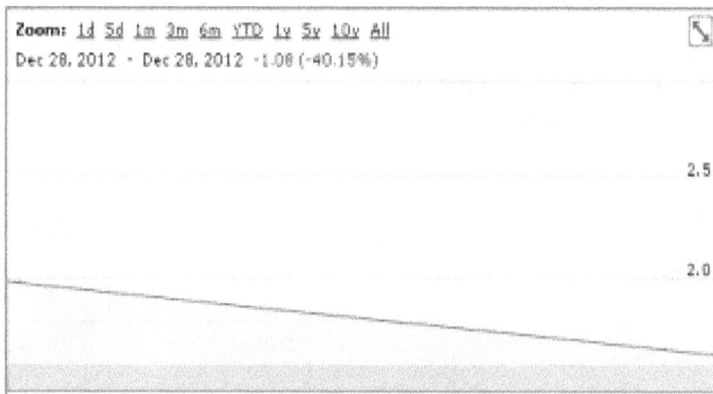

Ilustración 44 BKIA
Fuente Google Finance

En el caso de Gamesa la pérdida fue cercana al 9 %.

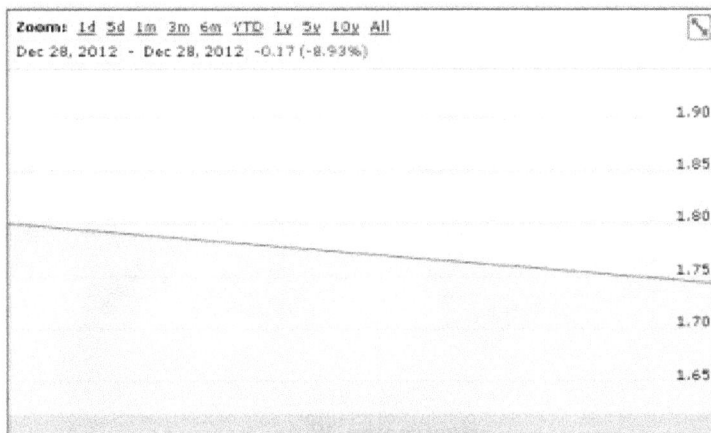

Ilustración 45 GAM

Fuente Google Finance

Durante el mes de junio de 2013, en veinte días Abengoa pierde más del 15 % de su valor. Su salida se hace pública el 01 de julio de 2013. Es un anticipo de lo que pasaría casi dos años después en 2015 con su segunda salida pero en ese caso con una pérdida de más del 60 %.

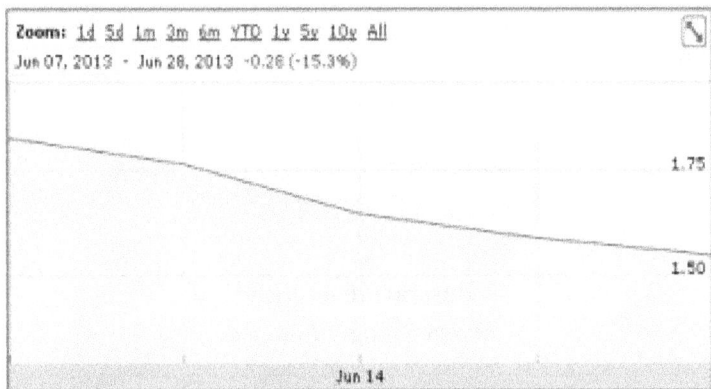

Ilustración 46 ABG

Fuente Google Finance

Una semana previa a su salida Acerinox pierde más del 9 %.

145

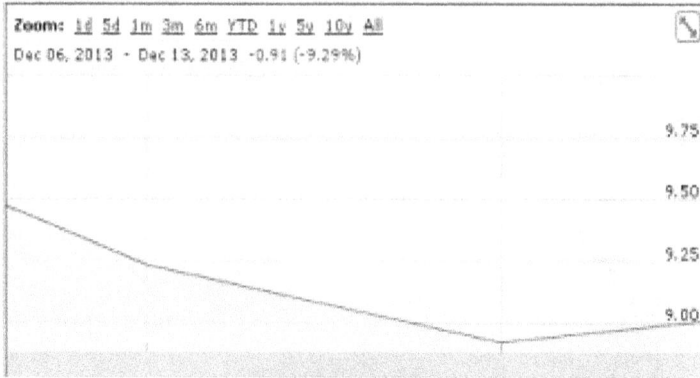

Ilustración 48 ACX
Fuente Google Finance

Dos semanas previas a su salida Endesa pierde más del 7 % de su valor de mercado.

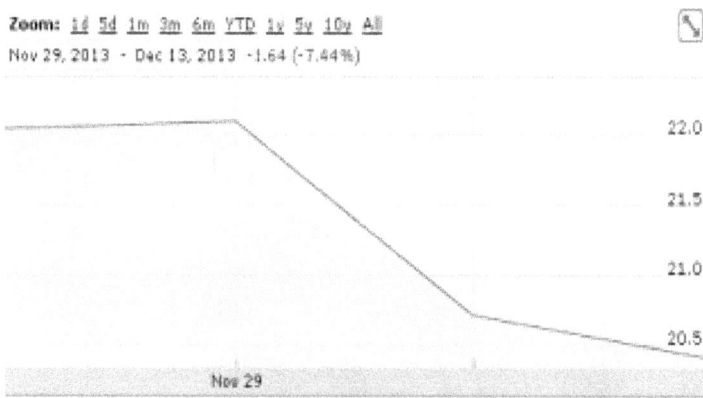

Ilustración 47 ELE
Fuente Google Finance

IBEX-35 a diciembre 2014			
Empresa	**Categoría**	**Movimiento**	**Fecha**

Abengoa	ABG	1	Entro	23/06/2014
Endesa	ELE	1	Entro	22/12/2014
Ebro Foods	EBRO	1	Salió	23/06/2014
Viscofan	VIS	4	Salió	22/12/2014

Gráficas cotizaciones días previos a la salida año 2014

Dos semanas previas a la salida Ebro Foods pierde más del 4 %.

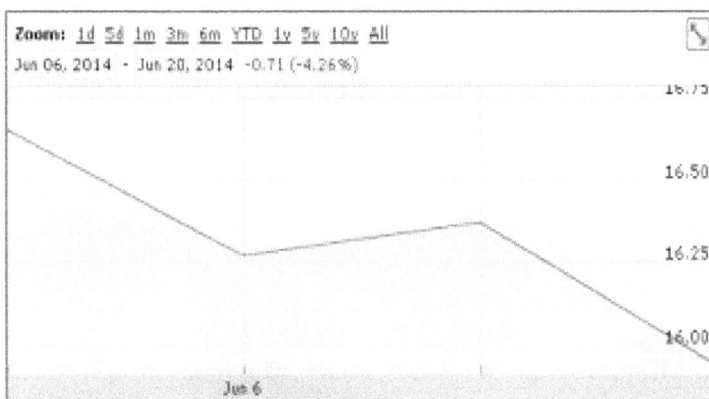

Ilustración 49 EBRO
Fuente Google Finance

Si bien la salida oficial del Viscofan se produce el 22 de diciembre, diez días antes soporta una caída del más del 6 % en su valor de mercado.

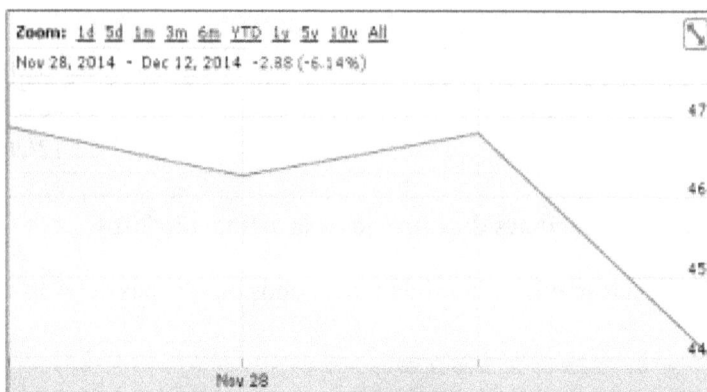

Ilustración 50 VIS
Fuente Google Finance

9.3 Movimientos en el IBEX-35 posteriores al año base

IBEX-35 a diciembre 2016				
Empresa		**Categoría**	**Movimiento**	**Fecha**
Celnext - Telecom	CLNX	1	Entro	21/06/2016
Viscofan	VIS	3	Entró	21/06/2016
FCC	FCC	1	Salió x OPA[11]	18/07/2016
Meliá	MEL	1	Entro	08/08/2016
OHL	OHL	1	Salió	21/06/2016
Sacyr	SCYR	3	Salió	21/06/2016

---

[11] La salida de FCC por OPA no cuenta como salida por performance

148

Gráficas cotizaciones días previos a la salida año 2016

Dos semanas previas a hacerse pública la salida de OHL, ésta pierde más del 21 % de su valor de mercado.

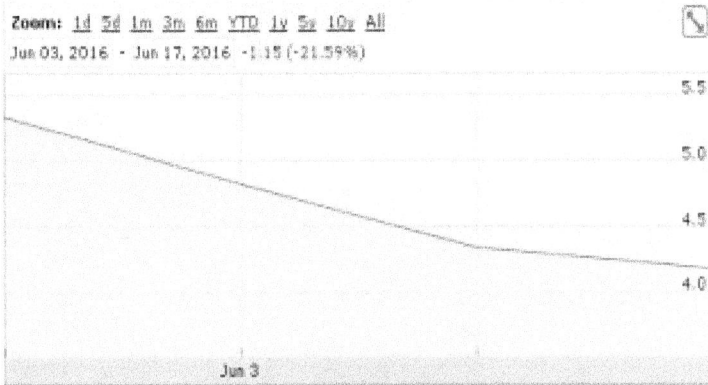

Ilustración 51 OHL
Fuente Google Finance

En el mismo período que OHL de dos semanas previas a la salida del IBEX-35, Sacyr sufre una pérdida en su valor de mercado de casi un 18 %.

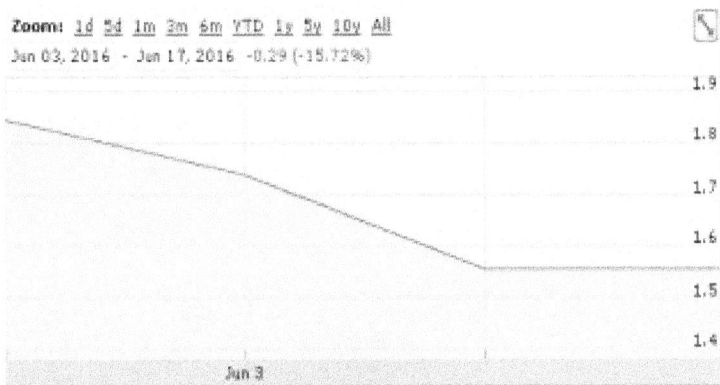

Ilustración 52 SCYR
Fuente Google Finance

IBEX-35 a Julio 2017				
Empresa		**Categoría**	**Movimiento**	**Fecha**
Colonial	COL	3	Entro	08/06/2017
Popular	POP	3	Salió	07/06/2017

Gráficas cotizaciones días previos a la salida año 2017 (1er sem)

Diez días previos a la salida el Banco Popular Español pierde casi 50 % de su valor de mercado.

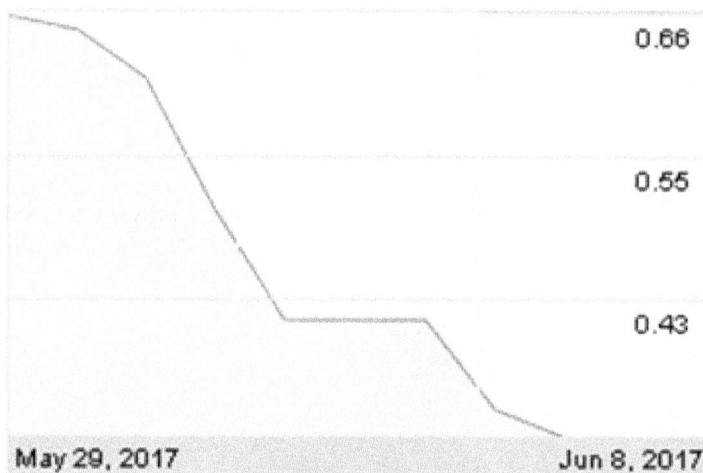

Ilustración 53 POP
Fuente Google Finance

Frecuencias año por año

COMPOSICIÓN IBEX AL 12-DICIEMBRE DE 2012[12]			
Abengoa	Bme	Iberdrola	Sabadell
Abertis	Caixabank	Inditex	Sacyr
Acciona	Dia	Indra	Santander
Acerinox	Enagas	Intl cons airlin	Tecnicas reu
Acs	Endesa	Mapfre	Telefónica
Amadeus	Fcc	Mediaset	
Arcelormittal	Ferrovial	Ohl	
Bankia	Gamesa	Popular	
Bankinter	Gas natural	Red electrica	
Bbva	Grifols	Repsol	

Frecuencias 2013					
Categorías	2012	Entran	Salen	Sale x opa	Quedan
C1	8	1	1		8
C2	2	1	1		2
C3	11	1	2		10
C4	4	2	1		5
C5	9				9
	34	5	5		34

---

12 Renta4 https://www.r4.com/analisis/informes/ibex_20121205.pdf

Frecuencias 2014				
Categorías	2013	Entran	Salen	Sale x opa	Quedan
C1	8	2	1		9
C2	2				2
C3	10				10
C4	5		1		4
C5	9				9
	34	2	2		34

Frecuencias 2015				
Categorías	2014	Entran	Salen	Sale x opa	Quedan
C1	9	1			10
C2	2	1	1		2
C3	10	1	2		9
C4	4	1	0	1	4
C5	9				9
	34	4	3	1	34

Frecuencias 2016				
Categorías	2015	Entran	Salen	Sale x opa	Quedan
C1	10	2	1	1	10
C2	2				2
C3	9	1	1		9
C4	4				4
C5	9				9
	34	3	2	1	34

Frecuencias 2017 1er. Sem.					
Categorías	2016	Entran	Salen	Sale x opa	Quedan
C1	10				10
C2	2				2
C3	9	1	1		9
C4	4				4
C5	9				9
	34	1	1		34

Frecuencias Totales

Total Frecuencias (2013-2017 1er.Semestre)					
Categorías	Antes	Entran	Salen	Salen x opa	Quedan
C1	45	6	3	1	47
C2	10	2	2		10
C3	49	4	6		47
C4	21	3	2	1	21
C5	45	0	0		45
	170	15	13	2	170

Notas:

- La diferencia entre los 15 que entran y los 13 que salen se debe a las dos salidas por OPA's de Jazztel y FCC.
- 170 observaciones en total dividido los 5 períodos estudiados (2013-2014-2015-2016-2017 1er.sem.) da como resultado 34 empresas analizadas ya que Acerlor Mittal no forma parte de este estudio por tener su casa matriz en Luxemburgo.

9.4 Salidas del ibex-35 2013-2017 (1er Sem.)

A continuación se detallan las salidas del IBEX-35 por Categoría de la matriz Consejo – Propiedad y las pérdidas en la cotización en los días previos:

EMP.	MATRIZ					AÑO	PERDIDA %
	C1	C2	C3	C4	C5		
GAM				X		2013	8,93
BKIA		X				2013	40,15
ABG			X			2013	15,3
ACX			X			2013	9,29
ELE	X					2013	7,44
EBRO	X					2014	4,26
VIS				X		2014	6,14
ANA		X				2015	5,29
BME			X			2015	8,59
ABG			X			2015	63,24
OHL	X					2016	21,59
SCYR			X			2016	15,72
POP			X			2017	48,02
TOTAL	3	2	6	2	0		

9.5 Caso BANKIA diciembre de 2012

Dadas las repercusiones de dominio público y el daño ocasionado en su momento a los inversores, el caso de la salida de Bankia de fines de 2012, merece un análisis aparte. El 27 de diciembre de 2012 el periódico El País anuncia así su salida del IBEX-35:

Bankia sale del Ibex 35
El Comité Asesor Técnico del selectivo señala que excluye a la entidad del índice como consecuencia del proceso de recapitalización acordada por el FROB[13]

El agujero contable del grupo Bankia asciende a 10.444 millones. Su recapitalización, se realizará mediante la emisión de los llamados cocos (obligaciones contingentes convertibles) por valor de 10.700 millones, que serán suscritos en su totalidad por la matriz BFA, y este es precisamente el motivo por el cual, según señala el Comité Asesor Técnico del Ibex, queda fuera del selectivo"[14].

Haciendo un poco de historia veremos lo que pasó meses antes de su estrepitosa salida. Comenzaremos por analizar lo que es eje de este trabajo: el consejo de administración, sus movimientos internos y que pasó con el capital flotante.

Consejo de Administración a Diciembre de 2011

Cantidad total de consejeros 18, de los cuales: 3 Ejecutivos, 6 Dominicales, 5 Independientes y 4 Otros Externos.

---

[13] Fondo de Reestructuración Ordenada Bancaria (FROB)
[14] https://economia.elpais.com/economia/2012/12/27/actualidad/135662709
7_648649.html

Novedades a Mayo 2012

Cesan en su totalidad, entre ellos Don Rodrigo de Rato Figaredo – Presidente el 9-05-2012. Ingresando por cooptación los 10 consejeros que cerrarían la 1ra etapa de pertenencia al IBEX-35 de Bankia el 27-12-2012, casi 6 meses después. La conformación de ese consejo es de 2 ejecutivos y 8 independientes. Los movimientos en la Matriz Consejo – Propiedad puede apreciarse a continuación:

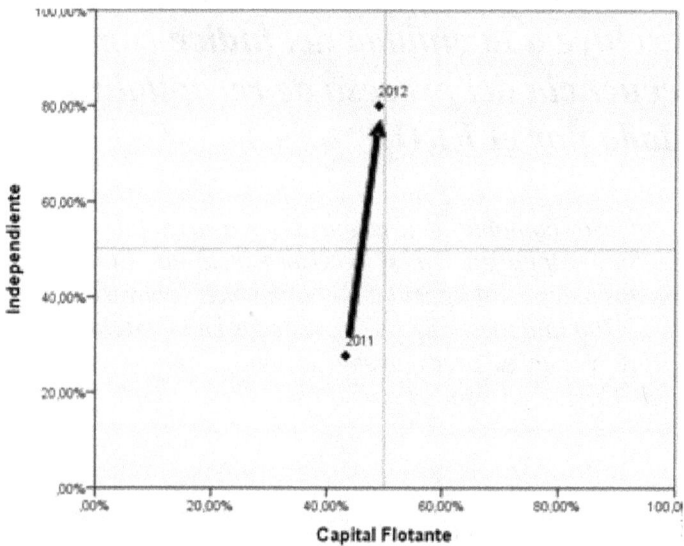

Ilustración 54 Cambio a concentrada – independiente
Fuente Elaboración propia

Obsérvese como se desplaza llamativamente de la Categoría C1 a C2 en un movimiento exagerado o sobreactuado, evidenciando una profunda crisis, con las consecuencias para los pequeños inversores lamentablemente ya conocidas por todos. Es de destacar que la corrección de Categoría se produce en solo un mes, durante mayo de 2012, solo 7 meses antes de la brutal salida del IBEX-35.

Repercusión en la cotización del día de salida

Desde el 27-12 fecha en que se hace pública la noticia de su salida del IBEX-35 al 31/12 cae su cotización un 33,5 %, mientras que las caídas del IBEX-35 son en promedio en ese período del 1,37 %. A continuación se muestra la tabla con las cotizaciones a la apertura, máximas, mínimas y de cierre para Bankia. En la ilustración 53 puede apreciarse la abrupta caída el día del anuncio público de la salida del IBEX-35.

Date	Open	High	Low	Close	Volume
Dec 31, 2012	1.64	1.76	1.56	1.56	4,661,886
Dec 28, 2012	1.77	1.80	1.45	1.62	10,300,452
Dec 27, 2012	2.40	2.48	2.20	2.21	5,936,338
Dec 24, 2012	2.76	2.78	2.72	2.74	653,900

La gráfica muestra el impacto de la salida del IBEX-35 para los inversores que aún tenían esperanzas en Bankia:

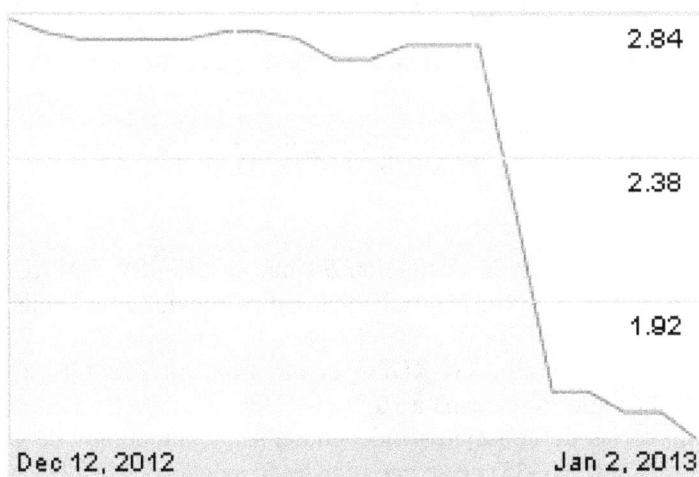

Ilustración 55 BKIA
Fuente Google Finance

9.6 Pérdida media en cotización al salir del IBEX-35

Realizando un análisis de interacciones (AID) que relacione PÉRDIDAS (los días previos a las salidas) con las CATEGORÍAS a las que pertenecen las empresas que salieron del IBEX-35 (incluida Bankia aunque sea del 2012 y excluidas las OPA´s), se obtiene:

ANALISIS A.I.D (Automatic Interaction Detection)
===

VARIABLE A EXPLICAR: PERDIDAS
VARIABLE EXPLICATIVA 1: CATEGORÍAS - (libre)
TAMAÑO MINIMO DE LOS SEGMENTOS: 2
CONTRIBUCIÓN MINIMA DE LA PARTICION A LA EXPLICACIÓN DE LA VARIANZA: 1,0%
PROPORCIÓN TOTAL DE VARIANZA EXPLICADA: $R2 =$ 0,1846
            PERFIL DE LOS SEGMENTOS
            =========================
GRUPO 1   : Tamaño: 13; Media: 19,5354; Desv. Est.: 18,1498
        Total muestra

GRUPO 2   : Tamaño: 8; Media: 25,7000; Desv. Est. 412,8257
- CATEG   : C3 y C2

GRUPO 3   : Tamaño: 5; Media: 9,6720; Desv. Est.: 37,8672
- CATEG   : C1 y C4

Puede apreciarse en la ilustración 54 que la MEDIA TOTAL DE PÉRDIDA EN LA COTIZACIÓN los días previos a la salida del IBEX-35 ronda el 19 %. Siendo para la categoría C3 y C2 la pérdida cercana al 26 % (GRUPO 2), mientras que para C1 y C4 la ´perdida es inferior cercana a 10 % (GRUPO 3). Para C5 (empresas con mayorías de consejeros independientes y autónomos de otros lazos con el IBEX-35) no se han registrado salidas desde 2013 hasta julio de 2017. El AID confirma que el 18,46 por ciento de la varianza en la pérdida por salida del IBEX-35 se explica con la Categoría resultante de la matriz consejo – propiedad.

158

```
                                                  ┌ ─ ─ ─ ─ ─ ─ ┐
                                                    Grupo 3
                                                  │ Media =     │
                                                    9,67
                                                  │ N  =    5   │
                                                  └ ─ ─ ─ ─ ─ ─ ┘

       ┌ ─ ─ ─ ─ ─ ┐
         Grupo 1
       │ Media =   │
         19,54
       │ N =  13   │     +R2=0,185
       └ ─ ─ ─ ─ ─ ┘

   ┌ ─ ─ ─ ─ ─ ┐
     Grupo 2
   │ Media =   │
     25,70
   │ N  =   8  │
   └ ─ ─ ─ ─ ─ ┘
```

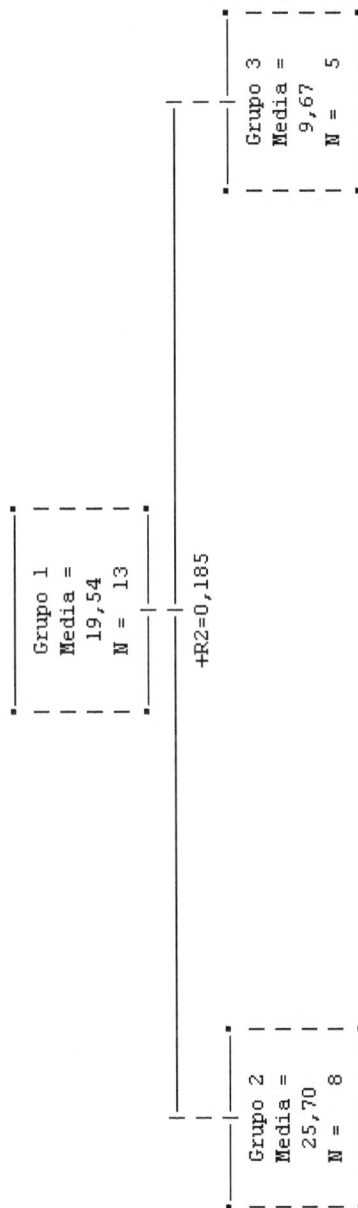

Ilustración 56 AID PÉRDIDA media segmentado por CATEGORÍA (matriz consejo – propiedad)
Fuente: elaboración propia, software Dyane 2.0 Santesmases Mestre

9.7 Probabilidad conjunta de pertenecer a una Categoría y salir del IBEX-35

La probabilidad conjunta es la probabilidad de que se cumplan simultáneamente varios sucesos, en estadística se escribe como $P(A \cap B)$, en nuestro caso que una empresa pertenezca a una categoría dada y que salga del IBEX-35. El diagrama de Venn ilustra claramente este concepto para la intersección de las CATEGORÍAS "Ci" con "Salidas del IBEX-35". El hecho de que las elipses se traslapen indica que algunos puntos de la muestra están contenidos tanto en "Ci" como en el conjunto de "Salidas del IBEX-35". El área donde las elipses se traslapan es la intersección: contiene los puntos de la muestra que están tanto en "Ci" como en "Salidas del IBEX-35".

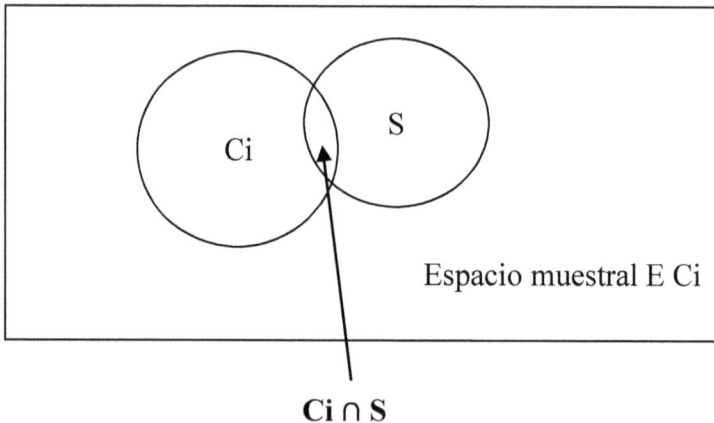

Ci ∩ S

La tabla siguiente muestra las probabilidades conjuntas respectivas para todas las Categorías de la Matriz Consejo – Propiedad desde 2013 a 2017 (1er. semestre).

Total Frecuencias (2013-2017 1er.Semestre)				
Categorías	Antes	Entrar	Salir	Salir x opa	Quedar
C1	45	6	3	1	47
C2	10	2	2		10
C3	49	4	6		47
C4	21	3	2	1	21
C5	45	0	0		45
	170	15	13	2	170

Calculando las frecuencias relativas respectivas queda:

Probabilidades					
Categorías (Ci)	Antes P(Q)	Entrar	Salir P(S)	Salir x opa	Ser P(Ci)
C1	0,26	0,04	0,02	0,01	0,28
C2	0,06	0,01	0,01	0,00	0,06
C3	0,29	0,02	0,04	0,00	0,28
C4	0,12	0,02	0,01	0,01	0,12
C5	0,26	0,00	0,00	0,00	0,26
	1,00	0,09	0,08	0,01	1,00

Donde
- P(Q): Probabilidad anterior
- P(S): Probabilidad de salir por performance
- P(Ci):Probabilidad que la empresa sea de la Categoría *i* de la matriz Consejo – Propiedad al comenzar el período

Concretamente de la tabla se deduce que en el período 2013-2017 (1er. Semestre):

- P(C1 ∩ S) = 0,02 (prob. de C1 y salir del IBEX-35
- P(C2 ∩ S) = 0,01 (prob. de C2 y salir del IBEX-35
- P(C3 ∩ S) = 0,04 (prob. de C3 y salir del IBEX-35
- P(C4 ∩ S) = 0,01 (prob. de C4 y salir del IBEX-35
- P(C5 ∩ S) = 0,00 (prob. de C5 y salir del IBEX-35

La ilustración 57 muestra en el diagrama de Venn la intersección de los eventos *SER* (de una categoría) y *SALIR (del IBEX-35) o ambos.*

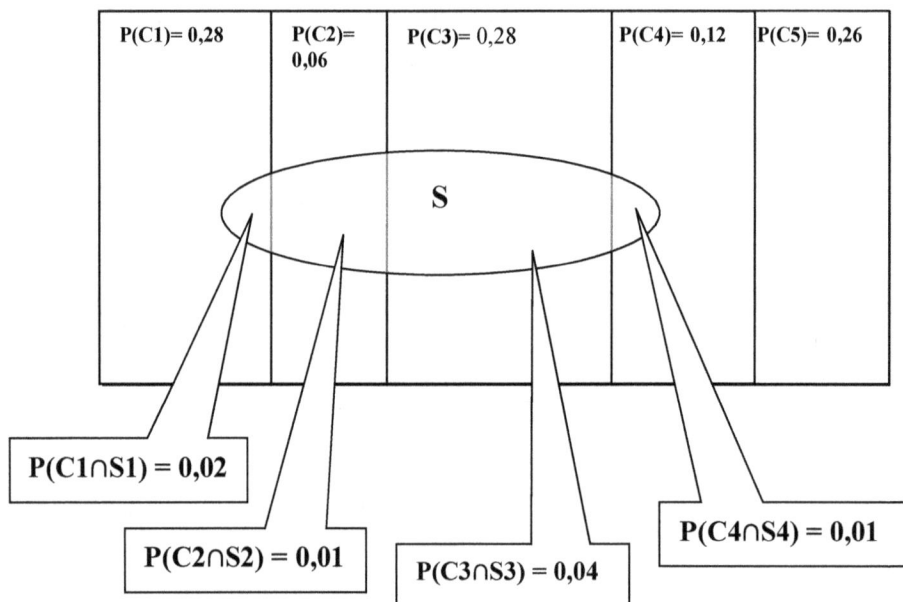

Ilustración 57 Probabilidad conjunta P(Ci) y P(S)
Fuente: Elaboración propia

9.8 Probabilidad condicional de salir perteneciendo a una categoría

Ahora bien supongamos que la empresa pertenece a la Categoría C3, ¿Cuál es la probabilidad que salga del IBEX-35?

C3= Categoría de la empresa
S= La empresa salga del IBEX-35 siendo de C3

Se plantea como: se desea conocer la probabilidad de S si C3, es lo que se llama probabilidad condicional, se expresa matemáticamente como:

$$P(S \backslash Ci) = \frac{P(S \cap Ci)}{P(Ci)}$$

Probabilidades 2013 – 2017 (1er sem.) = 54 meses			
Categoría (i)	Ser Categoría i P(Ci)	Conjunta Ci y Si P(Ci ∩ Si)	Condicional $P(S \backslash Ci)$ -que Salga siendo de Ci- próx. 54 meses
1	0,28	0,02	0,07
2	0,06	0,01	0,17
3	0,28	0,04	0,14
4	0,12	0,01	0,08
5	0,26	0,00	0,00
Total	1,00	0,08	0,08

Tabla de Probabilidades

```
┌─────────────┐         ┌──────────────────┐
│ P(C1)=0,28  │─────────│ P(S\C1)=0,07     │
└─────────────┘         └──────────────────┘

┌─────────────┐         ┌──────────────────┐
│ P(C2)=0,06  │─────────│ P(S\C2)=0,17     │
└─────────────┘         └──────────────────┘

┌─────────────┐         ┌──────────────────┐
│ P(C3)=0,28  │─────────│ P(S\C3)=0,14     │
└─────────────┘         └──────────────────┘

┌─────────────┐         ┌──────────────────┐
│ P(C4)=0,12  │─────────│ P(S\C4)=0,08     │
└─────────────┘         └──────────────────┘

┌─────────────┐         ┌──────────────────┐
│ P(C5)=0,26  │─────────│ P(S\C5)=0,000    │
└─────────────┘         └──────────────────┘
```

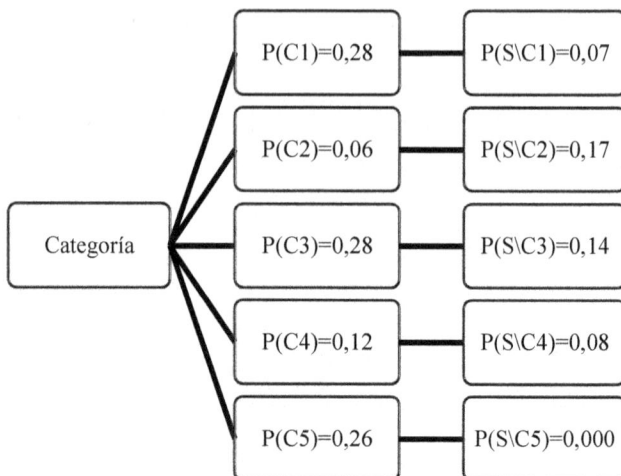

Concretamente de la tabla se deduce que en el período 2013-2017 (1er. Semestre), o sea en 54 meses, la probabilidad de que una empresa salga del IBEX-35 por mala performance es de:

- 0,07 si pertenece a C1
- 0,17 si pertenece a C2
- 0,14 si pertenece a C3
- 0,08 si pertenece a C4
- 0,00 si pertenece a C5

La probabilidad que salga una empresa del IBEX-35 en los próximos 12 meses perteneciendo a una categoría dada se estima con la fórmula de Poisson.

$$\text{Pp} (X=x, \lambda) = \frac{\lambda^x e^{-\lambda}}{x!}$$

Donde:

Pp Probabilidad de Poisson
λ es la tasa media de cantidad de eventos

164

Probabilidad de Salir del IBEX-35 -próximo año-			
Categoría (Ci)	Condicional $P(S\backslash Ci)$ -que Salga siendo de Ci- (54 meses)	λ para 1 año (12/54 meses)	Pp(x=1 año; λ)
C1	0,07	0,016	0,015
C2	0,17	0,038	0,036
C3	0,14	0,031	0,030
C4	0,08	0,018	0,017
C5	0,00	0	0,000
Total	0,08	0,018	0,017

Estas probabilidades de salidas por categoría, por malos desempeños, pueden significar contagios potenciales entre empresas ligadas directamente a través de sus consejeros independientes compartidos. En el análisis individual por empresa este tema se tratará como: *riesgo potencial de exposición a contagio por lazo directo de consejero independiente compartido*.

9.9 Valor esperado de pérdida por salida en Categoría

Es la media aritmética de pérdida ponderada por los distintos valores de probabilidad de ocurrencia (salidas del IBEX-35 según categoría), para los próximos 54 meses son:

Categoría (Ci)	Pp(x=1 año; λ)	Pérdida Media Por categoría (%)	Valor Esperado de pérdida media (%) -por salida-
C1	0,015	9,672	0,145
C2	0,036	25,700	0,925

C3	0,030	25,700	0,771
C4	0,017	9,672	0,164
C5	0,000	0,00	0,000
Media	0,017	19,535	0.332

Como puede apreciarse la pérdida media esperada por salida del IBEX-35, de todas las categorías está cercana al 0,33 %, el mayor valor esperado de pérdida media porcentual, que supera ampliamente este valor, se encuentra en C2 con 0,925 %, seguido de C3 con 0,77 %. Ubicándose por debajo de la media esperada de pérdida: C1 con 0,14 %, C4 con 0,16 % y C5 con 0 %.

Contribución de la variable CATEGORÍA a la Probabilidad de salir del IBEX-35

La Detección Automática de Interacciones (AID) confirma la contribución del 0,9982 o sea casi del 100 por ciento de la variable CATEGORÍA a la explicación de la varianza de la variable PROBABILIDAD DE SALIR del IBEX-35.

ANALISIS A.I.D (Automatic Interaction Detection)
==

VARIABLE A EXPLICAR: PROBSAL - Probabilidad de Salir
VARIABLE EXPLICATIVA 1: CATEGORIA
TAMAÑO MINIMO DE LOS SEGMENTOS: 2
CONTRIBUCIÓN MINIMA DE LA PARTICION A LA
EXPLICACIÓN DE LA VARIANZA: 1,0%
PROPORCIÓN TOTAL DE VARIANZA EXPLICADA: $R2 =$
0,9982

PERFIL DE LOS SEGMENTOS
=========================

GRUPO 1: Tamaño: 37; Media: 0,0185; Desv. estándar: 0,0125

GRUPO 4 : Tamaño: 3; Media: 0,0360; Desv. estándar: 0,0000
- CATEGORIA: C2 (concentrado-fuerte)

GRUPO 5 : Tamaño: 13; Media: 0,0300; Desv. estándar: 0,0000
- CATEGORIA: C3 (disperso-débil)

GRUPO 6 : Tamaño: 12; Media: 0,0157; Desv. estándar: 0,0000
- CATEGORIA: C4 (disperso-fuerte) y C1 (concentrado-débil)

GRUPO 7 : Tamaño: 9; Media: 0,0000; Desv. estándar: 0,0000
- CATEGORIA: C5 (disperso-fuerte y autónomo)

Interpretación

El 99,82 por ciento de la probabilidad de salir se explica con la categoría resultante de la matriz consejo – propiedad. Con una media más baja para el caso de la categoría C5 (capital disperso – consejo fuerte y autónomo) (GRUPO 7). Mientras que la probabilidad mayor de salir se encuentra en las empresas de la categoría C2 (capital concentrado – consejo fuerte) (GRUPO 4), según se puede ver en la ilustración 56.

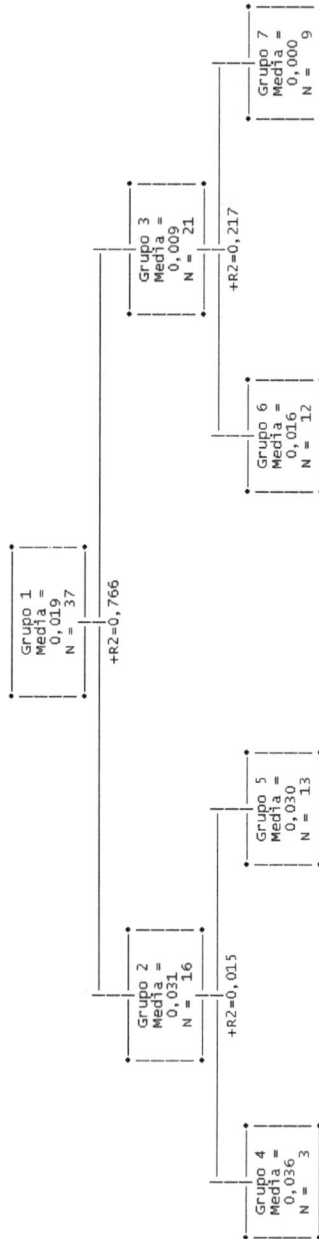

Ilustración 58 AID Probabilidad de salir del IBEX-35 por categoría consejo – propiedad
Fuente: elaboración propia, software Dyane 2.0 Santesmases Mestre

Capítulo 10

Análisis por Consejo

Desde la perspectiva de los intereses del accionista minoritario, a la hora de evaluar la ética aplicada por el consejo de administración, toman relevancia ciertas variables claves que se han venido analizando hasta el momento, a modo de síntesis ellas son: el capital flotante; la representación de consejeros independientes en el Consejo de Administración; los lazos directos de éstos con otros Consejos de la red y los movimientos reflejados en la matriz Consejo – Propiedad. Con respecto a este último punto es central analizar aquellos cambios atípicos ocurridos en el último año y que tengan impacto tanto en variaciones cualitativas como en cuantitativas de la estructura de los Consejos de Administración.

10.1 Abengoa - Ingeniería y otros

Bruco cambio a concentrada – independiente de C3 a C2.

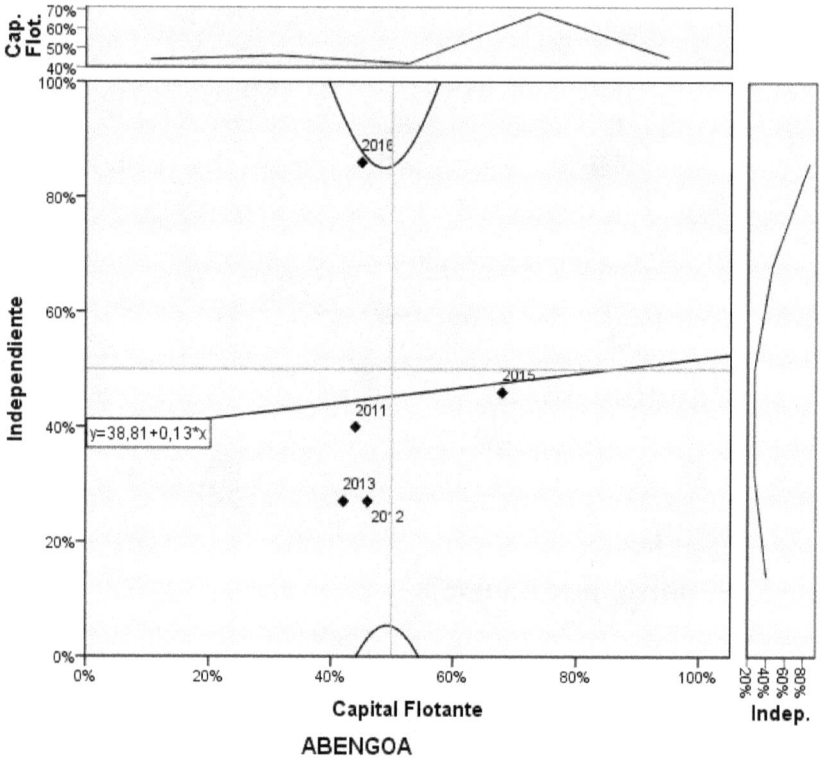

Ilustración 59 Matriz consejo – propiedad Abengoa
Fuente: Elaboración propia. Datos IAGC. Software SPSS de IBM

Estadísticos univariados

	N	Media	Desviación estándar	Número de extremos[a] Menor	Mayor
IndepxCiento	5	45,2000%	24,26314%	0	1
CapFlotxCiento	5	49,0000%	10,72381%	0	1

a. Número de casos fuera del rango (Q1 - 1,5*IQR, Q3 + 1,5*IQR).

Consejo de Administración a Diciembre de 2016

Consejero	Categoria	Cargo
Gonzalo Urquijo Fernández De Araoz	Ejecutivo	Presidente
Javier Targhetta Roza	Independiente	
José Luis Del Valle Doblado	Independiente	
José Wahnon Levy	Independiente	
Manuel Castro Aladro	Independiente	Coordinador
Pilar Cavero Mestre	Independiente	
Ramón Sotomayor Jáuregui	Independiente	

- **Novedades a julio 2017**

  ✓ 19-05-2017
  Miguel Antoñanzas deja el consejo de Abengoa por motivos personales. La salida se produce dos meses después de su nombramiento (Expansión, 2017).

  ✓ 13-05-2017
  Josep Piqué se incorpora como consejero. El exministro será nuevo consejero independiente de Abengoa, según ha acordado por unanimidad el consejo (Expansión, www.expansion.com, 2017).

171

Red de consejeros independientes compartidos IBEX-35

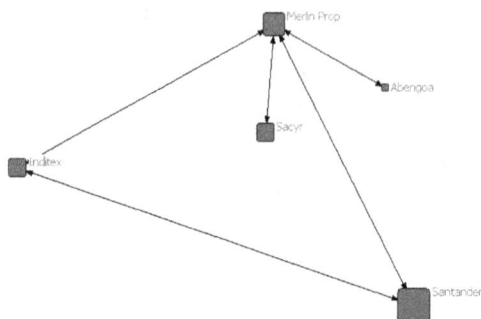

Riesgo de contagio por lazos directos			
Categoría (i)	Pp(x=1 año; λ)	Cantidad de lazos directos	Probabilidad de contagio por lazos directos
1	0,015	0	0,000
2	0,036	0	0,000
3	0,030	0	0,000
4	0,017	1	0,017
5	0,000		0,000
Total		1	0,017

Análisis Integral

La posición C2 en la matriz en general es desfavorable a los intereses del accionista minoritario en el corto y mediano plazo. Con solo 1 lazo directo se encuentra con autonomía del resto de empresas del IBEX-35, pero el movimiento negativo inter-Categoría C3 a C2, sumado a los estadísticos univariados revelan que el año 2016 fue atípico (tanto en proporción de consejeros independientes como en capital flotante) y los cambios cualitativos en el Consejo confirman el alto riesgo para los minoritarios.

10.2 Abertis - Autopistas y aparcamientos

Si bien la tendencia es a aumentar la proporción de independientes, se queda en C3.

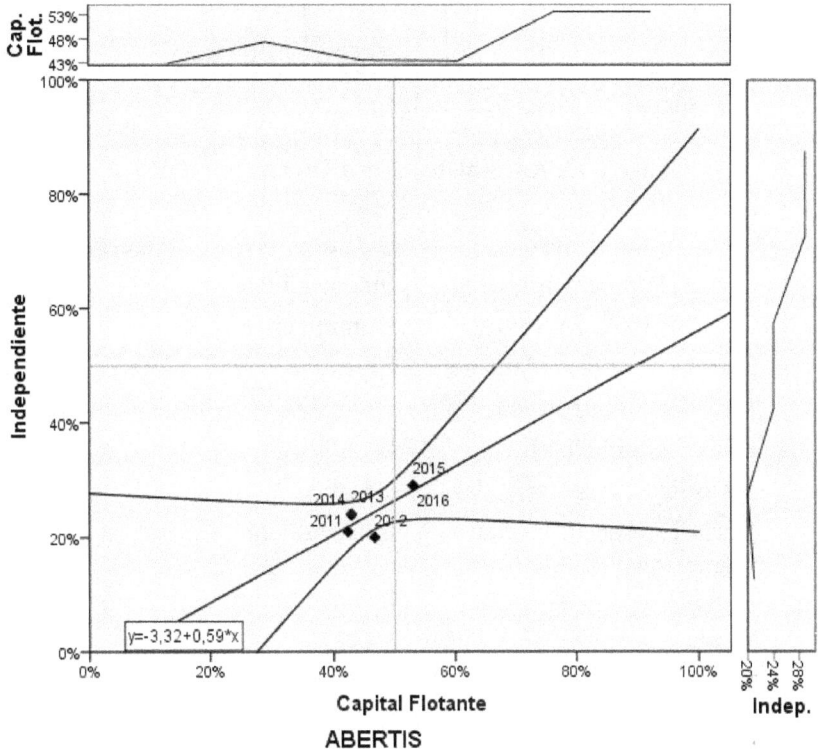

Ilustración 60 Matriz consejo – propiedad Abertis
Fuente: Elaboración propia. Datos IAGC. Software SPSS de IBM

Estadísticos univariados

	N	Media	Desviación estándar	Número de extremos[a]	
				Menor	Mayor
CapFlotxCiento	6	46,8367%	5,04215%	0	0
IndepxCiento	6	24,5000%	3,83406%	0	0

a. Número de casos fuera del rango (Q1 - 1,5*IQR, Q3 + 1,5*IQR).

Consejo de Administración a Diciembre de 2016

Consejero	Categoria	Cargo
Carlos Colomer Casellas	Independiente	
Carmen Godia Bull	Dominical	
Francisco Reynés Massanet	Ejecutivo	Vicepresidente
Juan José López Burniol	Dominical	
Juan Miguel Villar Mir	Dominical	
Marcelino Armenter Vidal	Dominical	
María Teresa Costa Campi	Independiente	
Miguel Ángel Gutiérrez Méndez	Independiente	
Mónica López-Monís Gallego	Independiente	
Salvador Alemany Mas	Ejecutivo	Presidente
Susana Gallardo Torrededia	Dominical	

- **Consejo sin cambios a julio 2017**

Red de consejeros independientes compartidos IBEX-35

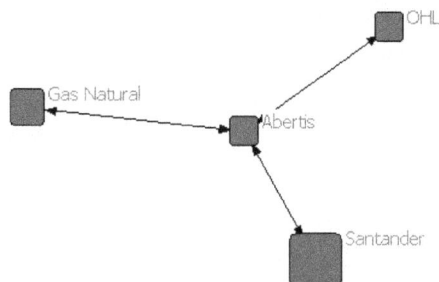

Riesgo de contagio por lazos directos			
Categoría (i)	Pp(x=1 año; λ)	Cantidad de lazos directos	Probabilidad de contagio por lazos directos
1	0,015	2	0,030
2	0,036	0	0,000
3	0,030	0	0,000
4	0,017	1	0,017
5	0,000		0,000
Total		3	0,047

Análisis Integral

La posición C3 en la matriz alinea discurso y acción desfavorables a los intereses del accionista minoritario en momentos difíciles. Los 3 lazos directos (Santander, Gas Natural y OHL) restan autonomía al Consejo, quedarse en C3 a pesar de tener más de 50 % de capital flotante no sería una buena práctica que favorezca al minoritario. Los estadísticos univariados no revelan movimientos atípicos en el año 2016. Sin cambios en el Consejo, no aumentan los riesgos para el minoritario para el segundo semestre de 2017. Quedarse se justifica solo con una mayor rentabilidad.

175

10.3 Acciona - Construcción

Permanece en C2. Su discurso, sostenido en el tiempo y cercano a C1, muestran una presunta congruencia moral optima para el minoritario.

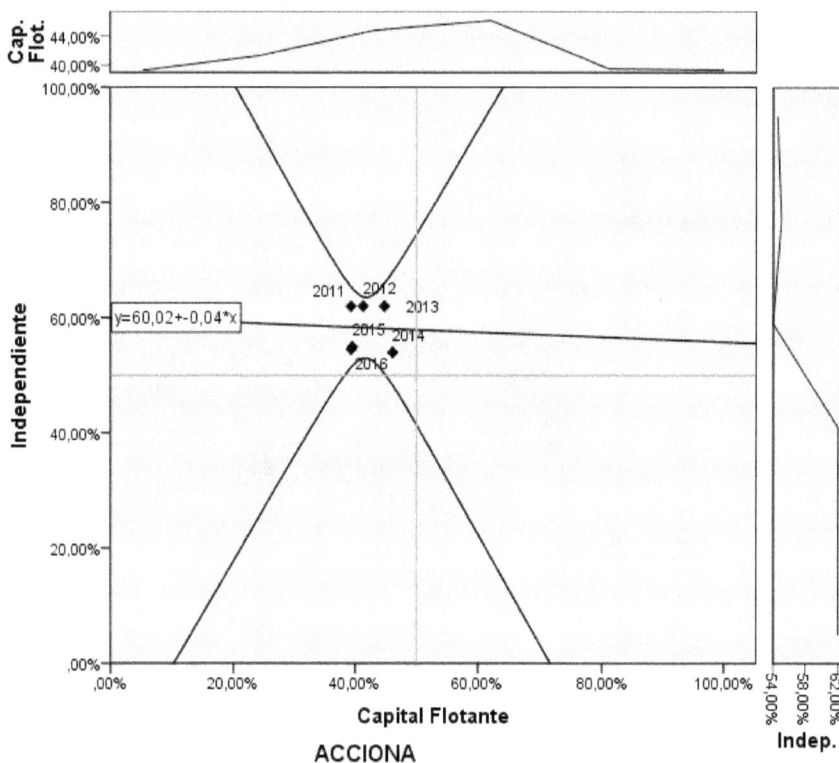

Ilustración 61 Matriz consejo – propiedad Acciona
Fuente: Elaboración propia. Datos IAGC. Software SPSS de IBM

Estadísticos univariados

	N	Media	Desviación estándar	Número de extremos[a]	
				Menor	Mayor
CapFlotxCiento	6	41,7067%	3,01112%	0	0
IndepxCiento	6	58,2583%	4,11101%	0	0

a. Número de casos fuera del rango (Q1 - 1,5*IQR, Q3 + 1,5*IQR).

Consejo de Administración a Diciembre de 2016

Consejero	Categoria	Cargo
Ana Inés Sainz De Vicuña Bemberg	Independiente	
Belén Villalonga Morenés	Independiente	
Daniel Entrecanales Domecq	Dominical	
Fernando Rodés Vilà	Independiente	
Jaime Castellanos Borrego	Independiente	
Javier Entrecanales Franco	Dominical	
Jerónimo Marcos Gerard Rivero	Independiente	
José Manuel Entrecanales Domecq	Ejecutivo	Presidente-Delegado
Juan Carlos Garay Ibargaray	Independiente	
Juan Ignacio Entrecanales Franco	Ejecutivo	Vicepresidente
María Carmen Becerril Martínez	Otro Externo	

- **Consejo sin cambios a julio 2017**

177

Red de consejeros independientes compartidos IBEX-35

Grifols

Acciona

Riesgo de contagio por lazos directos			
Categoría (i)	Pp(x=1 año; λ)	Cantidad de lazos directos	Probabilidad de contagio por lazos directos
1	0,015	0	0,000
2	0,036	0	0,000
3	0,030	0	0,000
4	0,017	1	0,017
5	0,000		0,000
Total		1	0,017

Análisis Integral

La posición C2 en la matriz es en general desfavorable a los intereses del accionista minoritario, pero su cercanía a C1 a lo largo de los años le da credibilidad. El lazo directo (Grifols) no resta autonomía. Quedarse en C2, con los estadísticos univariados que no revelan movimientos atípicos en el año 2016 y sin cambios cualitativos en el Consejo, indican que no aumentan los riesgos para el minoritario.

10.4 Acerinox - **Minerales, metal y transf. prod. Met.**

Tendencia al aumento en la proporción de consejeros independientes dentro de límites de riesgo, acercándose a C4 con una razonable proporción matemática hacen presuponer de una moral congruente con los intereses minoritarios.

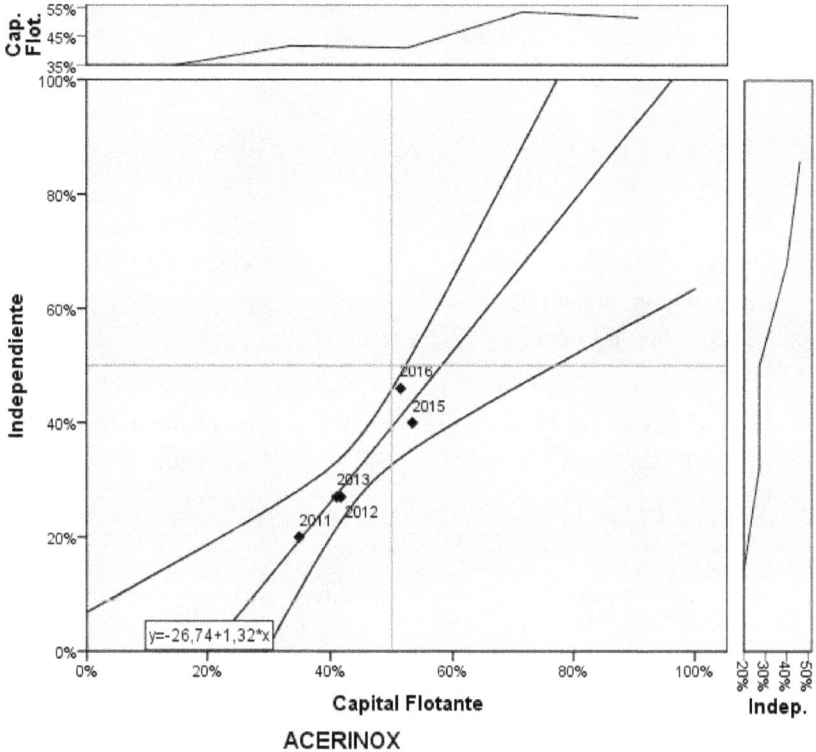

Ilustración 62 Matriz consejo – propiedad Acerinox

Fuente: Elaboración propia. Datos IAGC. Software SPSS de IBM

Estadísticos univariados

	N	Media	Desviación estándar	Número de extremos[a]	
				Menor	Mayor
CapFlotxCiento	5	44,5440%	7,72181%	0	0
IndepxCiento	5	32,0000%	10,65364%	0	0

a. Número de casos fuera del rango (Q1 - 1,5*IQR, Q3 + 1,5*IQR).

Consejo de Administración a Diciembre de 2016

Consejero	Categoria	Cargo
Bernardo Velázquez Herreros	Ejecutivo	Delegado
Braulio Medel Cámara	Independiente	
George Donald Johnston	Independiente	
Manuel Conthe Gutiérrez	Independiente	
Mvuleni Geoffrey Qhena	Dominical	
Pedro Ballesteros Quintana	Dominical	
Rafael Miranda Robredo	Independiente	Presidente
Rosa María García García	Independiente	
Ryo Hattori	Dominical	
Santos Martinez-Conde Gutierrez-Barquin	Dominical	
Yukio Nariyoshi	Dominical	

- **Consejo sin cambios a julio 2017**

180

Red de consejeros independientes compartidos IBEX-35

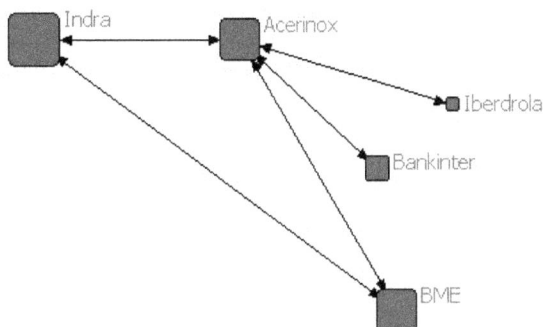

Riesgo de contagio por lazos directos			
Categoría (i)	Pp(x=1 año; λ)	Cantidad de lazos directos	Probabilidad de contagio por lazos directos
1	0,015	0	0,000
2	0,036	0	0,000
3	0,030	1	0,030
4	0,017	3	0,051
5	0,000		0,000
Total		4	0,081

Análisis Integral

La posición C3 en la matriz revela una alta probabilidad de acciones desfavorable a los intereses del accionista minoritario. Los 4 lazos directos (BME, Bankinter, Iberdrola e Indra) le restan además autonomía. Acercarse a C4 sin grandes fluctuaciones de capital flotante, con los estadísticos univariados que no muestran movimientos atípicos en el año 2016 y sin cambios cualitativos en el Consejo, darían tranquilidad a los accionistas minoritarios si se consolida lentamente en C4.

181

10.5 ACS - Construcción

La reducción en el capital flotante con aumento de la presencia independiente sobre el límite de riesgo superior indica un movimiento inusual dentro del Consejo entre 2015 y 2016.

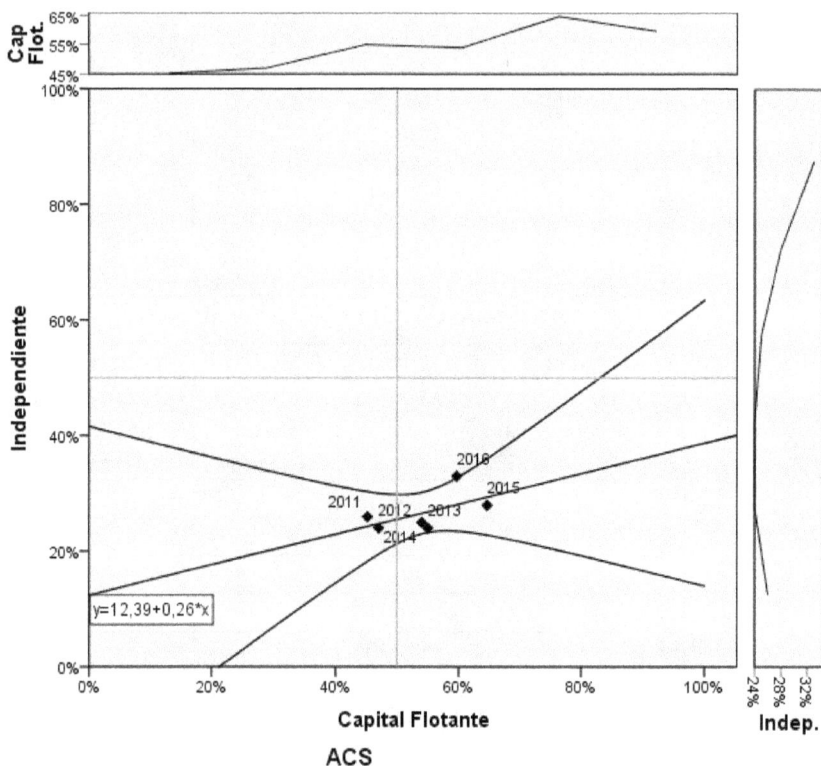

Ilustración 63 Matriz consejo – propiedad ACS
Fuente: Elaboración propia. Datos IAGC. Software SPSS de IBM

182

Estadísticos univariados

	N	Media	Desviación estándar	Número de extremos[a]	
				Menor	Mayor
CapFlotxCiento	6	54,2483%	7,39333%	0	0
IndepxCiento	6	26,6667%	3,44480%	0	0

a. Número de casos fuera del rango (Q1 - 1,5*IQR, Q3 + 1,5*IQR).

Consejo de Administración a Diciembre de 2016

Consejero	Categoria	Cargo
Agustín Batuecas Torrego	Ejecutivo	
Antonio Botella García	Independiente	
Antonio García Ferrer	Ejecutivo	Vicepresidente
Catalina Miñarro Brugarolas	Independiente	
Emilio García Gallego	Independiente	
Florentino Pérez Rodríguez	Ejecutivo	Presidente
Javier Echenique Landiríbar	Dominical	
Joan-David Grimà I Terré	Otro Externo	
José Eladio Seco Dominguez	Independiente	
Jose Luis Del Valle Pérez	Ejecutivo	Secretario
José María Loizaga Viguri	Otro Externo	
Manuel Delgado Solís	Dominical	
María Soledad Pérez Rodriguéz	Dominical	
Mariano Hernandez Herreros	Dominical	
Miquel Roca Junyent	Otro Externo	
Pedro López Jiménez	Otro Externo	

- **Novedades a julio 2017**

✓ 11-05-2017
   Marcelino Fernández-Verdes nuevo consejero delegado sucesor de Florentino Pérez (Expansión, 2017)

Red de consejeros independientes compartidos IBEX-35

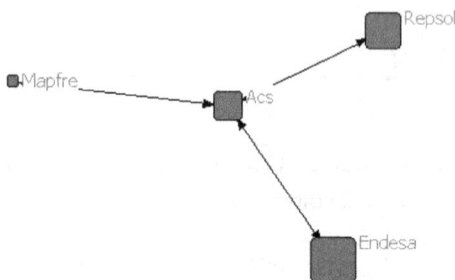

Riesgo de contagio por lazos directos			
Categoría (i)	Pp(x=1 año; λ)	Cantidad de lazos directos	Probabilidad de contagio por lazos directos
1	0,015	2	0,030
2	0,036	0	0,000
3	0,030	1	0,030
4	0,017	0	0,000
5	0,000		0,000
Total		3	0,060

Análisis Integral

La posición C3 en la matriz es un discurso desfavorable a los intereses del accionista minoritario con alta probabilidad de confirmarse en los hechos. Los 3 lazos directos (Mapfre, Endesa y Repsol) le restan autonomía, la reducción en el capital flotante con aumento independiente en el límite superior de riesgo –los estadísticos univariados revelan un movimiento atípico solapado en el año 2016, más los cambios cualitativos de 2017–, son señales de alerta para los accionistas minoritarios, solo justificados si mejora su rentabilidad.

10.6 Aena - Transportes, aviación

Persistencia en C1 habla de congruencia entre discurso y acción.

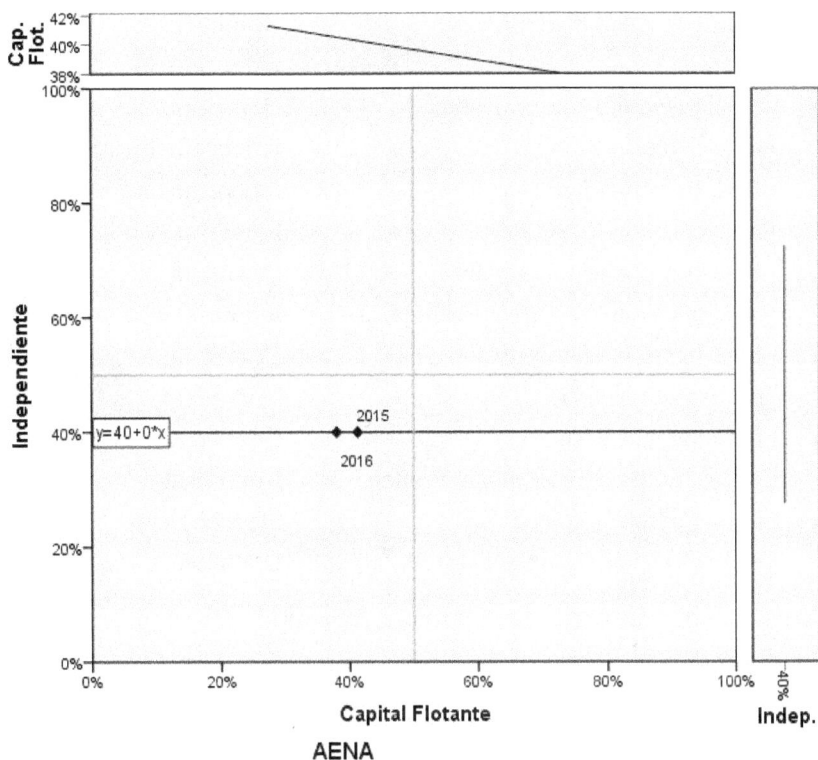

Ilustración 64 Matriz consejo – propiedad Aena
Fuente: Elaboración propia. Datos IAGC. Software SPSS de IBM

Consejo de Administración a Diciembre de 2016

Consejero	Categoria	Cargo
Amancio López Seijas	Independiente	
Christopher Antony Hohn	Dominical	
Eduardo Fernández Cuesta Luca De Tena	Independiente	
Francisco Javier Martín Ramiro	Dominical	
Jaime Terceiro Lomba	Independiente	
José Luis Bonet Ferrer	Independiente	
José Manuel Vargas Gómez	Ejecutivo	Presidente
José María Araúzo González	Dominical	
Juan Ignacio Acha-Orbea Echeverría	Independiente	
Juan Miguel Báscones Ramos	Dominical	
Pilar Arranz Notario	Dominical	
Pilar Fabregat Romero	Dominical	
Rodrigo Madrazo García De Lomana	Dominical	
Simón Pedro Barceló Vadell	Independiente	
Tatiana Martínez Ramos E Iruela	Dominical	

- **Consejo sin cambios a julio 2017**

Red de consejeros independientes compartidos IBEX-35

Riesgo de contagio por lazos directos			
Categoría (i)	Pp(x=1 año; λ)	Cantidad de lazos directos	Probabilidad de contagio por lazos directos
1	0,015	0	0,000
2	0,036	0	0,000
3	0,030	0	0,000
4	0,017	1	0,017
5	0,000		0,000
Total		1	0,017

Análisis Integral

La posición C1 en la matriz hace de su discurso congruente con sus acciones, los accionistas minoritarios no son la prioridad. El lazo directo (Bankinter) no significa pérdida de autonomía., la persistencia en C1 (congruencia con los intereses del núcleo duro), la falta de movimientos atípicos y de cambios cualitativos en el Consejo, no indican un cambio en las expectativas que los minoritarios deban tener para el segundo semestre de 2017, pero deben exigir mayor rentabilidad para permanecer en ella.

187

10.7 Amadeus - Ingeniería y otros

La persistencia en C4, con un brusco cambio a un discurso muy independiente, la acerca a una zona riesgosa para el minoritario.

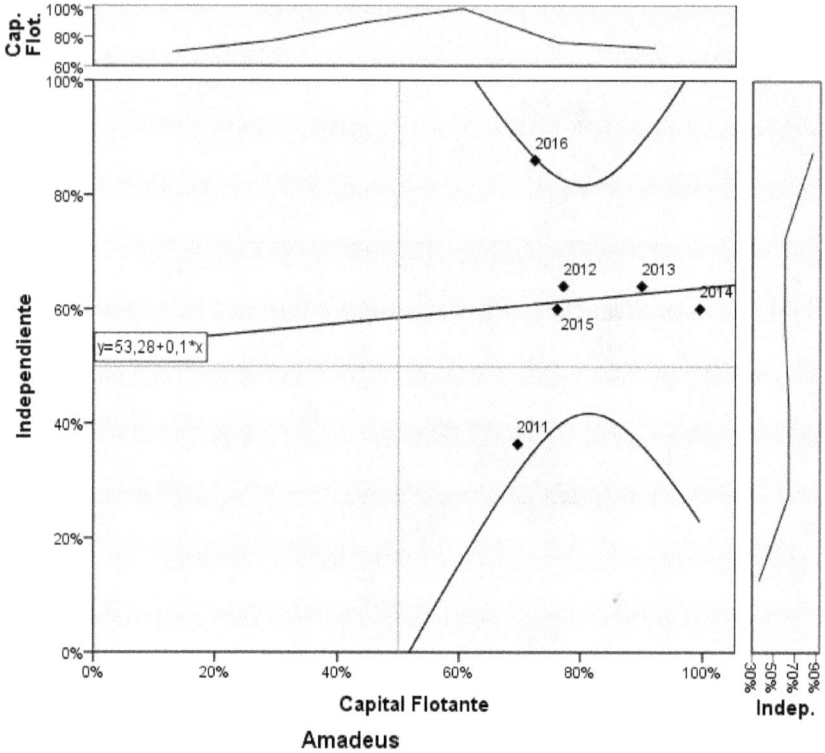

Ilustración 65 Matriz consejo – propiedad Amadeus

Fuente: Elaboración propia. Datos IAGC. Software SPSS de IBM

Estadísticos univariados

	N	Media	Desviación estándar	Número de extremos[a]	
				Menor	Mayor
IndepxCiento	6	26,6667%	3,44480%	0	0
CapFlotxCiento	6	54,2483%	7,39333%	0	0

a. Número de casos fuera del rango (Q1 - 1,5*IQR, Q3 + 1,5*IQR).

Consejo de Administración a Diciembre de 2016

Consejero	Categoria	Cargo
Clara Furse	Independiente	
David Gordon Comyn Webster	Independiente	
Francesco Loredan	Independiente	
Guillermo De La Dehesa Romero	Independiente	Vicepresidente
José Antonio Tazón García	Independiente	Presidente
Luis Maroto Camino	Ejecutivo	Delegado
Marc Verspyck	Otro Externo	
Pierre Henri Gourgeon	Otro Externo	
Roland Busch	Otro Externo	
Stuart Anderson Mcalpine	Independiente	

- **Consejo sin cambios a julio 2017**

189

Red de consejeros independientes compartidos IBEX-35

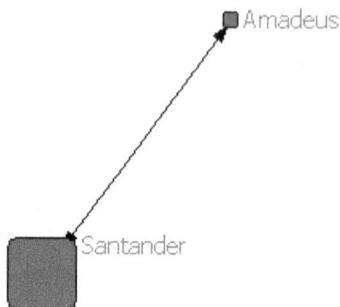

Riesgo de contagio por lazos directos			
Categoría (i)	Pp(x=1 año; λ)	Cantidad de lazos directos	Probabilidad de contagio por lazos directos
1	0,015	0	0,000
2	0,036	0	0,000
3	0,030	0	0,000
4	0,017	1	0,017
5	0,000		0,000
Total		1	0,017

Análisis Integral

La posición C4 y los reducidos lazos directos la convierten en C5 (favorable a los intereses del accionista minoritario), pero es de preocupar el movimiento de 2016 sobre el borde superior de riesgo. Ayuda el hecho de que no haya cambios cualitativos a julio de 2017, lo cual puede significar tranquilidad por el momento para los minoritarios.

190

10.8 Bankia - Banca

La persistencia en C2 es sinónimo de que la crisis aún no ha terminado.

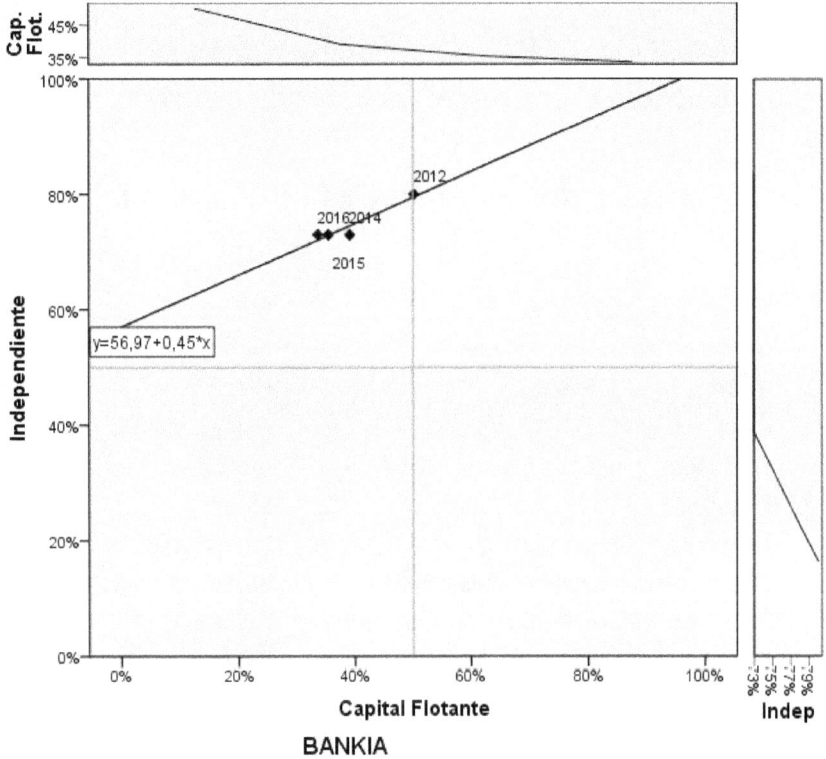

Ilustración 66 Matriz consejo – propiedad Bankia
Fuente: Elaboración propia. Datos IAGC. Software SPSS de IBM

Estadísticos univariados

	N	Media	Desviación estándar	Número de extremos[a]	
				Menor	Mayor
CapFlotxCiento	4	39,5800%	7,41398%	0	0
IndepxCiento	4	74,7500%	3,50000%	0	0

a. Número de casos fuera del rango (Q1 - 1,5*IQR, Q3 + 1,5*IQR).

Consejo de Administración a Diciembre de 2016

Consejero	Categoria	Cargo
Álvaro Rengifo Abbad	Independiente	
Antonio Greño Hidalgo	Independiente	
Antonio Ortega Parra	Ejecutivo	
Eva Castillo Sanz	Independiente	
Fernando Fernández Méndez De Andés	Independiente	
Francisco Javier Campo García	Independiente	
Joaquín Ayuso García	Independiente	
Jorge Cosmen Menéndez-Castañedo	Independiente	
José Ignacio Goirigolzarri Tellaeche	Ejecutivo	Presidente
José Luis Feito Higueruela	Independiente	
José Sevilla Álvarez	Ejecutivo	Delegado

- **Consejo sin cambios a julio 2017**

Red de consejeros independientes compartidos IBEX-35

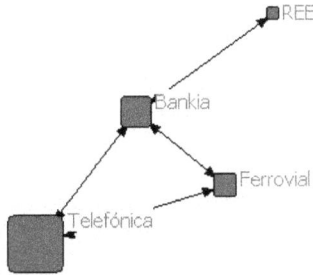

Riesgo de contagio por lazos directos			
Categoría (i)	Pp(x=1 año; λ)	Cantidad de lazos directos	Probabilidad de contagio por lazos directos
1	0,015	0	0,000
2	0,036	0	0,000
3	0,030	2	0,060
4	0,017	1	0,017
5	0,000		0,000
Total		3	0,077

Análisis Integral

La posición C2 en la matriz es desfavorable a los intereses del accionista minoritario por el alto riesgo que ello significa. Los 3 lazos directos (Ferrovial, Telefónica y Red Eléctrica) restan autonomía. Los accionistas que decidan quedarse deben exigir una mayor rentabilidad que justifique su elección.

10.9 Bankinter - Banca

Atípico cambio a estructura independiente de C3 a C4.

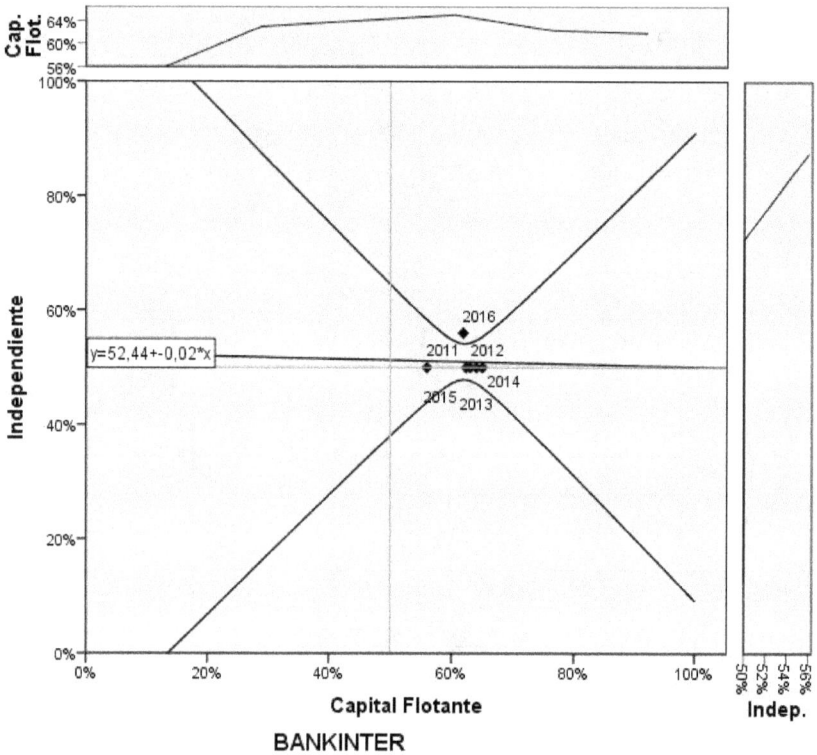

Ilustración 67 Matriz consejo – propiedad Bankinter
Fuente: Elaboración propia. Datos IAGC. Software SPSS de IBM

Estadísticos univariados

	N	Media	Desviación estándar	Número de extremos[a]	
				Menor	Mayor
CapFlotxCiento	6	62,0233%	3,16612%	1	0
IndepxCiento	6	51,0000%	2,44949%	.	.

a. Número de casos fuera del rango (Q1 - 1,5*IQR, Q3 + 1,5*IQR).

Consejo de Administración a Diciembre de 2016

Consejero	Categoria	Cargo
Alfonso Botín-Sanz De Sautuola Y Naveda	Ejecutivo	Vicepresidente
Fernando Masaveu Herrero	Dominical	
Gonzalo De La Hoz Lizcano	Independiente	
Jaime Terceiro Lomba	Independiente	
Marcelino Botín-Sanz De Sautuola Y Naveda	Dominical	
María Dolores Dancausa Treviño	Ejecutivo	Delegado
María Teresa Pulido Mendoza	Independiente	
Pedro Guerrero Guerrero	Otro Externo	Presidente
Rafael Mateu De Ros Cerezo	Independiente	
Rosa María García García	Independiente	

- **Consejo sin cambios a julio 2017**

195

Red de consejeros independientes compartidos IBEX-35

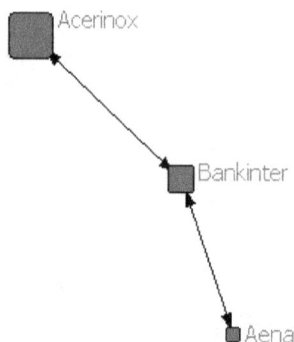

Riesgo de contagio por lazos directos			
Categoría (i)	Pp(x=1 año; λ)	Cantidad de lazos directos	Probabilidad de contagio por lazos directos
1	0,015	1	0,015
2	0,036	0	0,000
3	0,030	1	0,030
4	0,017	0	0,000
5	0,000		0,000
Total		2	0,045

Análisis Integral

La posición C4 en la matriz es favorable a los intereses del accionista minoritario si la mayor rentabilidad justifica el mayor riesgo. Los 2 lazos directos, en la mediana de lazos (Aena y Acerinox) no restan significativa autonomía. Si bien el pasaje a C4 por fuera del límite superior de riesgo indica un movimiento probable de aumento del riesgo, se puede tomar como un ajuste que mejora las prácticas sumado a que permanece sin cambios durante lo que va del 2017, configuran un Consejo propicio para los accionistas minoritarios.

10.10   BBVA - Banca

Reducción sistemática del discurso favorable a los minoritarios dejando al Consejo cerca de C3 y aumentando los riesgos.

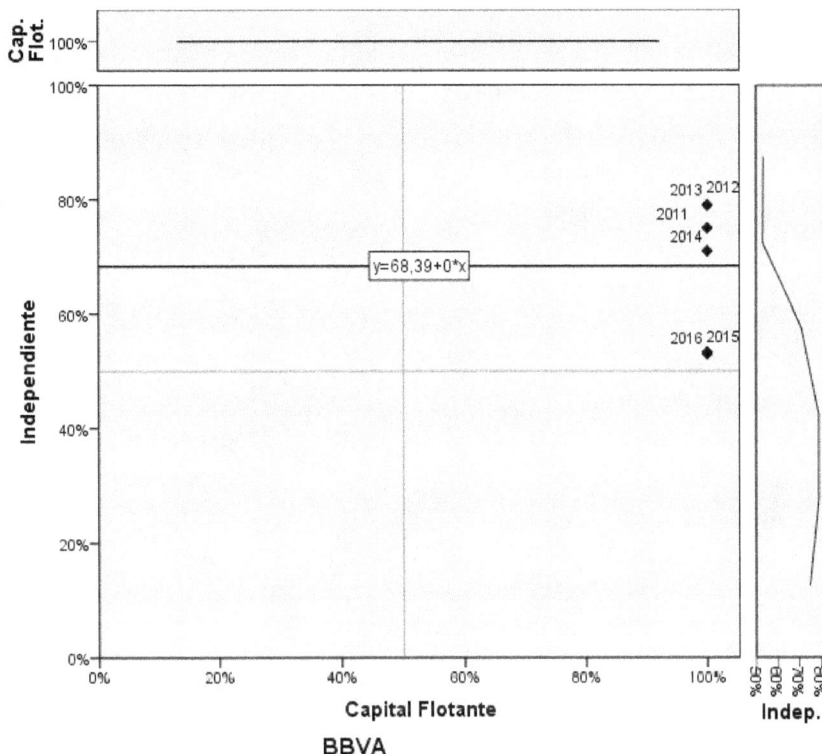

Ilustración 68 Matriz consejo – propiedad BBVA

Fuente: Elaboración propia. Datos IAGC. Software SPSS de IBM

Estadísticos univariados

	N	Media	Desviación estándar	Número de extremos[a,b] Menor	Mayor
CapFlotxCiento	6	100,0000%	0,00000%	.	.
IndepxCiento	6	68,3883%	12,15980%	0	0

Consejo de Administración a Diciembre de 2016

Consejero	Categoria	Cargo
Belén Garijo López	Independiente	
Carlos Loring Martínez De Irujo	Otro Externo	
Carlos Torres Vila	Ejecutivo	Delegado
Francisco González Rodríguez	Ejecutivo	Presidente
James Andrew Stott	Independiente	
José Antonio Fernández Rivero	Otro Externo	
José Luis Palao García-Suelto	Independiente	
José Maldonado Ramos	Otro Externo	
José Manuel González-Páramo Martínez Murillo	Ejecutivo	
José Miguel Andrés Torrecillas	Independiente	Coordinador
Juan Pi Llorens	Independiente	
Lourdes Máiz Carro	Independiente	
Sunir Kumar Kapoor	Independiente	
Susana Rodríguez Vidarte	Otro Externo	
Tomás Alfaro Drake	Independiente	

- **Consejo sin cambios a julio 2017**

Riesgo de contagio por lazo directo de RED IBEX-35

Nulo, isla (sin consejeros independientes compartidos).

Análisis integral

La posición C4 en la matriz es un discurso favorable a los intereses del accionista minoritario si le sumamos la autonomía que le da no tener lazos directos con otros Consejos, ubicándose así en C5. La inexistencia de movimientos atípicos en lo que va del año puede ser tomado como favorable. Lamentablemente el corrimiento cercano a C3 se viene acentuando de manera sistemática desde el año 2014, esto es una señal de alerta para los accionistas minoritarios.

198

10.11 BME - Servicios financieros

Persistencia en C3.

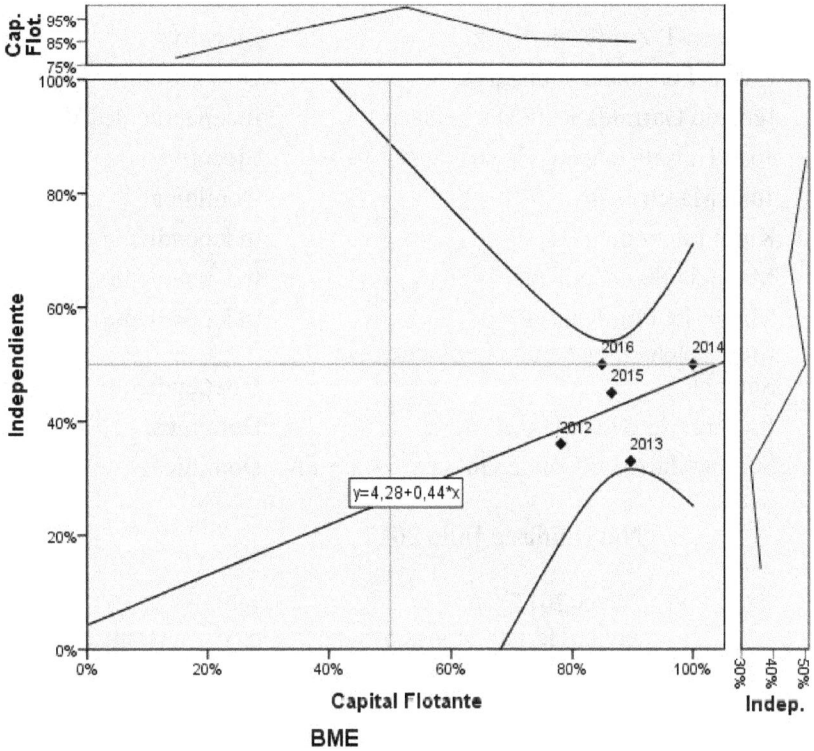

Ilustración 69 Matriz consejo – propiedad BME

Fuente: Elaboración propia. Datos IAGC. Software SPSS de IBM

Estadísticos univariados

	N	Media	Desviación estándar	Número de extremos[a] Menor	Mayor
CapFlotxCiento	5	87,8360%	8,02175%	0	1
IndepxCiento	5	42,8000%	7,91833%	0	0

a. Número de casos fuera del rango (Q1 - 1,5*IQR, Q3 + 1,5*IQR).

Consejo de Administración a Diciembre de 2016

Consejero	Categoria	Cargo
Álvaro Cuervo García	Independiente	
Antonio J. Zoido Martínez	Ejecutivo	Presidente
Carlos Fernández Gonzalez	Otro Externo	
Ignacio Garralda Ruiz De Velasco	Independiente	Vicepresidente
Joan Hortalá I Arau	Ejecutivo	
Juan March Juan	Dominical	
Karel Lannoo	Independiente	
Manuel Olivencia Ruiz	Independiente	Coordinador
Margarita Prat Rodrigo	Independiente	Vicepresidente
María Elena Dos Santos Fernandes De Santana	Independiente	
Ramiro Mato García-Ansorena	Dominical	
Santos Martinez-Conde Gutierrez-Barquin	Dominical	

- **Novedades a julio 2017**

✓ 24-05-2017
  Javier Hernani consejero delegado (Expansión, 2017)

Red de consejeros independientes compartidos IBEX-35

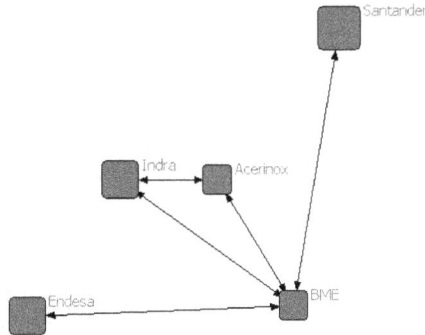

Riesgo de contagio por lazos directos			
Categoría (i)	Pp(x=1 año; λ)	Cantidad de lazos directos	Probabilidad de contagio por lazos directos
1	0,015	1	0,015
2	0,036	0	0,000
3	0,030	1	0,030
4	0,017	2	0,034
5	0,000		0,000
Total		4	0,079

Análisis integral

La posición C3 en la matriz es desfavorable a tranquilidad del accionista minoritario. Los 3 lazos directos (Acerinox, Endesa, Indra y Santander) le quitan autonomía. Resta aún más la persistencia en C3 a lo largo del tiempo –a pesar de contar con un capital flotante cuya media es de 87 %. Si se le suma su variación cualitativa de mayo de 2017, podría aumentar aún más su riesgo, lo que no ocurre por estar fuera del IBEX-35.

10.12   Caixabank - Banca

Cambio a estructura dispersa de C1 a C3

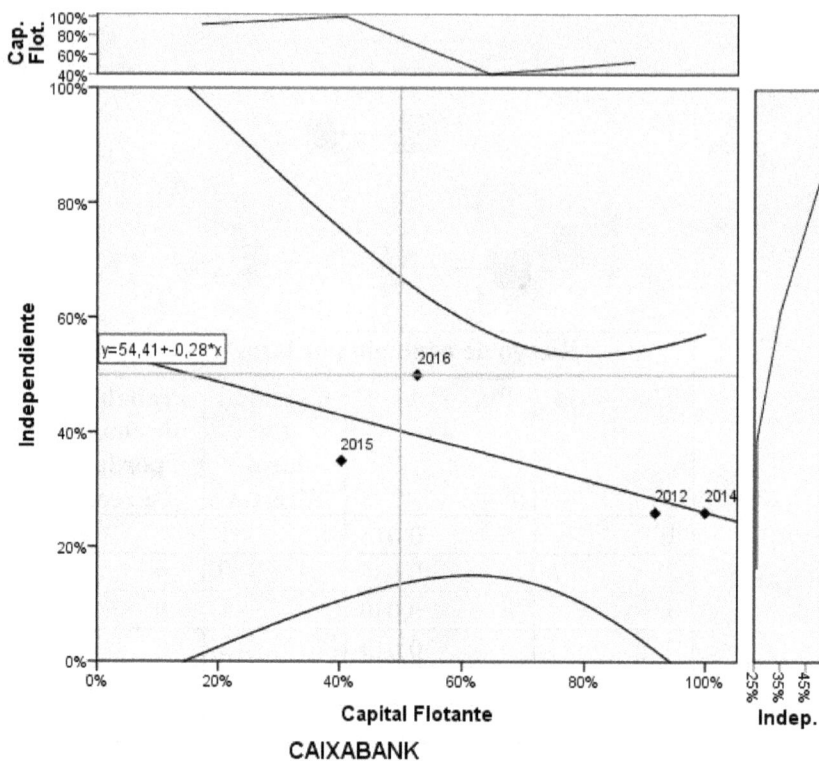

Ilustración 70 Matriz consejo – propiedad Caixabank
Fuente: Elaboración propia. Datos IAGC. Software SPSS de IBM

Estadísticos univariados

	N	Media	Desviación estándar	Número de extremos[a]	
				Menor	Mayor
CapFlotxCiento	4	71,1375%	29,09619%	0	0
IndepxCiento	4	34,2500%	11,32475%	0	0

a. Número de casos fuera del rango (Q1 - 1,5*IQR, Q3 + 1,5*IQR).

Consejo de Administración a Diciembre de 2016

Consejero	Categoria	Cargo
Alain Minc	Independiente	
Antonio Massanell Lavilla	Ejecutivo	Vicepresidente
Antonio Sáinz De Vicuña Y Barroso	Independiente	
Francesc Xavier Vives Torrents	Independiente	
Gonzalo Gortázar Rotaeche	Ejecutivo	Delegado
Guillermo Sierra Molina	Dominical	
Javier Ibarz Alegría	Dominical	
John S. Reed	Independiente	
Jordi Gual Solé	Dominical	Presidente
José Serna Masiá	Independiente	
Juan Rosell Lastortras	Independiente	
Koro Usarraga Unsaín	Independiente	
María Amparo Moraleda Martínez	Independiente	
Maria Teresa Bassons Boncompte	Dominical	
María Verónica Fisas Vergés	Independiente	
Salvador Gabarró Serra	Dominical	

- **Consejo sin cambios a julio 2017**

Red de consejeros independientes compartidos IBEX-35

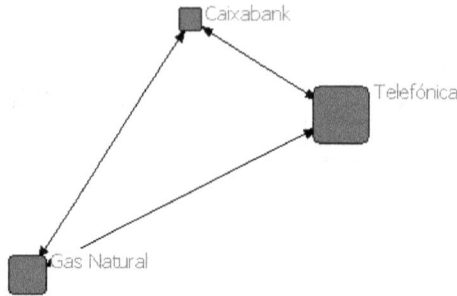

Riesgo de contagio por lazos directos			
Categoría (i)	Pp(x=1 año; λ)	Cantidad de lazos directos	Probabilidad de contagio por lazos directos
1	0,015	1	0,015
2	0,036	0	0,000
3	0,030	1	0,030
4	0,017	0	0,000
5	0,000		0,000
Total		2	0,045

Análisis integral

El cambio a estructura dispersa de C1 a C3 en la matriz es desfavorable a los intereses del accionista minoritario. Los 2 lazos directos (Gas Natural y Telefónica) no le restan autonomía. Si bien aumenta la representación independiente no alcanza a llegar a C4, con una gran variabilidad del capital flotante que llega a casi el 30%, el Consejo se queda C3, para el minoritario por el momento es recomendable esperar por qué Categoría se define, mientras tanto debe exigir más rentabilidad.

10.13   Día - Alimentación

Persistente en C4.

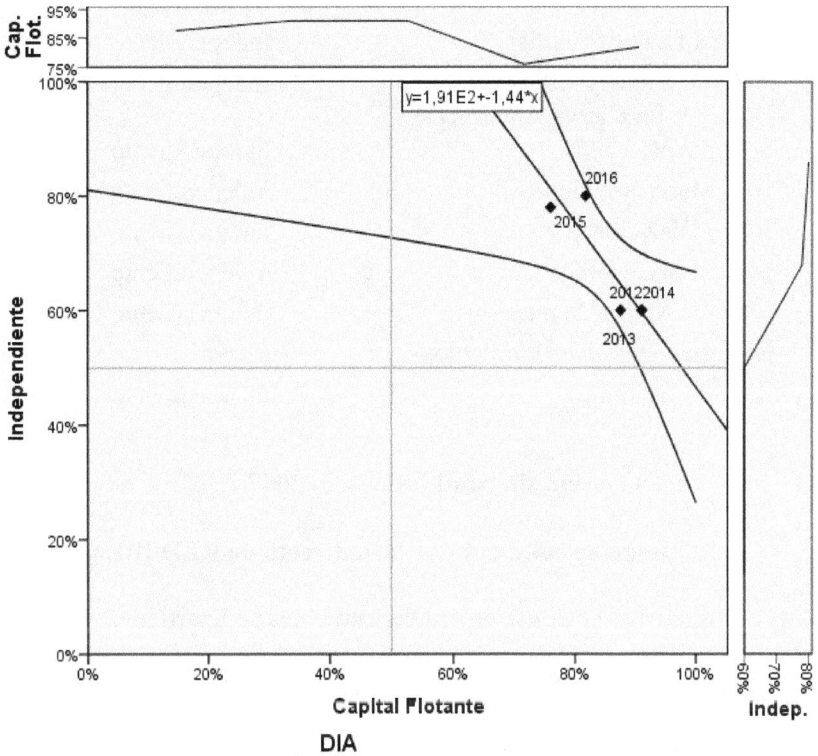

Ilustración 71 Matriz consejo – propiedad Dia
Fuente: Elaboración propia. Datos IAGC. Software SPSS de IBM

Estadísticos univariados

	N	Media	Desviación estándar	Número de extremos[a] Menor	Mayor
IndepxCiento	5	67,6000%	10,43072%	0	0
CapFlotxCiento	5	85,4480%	6,51532%	0	0

Consejo de Administración a Diciembre de 2016

Consejero	Categoria	Cargo
Ana María Llopis	Otro Externo	Presidente
Angela Lesley Spindler	Independiente	
Antonio Urcelay Alonso	Independiente	
Borja De La Cierva Álvarez De Sotomayor	Independiente	
Juan María Nin Génova	Independiente	
Julián Díaz González	Independiente	
María Luisa Garaña Corces	Independiente	
Mariano Martín Mampaso	Independiente	Vicepresidente
Ricardo Currás De Don Pablos	Ejecutivo	Delegado
Richard Golding	Independiente	

- **Consejo sin cambios a julio 2017**

Riesgo de contagio por lazo directo de RED IBEX-35

Nulo, isla (sin consejeros independientes compartidos).

Análisis integral

La posición C4 en la matriz es favorable a los intereses del accionista minoritario si está sumado a la autonomía que le da no tener lazos directos con otros Consejos, lo cual la ubican en C5. La inexistencia de movimientos atípicos en lo que va del año marcan un rumbo positivo, de congruencia moral reafirmado además por la ausencia de movimientos atípicos y de cambios cualitativos. Los accionistas minoritarios pueden estar tranquilos en el largo plazo.

10.14   Ebro Foods- Alimentación

Reafirma el cambio a concentrada – dependiente de C4 a C1

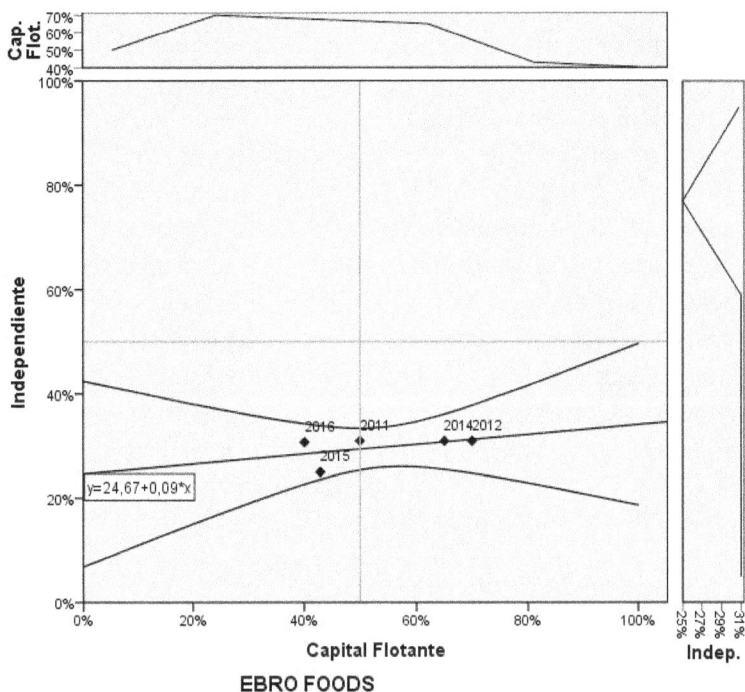

Ilustración 72 Matriz consejo – propiedad Ebro Foods
Fuente: Elaboración propia. Datos IAGC. Software SPSS de IBM

Estadísticos univariados

	N	Media	Desviación estándar	Número de extremos[a] Menor	Mayor
CapFlotxCiento	5	53,6040%	13,30594%	0	0
IndepxCiento	5	29,7540%	2,65943%	1	0

a. Número de casos fuera del rango (Q1 - 1,5*IQR, Q3 + 1,5*IQR).

207

Consejo de Administración a Diciembre de 2016

Consejero	Categoria	Cargo
Antonio Hernández Callejas	Ejecutivo	Presidente
Concepción Ordiz Fuertes	Dominical	
Demetrio Carceller Arce	Dominical	Vicepresidente
Eugenio Ruíz-Gálvez Priego	Otro Externo	
Félix Hernández Callejas	Ejecutivo	
Fernando Castelló Clemente	Independiente	
José Antonio Segurado García	Independiente	Coordinador
José Ignacio Comenge Sánchez-Real	Independiente	
José Nieto De La Cierva	Dominical	
Juan Luis Gómez-Trenor Fos	Dominical	
María Blanca Hernández Rodríguez	Dominical	
Mercedes Costa García	Independiente	
Rudolf-August Oetker	Dominical	

- **Novedades a julio 2017**

✓ 01-06-2017
  August Oetker, propietario de la firma alemana Dr. Oetker, ha presentado su renuncia como consejero dominical después de diez años de permanencia (Expansión, 2017).

✓ 29-03-2017
  José Ignacio Comenge consejero coordinador. Además, designa consejero a Javier Gómez-Trenor Vergés en sustitución del tío, Juan L. Gómez-Trénor, fallecido en enero (Expansión, 2017).

Red de consejeros independientes compartidos IBEX-35

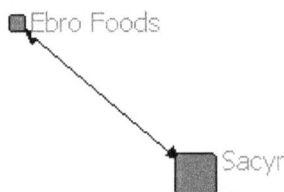

Riesgo de contagio por lazos directos			
Categoría (i)	Pp(x=1 año; λ)	Cantidad de lazos directos	Probabilidad de contagio por lazos directos
1	0,015	0	0,000
2	0,036	0	0,000
3	0,030	1	0,030
4	0,017	0	0,000
5	0,000		0,000
Total		1	0,030

Análisis integral

La tendencia del Consejo a C1 con una representación minoritaria congruente con el porcentaje de capital flotante y ligado por consejero independiente solo a Sacyr, no auguran cambios para las expectativas de los accionistas minoritarios cómodos en esta empresa, a la cual le deben exigir una mayor rentabilidad por ello.

10.15   Enagas - Energía, electricidad y gas

Persistente en C4.

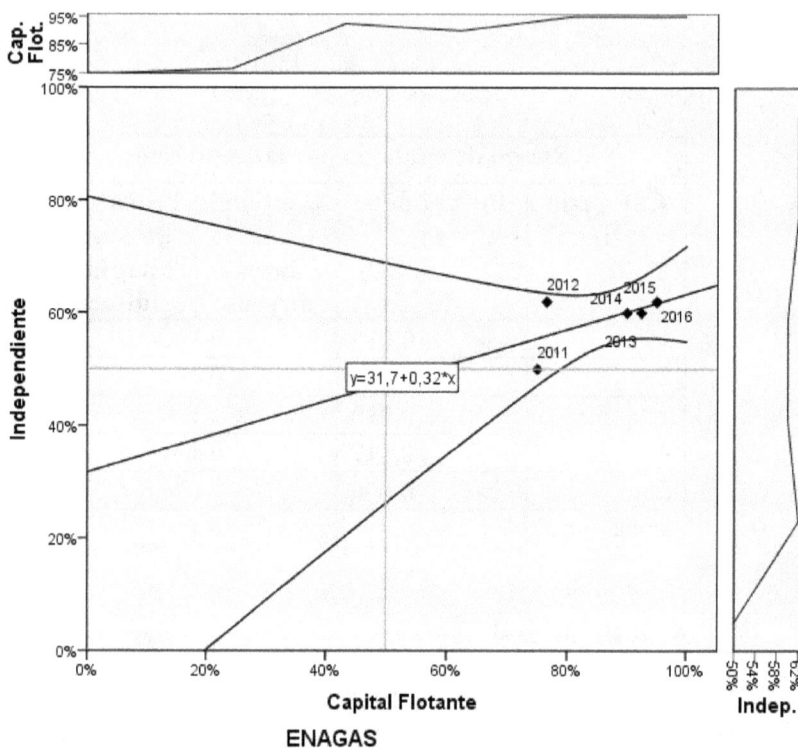

Ilustración 73 Matriz consejo – propiedad Enagas
Fuente: Elaboración propia. Datos IAGC. Software SPSS de IBM

Estadísticos univariados

	N	Media	Desviación estándar	Número de extremos[a]	
				Menor	Mayor
CapFlotxCiento	6	87,3250%	9,14781%	0	0
IndepxCiento	6	59,3333%	4,67618%	1	0

a. Número de casos fuera del rango (Q1 - 1,5*IQR, Q3 + 1,5*IQR).

Consejo de Administración a Diciembre de 2016

Consejero	Categoria	Cargo
Ana Palacio Vallelersundi	Independiente	
Antonio Hernández Mancha	Independiente	
Antonio Llardén Carratalá	Ejecutivo	Presidente
Federico Ferrer Delso	Dominical	
Gonzalo Solana González	Independiente	
Isabel Tocino Biscarolasaga	Independiente	
Jesús Máximo Pedrosa Ortega	Dominical	
Luis Javier Navarro Vigil	Otro Externo	
Luis Valero Artola	Independiente	
Marcelino Oreja Arburúa	Ejecutivo	Delegado
Martí Parellada Sabata	Independiente	
Ramón Pérez Simarro	Independiente	
Rosa Rodríguez Díaz	Independiente	

- **Consejo sin cambios a julio 2017**

Red de consejeros independientes compartidos IBEX-35

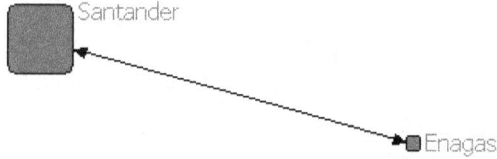

Riesgo de contagio por lazos directos			
Categoría (i)	Pp(x=1 año; λ)	Cantidad de lazos directos	Probabilidad de contagio por lazos directos
1	0,015	0	0,000
2	0,036	0	0,000
3	0,030	0	0,000
4	0,017	1	0,017
5	0,000		0,000
Total		1	0,017

Análisis integral

La posición C4 en la matriz es favorable a los intereses del accionista minoritario, sumado a la autonomía que le da tener solo un lazo directo con otros Consejos (Santander) la ubican en C5. La inexistencia de movimientos atípicos en lo que va del año, con muy baja variabilidad en la composición de su estructura independiente, y sin cambios cualitativos son una muy buena señal para los accionistas minoritarios y evidencian un modelo de congruencia moral.

212

10.16   Endesa - Energía, eléctricas

Persistente en C1 con tendencia a C2.

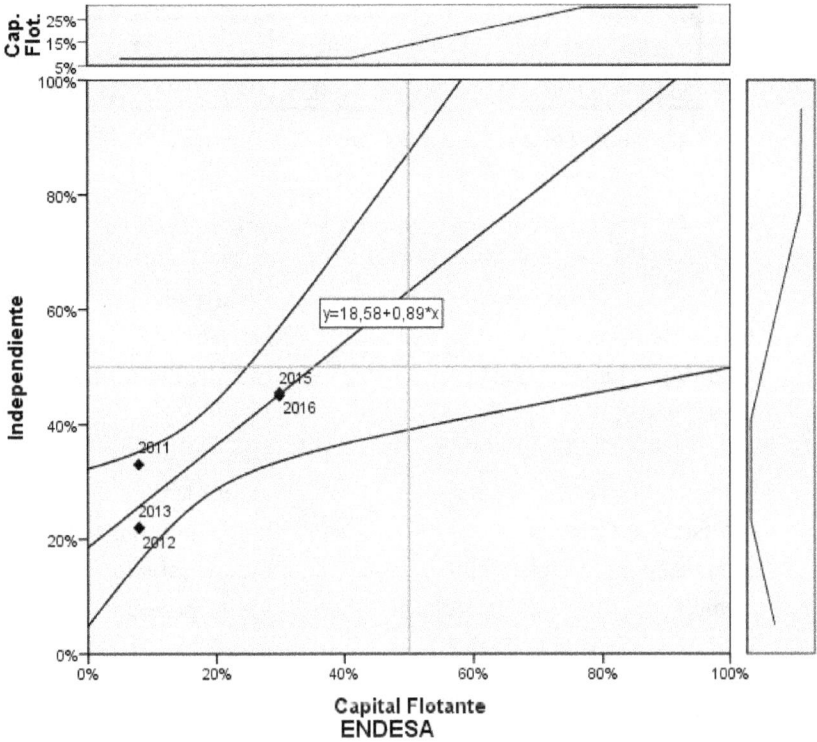

Ilustración 74 Matriz consejo – propiedad Endesa
Fuente: Elaboración propia. Datos IAGC. Software SPSS de IBM

Estadísticos univariados

	N	Media	Desviación estándar	Número de extremos[a]	
				Menor	Mayor
CapFlotxCiento	5	16,7320%	12,01615%	0	0
IndepxCiento	5	33,4900%	11,61682%	0	0

a. Número de casos fuera del rango (Q1 - 1,5*IQR, Q3 + 1,5*IQR).

Consejo de Administración a Diciembre de 2016

Consejero	Categoria	Cargo
Alberto De Paoli	Dominical	
Alejandro Echevarría Busquet	Independiente	
Borja Prado Eulate	Ejecutivo	Presidente
Enrico Viale	Dominical	
Francesco Starace	Dominical	Vicepresidente
Francisco De Lacerda	Independiente	
Helena Revoredo Delvecchio	Independiente	
Ignacio Garralda Ruiz De Velasco	Independiente	
José Damián Bogas Gálvez	Ejecutivo	Delegado
Livio Gallo	Dominical	
Miquel Roca Junyent	Independiente	

- **Consejo sin cambios a julio 2017**

Red de consejeros independientes compartidos IBEX-35

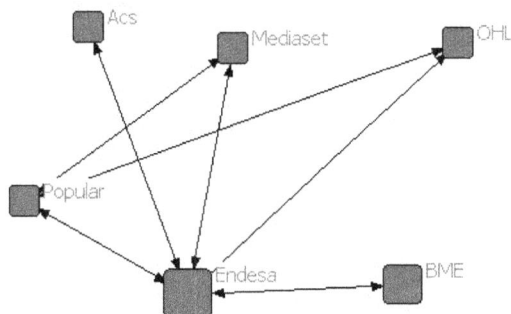

Riesgo de contagio por lazos directos			
Categoría (i)	Pp(x=1 año; λ)	Cantidad de lazos directos	Probabilidad de contagio por lazos directos
1	0,015	2	0,030
2	0,036	0	0,000
3	0,030	3	0,090
4	0,017	0	0,000
5	0,000		0,000
Total		5	0,120

Análisis integral

La posición C1 en la matriz es consistente con un modelo de mutismo a los intereses del accionista minoritario. Con 5 lazos directos (ACS, BME, Mediaset, OHL y Popular) tiene muy poca autonomía. Si bien el Consejo es actualmente C1, tiene una firme tendencia a pasar a un positivo C4, la recomendación es esperar si en el camino no se queda en C2, con lo que los minoritarios que deseen arriesgarse deben aumentar las exigencias de rentabilidad.

10.17   FCC - Construcción

Firme tendencia a concentrar el capital y la representación independiente, modelo congruente con un Consejo en C1.

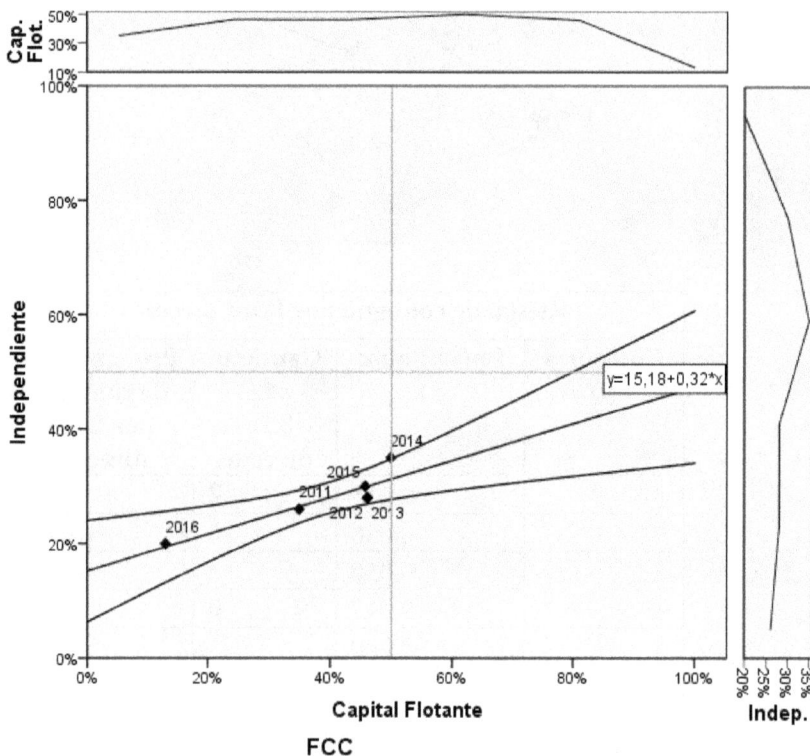

Ilustración 75 Matriz consejo – propiedad FCC
Fuente: Elaboración propia. Datos IAGC. Software SPSS de IBM

Estadísticos univariados

	N	Media	Desviación estándar	Número de extremos[a]	
				Menor	Mayor
CapFlotxCiento	6	39,3067%	13,76434%	1	0
IndepxCiento	6	27,8333%	4,91596%	1	0

216

Consejo de Administración a Diciembre de 2016

Consejero	Categoria	Cargo
Alejandro Aboumrad González	Dominical	
Alfonso Salem Slim	Dominical	
Alicia Alcocer Koplowitz	Dominical	
Álvaro Vázquez Lapuerta	Independiente	
Antonio Gómez García	Dominical	
Carlos Jarque Uribe	Ejecutivo	Delegado
Carlos Slim Helú	Dominical	
Carmen Alcocer Koplowitz	Dominical	
Esther Alcocer Koplowitz	Dominical	Presidente
Esther Koplowitz Romero De Juseu	Dominical	Vicepresidente
Gerardo Kuri Kaufmann	Ejecutivo	
Henri Proglio	Independiente	
Juan Rodríguez Torres	Dominical	
Manuel Gil Madrigal	Independiente	
Miguel Martinez Parra	Ejecutivo	

- **Consejo sin cambios a julio 2017**

Riesgo de contagio por lazo directo de RED IBEX-35

Nulo, isla (sin consejeros independientes compartidos).

Análisis integral

La posición C1 en la matriz es consistente con un modelo de mutismo. Sin lazos externos con empresas del IBEX-35 tiene una marcada autonomía. Con firme tendencia a concentrar el capital y mantener la representación independiente congruente, configura un modelo bien definido con las expectativas de C1. Las atipicidades estadísticas coinciden con los extremos menores de capital flotante y representación independiente para el año 2016. Los minoritarios tienen que exigir una mayor rentabilidad que justifique su permanencia.

10.18   Ferrovial - Construcción

Firme   tendencia   a   dispersa   –   independiente   de   C2   a   C3

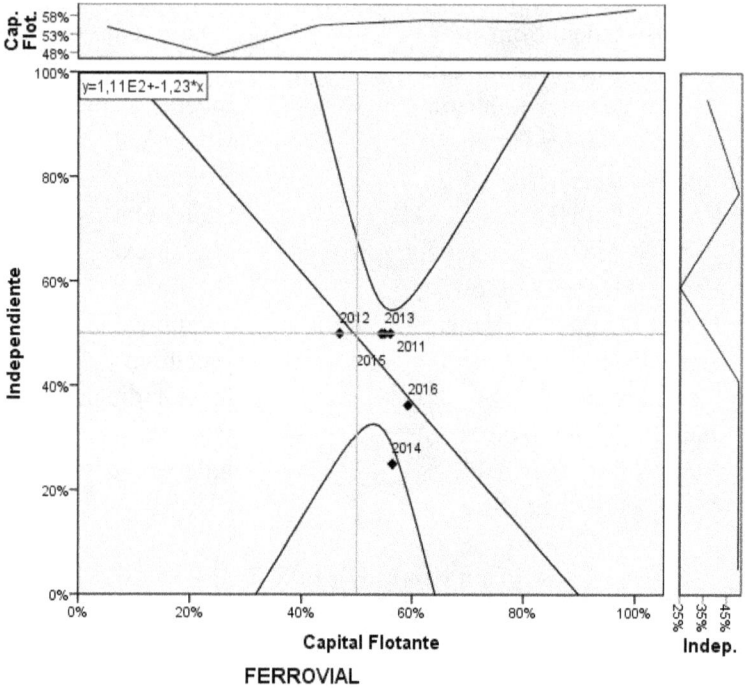

Ilustración 76 Matriz consejo – propiedad Ferrovial
Fuente: Elaboración propia. Datos IAGC. Software SPSS de IBM

Estadísticos univariados

	N	Media	Desviación estándar	Número de extremos[a] Menor	Número de extremos[a] Mayor
CapFlotxCiento	6	54,6733%	4,14961%	1	0
IndepxCiento	6	43,5600%	10,60385%	0	0

a. Número de casos fuera del rango (Q1 - 1,5*IQR, Q3 + 1,5*IQR).

Consejo de Administración a Diciembre de 2016

Consejero	Categoria	Cargo
Íñigo Meirás	Ejecutivo	Delegado
Joaquín Ayuso García	Otro Externo	Vicepresidente
Joaquín Del Pino Y Calvo-Sotelo	Dominical	
José Fernando Sánchez-Junco	Independiente	
Juan Arena De La Mora	Otro Externo	
María Del Pino Y Calvo-Sotelo	Dominical	
Óscar Fanjul Martín	Independiente	
Philip Bowman	Independiente	
Rafael Del Pino Y Calvo-Sotelo	Ejecutivo	Presidente-Delegado
Santiago Bergareche Busquet	Otro Externo	Vicepresidente
Santiago Fernández Valbuena	Independiente	

- **Consejo sin cambios a julio 2017**

219

Red de consejeros independientes compartidos IBEX-35

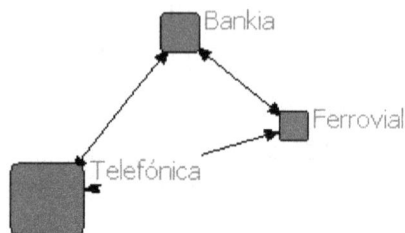

Riesgo de contagio por lazos directos			
Categoría (i)	Pp(x=1 año; λ)	Cantidad de lazos directos	Probabilidad de contagio por lazos directos
1	0,015	0	0,000
2	0,036	1	0,036
3	0,030	1	0,030
4	0,017	0	0,000
5	0,000		0,000
Total		2	0,066

Análisis integral

La posición C3 en la matriz es más riesgosa a los intereses del accionista minoritario. Con dos lazos directos (Bankia y Telefónica) se ubica sobre la mediana de conectividad. Tiene una marcada tendencia a un modelo bien definido C3. No se encuentran atipicidades estadísticas en el año 2016 que pudieran sugerir que se trata de un movimiento errático, de lo contrario está sobre la línea de tendencia. Sin cambios en lo que va del año, los minoritarios deben exigir una mayor rentabilidad que justifique su inversión.

10.19   Gamesa - Energía

Marcada tendencia a quedarse en C4.

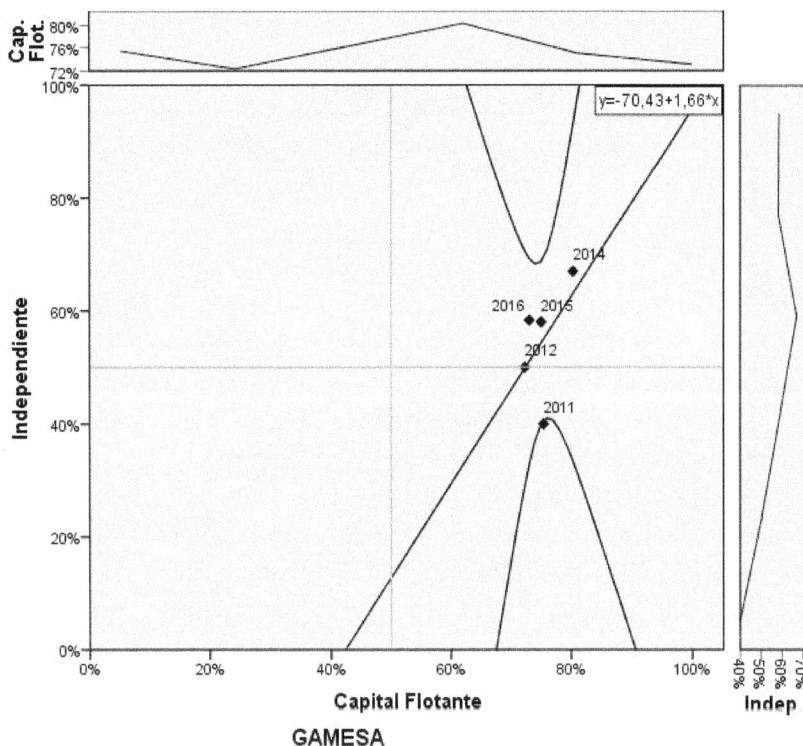

Ilustración 77 Matriz consejo – propiedad Gamesa
Fuente: Elaboración propia. Datos IAGC. Software SPSS de IBM

Estadísticos univariados

	N	Media	Desviación estándar	Número de extremos[a]	
				Menor	Mayor
CapFlotxCiento	5	75,2400%	3,12315%	0	1
IndepxCiento	5	54,6660%	10,16773%	0	0

a. Número de casos fuera del rango (Q1 - 1,5*IQR, Q3 + 1,5*IQR).

Consejo de Administración a Diciembre de 2016

Consejero	Categoria	Cargo
Andoni Cendoya Aranzamendi	Independiente	
Carlos Rodríguez-Quiroga Menéndez	Ejecutivo	Secretario
Francisco Javier Villalba Sánchez	Dominical	
Gerardo Codes Calatrava	Dominical	
Gloria Hernández García	Independiente	
José María Aldecoa Sagastasoloa	Independiente	
José María Aracama Yoldi	Independiente	
José María Vázquez Egusquiza	Independiente	
Juan Luis Arregui Ciarsolo	Independiente	Vicepresidente
Luis Lada Diaz	Independiente	
Martín San Vicente Ignacio	Ejecutivo	Preside-Delegado
Sonsoles Rubio Reinoso	Dominical	

- **Novedades a julio 2017**

✓ 20-06-2017
Siemens Gamesa celebra hoy su primera junta tras la fusión, ratificará a Markus Tacke como nuevo consejero ejecutivo del grupo quien sustituye a Ignacio Martín (Expansión, 2017)

222

Red de consejeros independientes compartidos IBEX-35

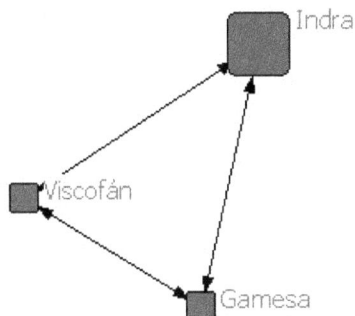

Riesgo de contagio por lazos directos			
Categoría (i)	Pp(x=1 año; λ)	Cantidad de lazos directos	Probabilidad de contagio por lazos directos
1	0,015	0	0,000
2	0,036	0	0,000
3	0,030	1	0,030
4	0,017	1	0,017
5	0,000		0,000
Total		2	0,047

Análisis integral

La posición C4 en la matriz es favorable a los intereses del accionista minoritario si la mayor rentabilidad justifica el mayor riesgo, sus dos lazos directos (Indra y Viscofán) no restan autonomía. Con una marcada tendencia a permanecer en un modelo bien definido C4, sin atipicidades estadísticas en el año 2016 y con cambios cualitativos lógicos luego de la fusión. Los minoritarios deben seguir de cerca esta empresa. Es prematuro emitir un juicio de valor.

10.20   Gas natural - Energía, electricidad y gas

Pequeñas variaciones en la concentración de la propiedad y de la proporción de consejeros independientes dentro de C1.

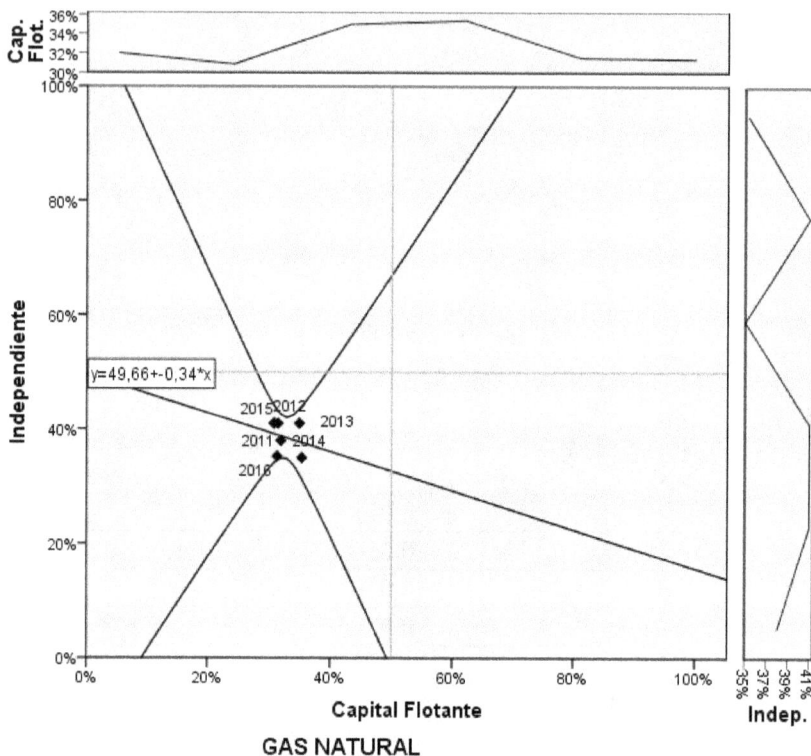

GAS NATURAL

Ilustración 78 Matriz consejo – propiedad Gas natural

Fuente: Elaboración propia. Datos IAGC. Software SPSS de IBM

Estadísticos univariados

	N	Media	Desviación estándar	Número de extremos[a]	
				Menor	Mayor
CapFlotxCiento	6	32,7000%	1,97386%	0	0
IndepxCiento	6	38,5483%	2,88236%	0	0

a. Número de casos fuera del rango (Q1 - 1,5*IQR, Q3 + 1,5*IQR).

Consejo de Administración a Diciembre de 2016

Consejero	Categoria	Cargo
Alejandro García-Bragado Dalmau	Dominical	
Benita María Ferrero-Waldner	Independiente	
Cristina Garmendia Mendizabal	Independiente	
Enrique Alcántara-García Irazoqui	Dominical	
Francisco Belil Creixell	Independiente	
Helena Herrero Starkie	Independiente	
Isidro Fainé Casas	Dominical	Presidente
Josu Jon Imaz San Miguel	Dominical	Vicepresidente
Luis Suárez De Lezo Mantilla	Dominical	
Marcelino Armenter Vidal	Dominical	
Mario Armero Montes	Dominical	
Miguel Martínez San Martín	Dominical	
Rafael Villaseca Marco	Ejecutivo	Delegado
Rajaram Rao	Dominical	
Ramón Adell Ramón	Independiente	
William Alam Woodburn	Dominical	Vicepresidente
Xabier Añoveros Trías De Bes	Independiente	

- **Consejo sin cambios a julio 2017**

Red de consejeros independientes compartidos IBEX-35

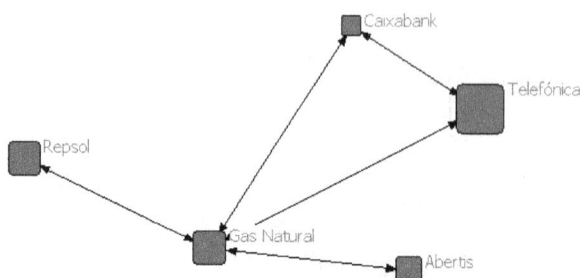

Riesgo de contagio por lazos directos			
Categoría (i)	Pp(x=1 año; λ)	Cantidad de lazos directos	Probabilidad de contagio por lazos directos
1	0,015	0	0,000
2	0,036	0	0,000
3	0,030	4	0,120
4	0,017	0	0,000
5	0,000		0,000
Total		4	0,120

Análisis integral

La posición estable C1 en la matriz es favorable a los intereses del accionista minoritario. Altamente conectada con 4 lazos directos pertenecientes a C3 (Abertis, Caixabank, Repsol y Telefónica), Con persistencia a permanecer en un modelo bien definido C1. No se encuentran atipicidades estadísticas en el año 2016 y sin cambios cualitativos en lo que va del año. Preocupa la alta conexión con C4 por el aumento de riesgo que ello implica. Aumentar la rentabilidad exigida sería una buena decisión.

226

10.21   Grifols - Farmacéutica y biotecnología

Persistente tendencia en los últimos años a pasar de C3 a C4.

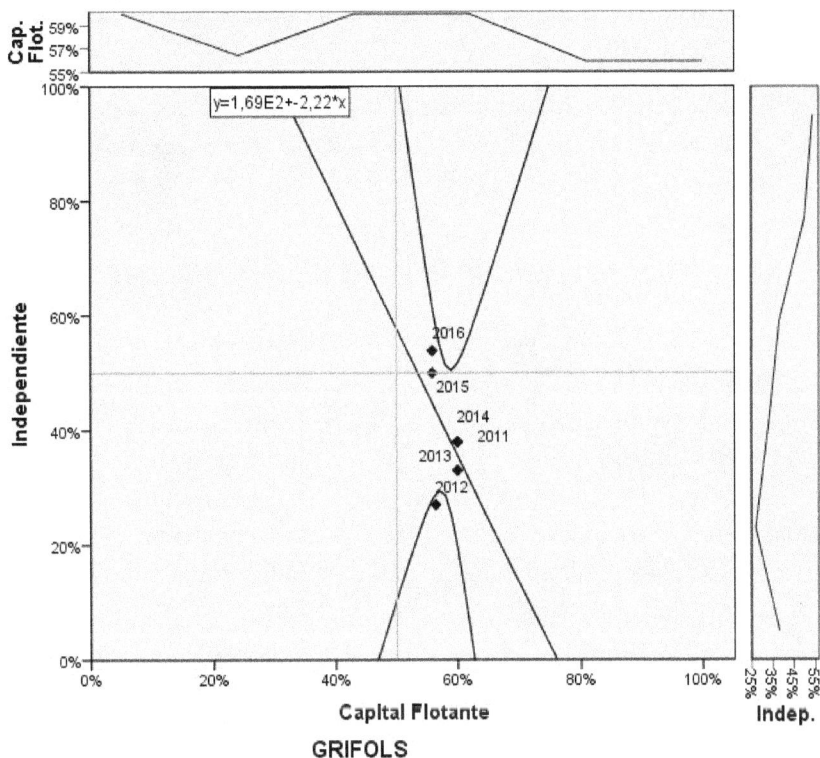

Ilustración 79 Matriz consejo – propiedad Grifols
Fuente: Elaboración propia. Datos IAGC. Software SPSS de IBM

227

Estadísticos univariados

	N	Media	Desviación estándar	Número de extremos[a]	
				Menor	Mayor
CapFlotxCiento	6	58,0267%	2,17099%	0	0
IndepxCiento	6	39,9750%	10,17663%	0	0

a. Número de casos fuera del rango (Q1 - 1,5*IQR, Q3 + 1,5*IQR).

Consejo de Administración a Diciembre de 2016

Consejero	Categoria	Cargo
Anna Veiga Lluch	Independiente	
Belén Villalonga Morenés	Independiente	
Carina Szpilka Lázaro	Independiente	
Iñigo Sánchez-Asiain Mardones	Independiente	
Luís Isasi Fernández De Bobadilla	Independiente	
Marla Elizabet Salmon	Independiente	
Raimon Grifols Roura	Ejecutivo	
Ramon Riera Roca	Ejecutivo	
Steven F. Mayer	Independiente	
Thomas Glanzmann	Otro Externo	
Tomás Dagá Gelabert	Otro Externo	Vicesecretario
Victor Grifols Deu	Ejecutivo	
Víctor Grifols Roura	Ejecutivo	Presidente-Delegado

- **Consejo sin cambios a julio 2017**

Red de consejeros independientes compartidos IBEX-35

Riesgo de contagio por lazos directos			
Categoría (i)	Pp(x=1 año; λ)	Cantidad de lazos directos	Probabilidad de contagio por lazos directos
1	0,015	0	0,000
2	0,036	1	0,036
3	0,030	0	0,000
4	0,017	0	0,000
5	0,000		0,000
Total		1	0,036

Análisis integral

La posición C4 en la matriz junto a sus pocos lazos directos la ubican en C5. Posición favorable a los intereses del accionista minoritario. Con un solo lazo directo en C2 (Acciona) alejado en la red, si bien se encuentra en el borde de C4, mantiene la proporción independiente acorde a su capital flotante. Sin movimientos atípicos para 2016 y cambios en lo que va del año es una buena opción para el minoritario.

10.22   IAG - Transportes, aviación

En C4 de borde, cambio abrupto a estructura concentrada de C4 a C2

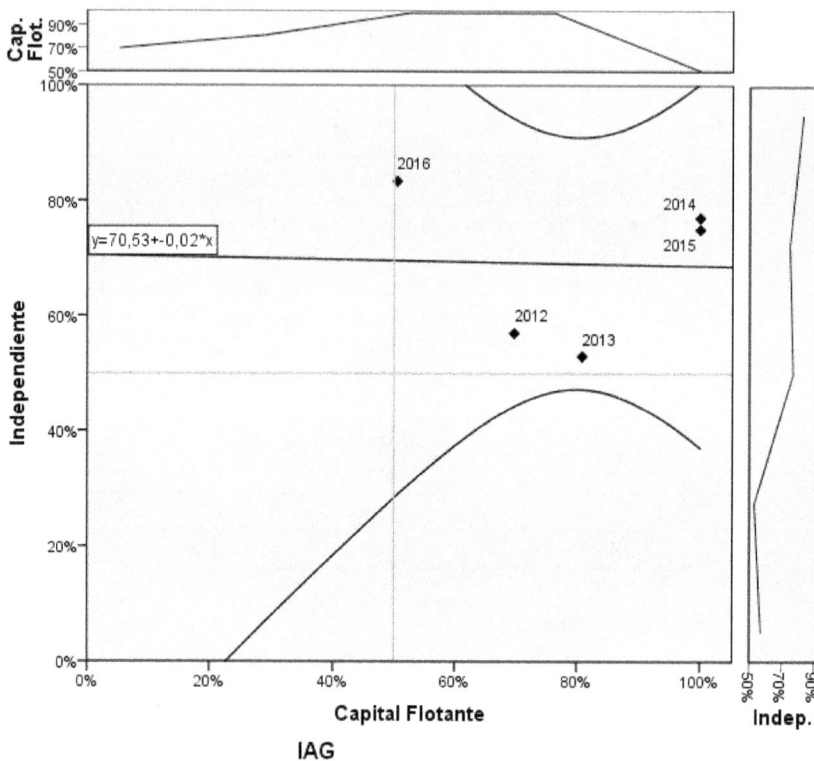

Ilustración 80 Matriz consejo – propiedad IAG
Fuente: Elaboración propia. Datos IAGC. Software SPSS de IBM

Estadísticos univariados

	N	Media	Desviación estándar	Número de extremos[a]	
				Menor	Mayor
CapFlotxCiento	5	80,2178%	21,06088%	0	0
IndepxCiento	5	69,0660%	13,27900%	0	0

a. Número de casos fuera del rango (Q1 - 1,5*IQR, Q3 + 1,5*IQR).

Consejo de Administración a Diciembre de 2016

Consejero	Categoria	Cargo
Alberto Terol Esteban	Independiente	
Antonio Vázquez Romero	Independiente	Presidente
Baronesa Kingsmill	Independiente	
Dame Marjorie Scardino	Independiente	
Emilio Saracho	Independiente	
Enrique Dupuy De Lome Chávarri	Ejecutivo	
James Lawrence	Independiente	
Kieran Poynter	Independiente	
Marc Bolland	Independiente	
María Fernanda Mejía	Independiente	
Patrick Cescau	Independiente	
Willie Walsh	Ejecutivo	Delegado

- **Consejo sin cambios a julio 2017**

231

Red de consejeros independientes compartidos IBEX-35

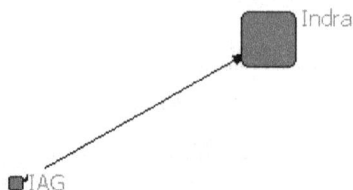

Riesgo de contagio por lazos directos			
Categoría (i)	Pp(x=1 año; λ)	Cantidad de lazos directos	Probabilidad de contagio por lazos directos
1	0,015	0	0,000
2	0,036	0	0,000
3	0,030	0	0,000
4	0,017	1	0,017
5	0,000		0,000
Total		1	0,017

Análisis integral

En C4 de borde y con un cambio abrupto a una estructura concentrada de C4 a C2 son indicios de una alta probabilidad de problemas serios en la empresa. Los minoritarios deberían tomar este comportamiento como una señal de alerta muy concreta.

10.23   Iberdrola - Energía, eléctricas

Persistencia y firme tendencia a C4.

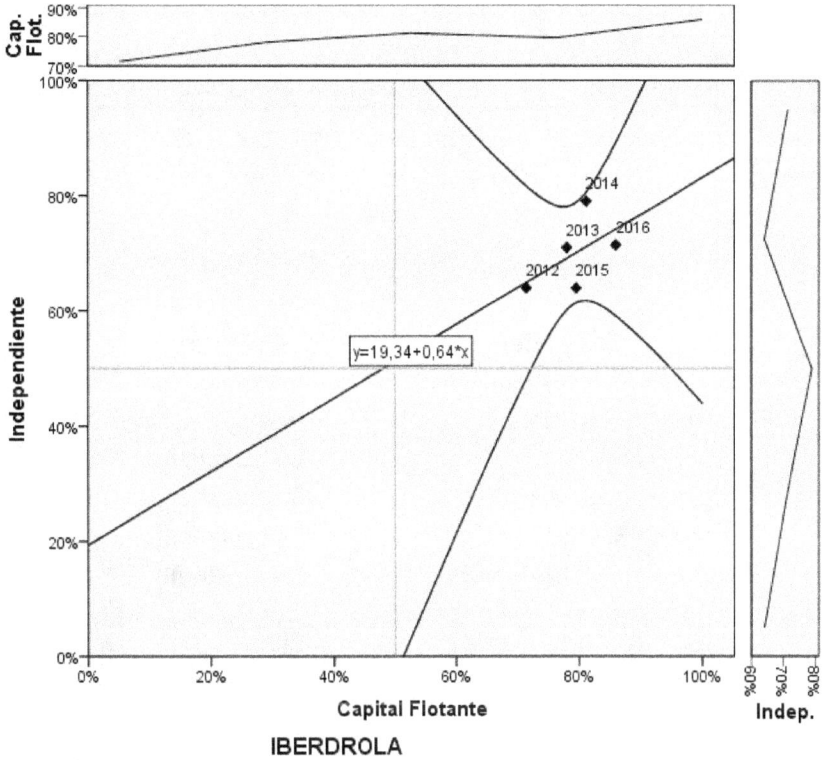

Ilustración 81 Matriz consejo – propiedad Iberdrola
Fuente: Elaboración propia. Datos IAGC. Software SPSS de IBM

Estadísticos univariados

	N	Media	Desviación estándar	Número de extremos[a]	
				Menor	Mayor
CapFlotxCiento	5	79,2160%	5,25966%	1	0
IndepxCiento	5	69,8860%	6,24460%	0	0

a. Número de casos fuera del rango (Q1 - 1,5*IQR, Q3 + 1,5*IQR).

Consejo de Administración a Diciembre de 2016

Consejero	Categoria	Cargo
Ángel Jesús Acebes Paniagua	Independiente	
Braulio Medel Cámara	Independiente	
Denise Mary Holt	Independiente	
Georgina Kessel Martínez	Independiente	
Inés Macho Stadler	Independiente	
Íñigo Víctor De Oriol Ibarra	Otro Externo	
José Ignacio Sánchez Galán	Ejecutivo	Presidente-Delegado
José Luis San Pedro Guerenabarrena	Otro Externo	
José Walfredo Fernández	Independiente	
Manuel Moreu Munaiz	Independiente	
María Helena Antolín Raybaud	Independiente	
Samantha Barber	Independiente	
Santiago Martínez Lage	Independiente	
Xabier De Irala Estévez	Otro Externo	

- **Consejo sin cambios a julio 2017**

Red de consejeros independientes compartidos IBEX-35

Riesgo de contagio por lazos directos			
Categoría (i)	Pp(x=1 año; λ)	Cantidad de lazos directos	Probabilidad de contagio por lazos directos
1	0,015	0	0,000
2	0,036	0	0,000
3	0,030	1	0,030
4	0,017	0	0,000
5	0,000		0,000
Total		1	0,030

Análisis integral

La posición C4 en la matriz persistente a lo largo del tiempo, sumada a su autonomía del IBEX-35 con un solo lazo (Acerinox) la ubican en C5. Sin movimientos atípicos en 2016 y sin cambios en lo que va del año, hacen de esta empresa un atractivo especial para los minoritarios.

10.24   Inditex - Textil, vestido y calzado

Marcada tendencia a la concentración de C1.

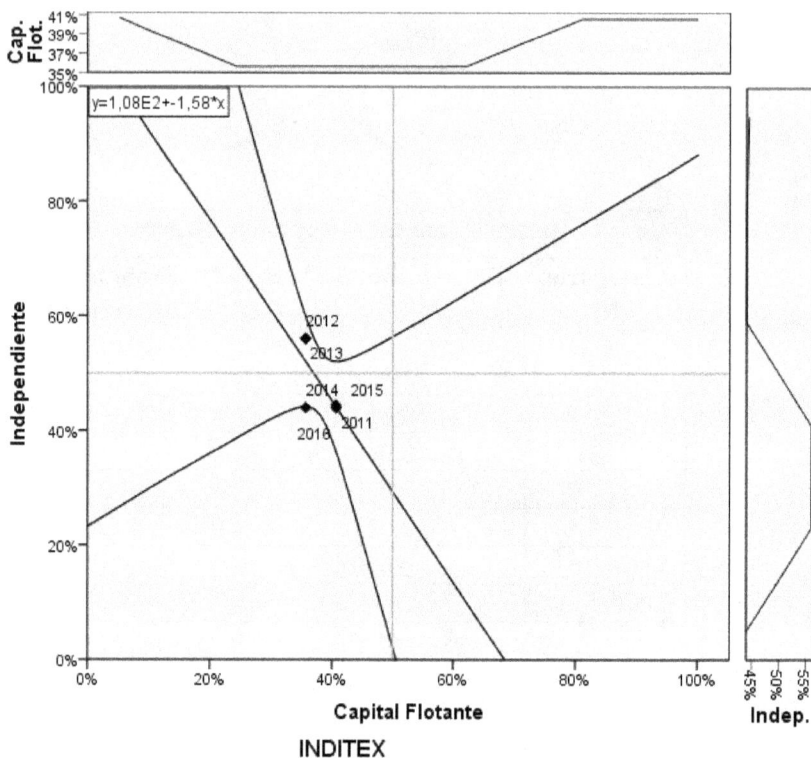

Ilustración 82 Matriz consejo – propiedad Inditex
Fuente: Elaboración propia. Datos IAGC. Software SPSS de IBM

Estadísticos univariados

	N	Media	Desviación estándar	Número de extremos[a]	
				Menor	Mayor
CapFlotxCiento	6	38,1383%	2,72614%	0	0
IndepxCiento	6	48,0733%	6,14233%	0	0

a. Número de casos fuera del rango (Q1 - 1,5*IQR, Q3 + 1,5*IQR).

Consejo de Administración a Diciembre de 2016

Consejero	Categoria	Cargo
Amancio Ortega Gaona	Dominical	
Carlos Espinosa De Los Monteros Bernaldo De Quirós	Otro Externo	
Denise Patricia Kingsmill	Independiente	
Emilio Saracho Rodríguez De Torres	Independiente	
Flora Pérez Marcote	Dominical	
José Arnau Sierra	Dominical	Vicepresidente
José Luis Durán Schulz	Independiente	
Pablo Isla Álvarez De Tejera	Ejecutivo	Presidente
Rodrigo Echenique Gordillo	Independiente	

- **Consejo sin cambios a julio 2017**

Red de consejeros independientes compartidos IBEX-35

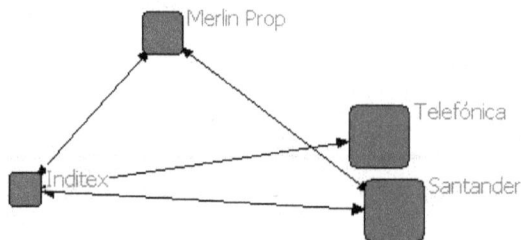

Riesgo de contagio por lazos directos			
Categoría (i)	Pp(x=1 año; λ)	Cantidad de lazos directos	Probabilidad de contagio por lazos directos
1	0,015	0	0,000
2	0,036	0	0,000
3	0,030	1	0,030
4	0,017	2	0,034
5	0,000		0,000
Total		3	0,064

Análisis integral

La posición C1 en la matriz es desfavorable a los intereses del accionista minoritario. Con 3 lazos en el IBEX-35 (Merlin, Santander y Telefónica), en los últimos años la empresa ha girado la línea de tendencia hacia el Categoría C1, todo ello sin movimientos atípicos, lo que muestra a las claras que ese es el rumbo elegido. Los minoritarios no tienen motivos para alarmarse si se encuentran cómodos con este tipo de empresa pero tampoco pueden esperar demasiado. Aumentar la rentabilidad exigida debería ser una buena decisión.

10.25   Indra - Electrónica y software

Cambio a estructura dependiente de C4 a C3.

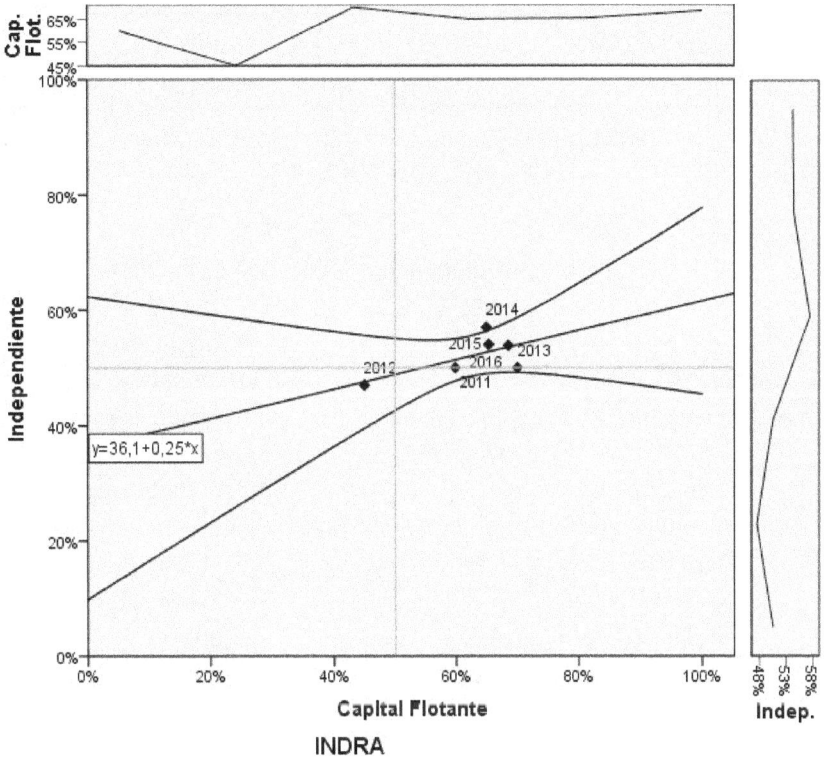

Ilustración 83 Matriz consejo – propiedad Indra

Fuente: Elaboración propia. Datos IAGC. Software SPSS de IBM

Estadísticos univariados

	N	Media	Desviación estándar	Número de extremos[a] Menor	Mayor
CapFlotxCiento	6	62,3033%	9,16574%	1	0
IndepxCiento	6	51,9733%	3,61611%	0	0

a. Número de casos fuera del rango (Q1 - 1,5*IQR, Q3 + 1,5*IQR).

Consejo de Administración a Diciembre de 2016

Consejero	Categoria	Cargo
Adolfo Menéndez Menéndez	Dominical	
Alberto Terol Esteban	Independiente	
Daniel García - Pita Permán	Independiente	Coordinador
Enrique De Leyva Pérez	Independiente	
Fernando Abril-Martorell Hernández	Ejecutivo	Presidente
Ignacio Santillana Del Barrio	Independiente	
Isabel Aguilera Navarro	Independiente	
Javier De Andrés González	Ejecutivo	Delegado
Juan Carlos Aparicio Peréz	Dominical	
Juan March De La Lastra	Dominical	
Luis Lada Diaz	Independiente	
Rosa Sugrañes Arimany	Independiente	
Santos Martinez-Conde GutierrezBarquin	Dominical	

- **Novedades a julio 2017**

  ✓ 25-05-2017
    Indra renueva el consejo tras la compra de Tecnocom incorpora a Silvia Iranzo y María Rotondo y renueva a otros cuatro consejeros, incluido el CEO, Javier de Andrés (Expansión, 2017).

Red de consejeros independientes compartidos IBEX-35

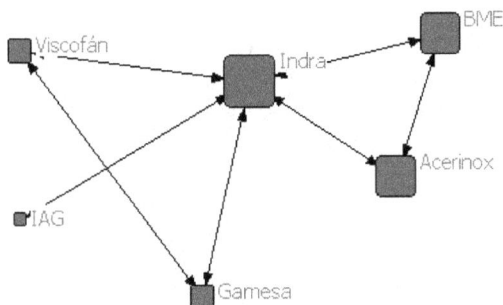

Riesgo de contagio por lazos directos			
Categoría (i)	Pp(x=1 año; λ)	Cantidad de lazos directos	Probabilidad de contagio por lazos directos
1	0,015	0	0,000
2	0,036	0	0,000
3	0,030	3	0,090
4	0,017	2	0,034
5	0,000		0,000
Total		5	0,124

Análisis integral

La posición C3 deja a los accionistas minoritarios sin la suficiente representación. Sus 5 lazos directos con empresas del IBEX-35 (60 % C3) le quitan también autonomía. Pequeña dispersión en los datos de los últimos años y debido a los grandes cambios en el Consejo del primer semestre, los minoritarios tienen que esperar el nuevo IAGC.

241

10.26 Mapfre - Seguros

Persistencia en C1.

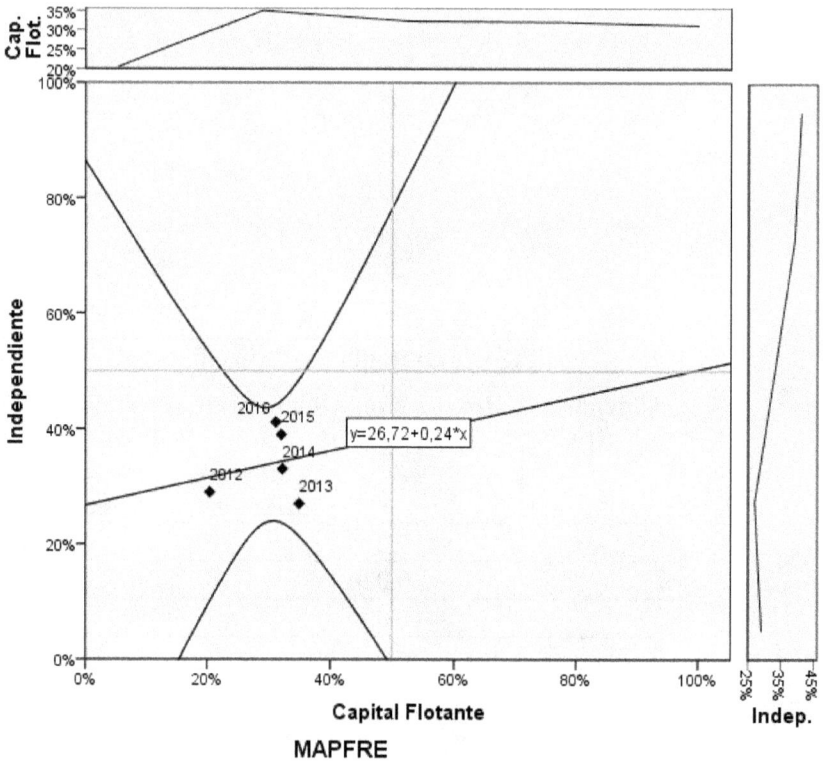

Ilustración 84 Matriz consejo – propiedad Mapfre
Fuente: Elaboración propia. Datos IAGC. Software SPSS de IBM

Estadísticos univariados

	N	Media	Desviación estándar	Número de extremos[a]	
				Menor	Mayor
CapFlotxCiento	5	30,2040%	5,66474%	1	1
IndepxCiento	5	33,8360%	6,15260%	0	0

a. Número de casos fuera del rango (Q1 - 1,5*IQR, Q3 + 1,5*IQR).

Consejo de Administración a Diciembre de 2016

Consejero	Categoria	Cargo
Adriana Casademont I Ruhí	Independiente	
Alfonso Rebuelta Badías	Dominical	
Ana Isabel Fernández Álvarez	Independiente	
Andrés Jiménez Herradón	Dominical	
Antonio Huertas Mejías	Ejecutivo	Presidente
Antonio Miguel-Romero De Olano	Dominical	
Antonio Núñez Tovar	Ejecutivo	Vicepresidente
Catalina Miñarro Brugarolas	Independiente	
Esteban Tejera Montalvo	Ejecutivo	Vicepresidente
Georg Daschner	Independiente	
Ignacio Baeza Gómez	Ejecutivo	Vicepresidente
José Antonio Colomer Guiu	Independiente	
Luis Hernando De Larramendi Martínez	Dominical	
María Leticia De Freitas Costa	Independiente	
Rafael Beca Borrego	Independiente	Coordinador
Rafael Casas Gutiérrez	Ejecutivo	
Rafael Márquez Osorio	Dominical	

- **Consejo sin cambios a julio 2017**

Red de consejeros independientes compartidos IBEX-35

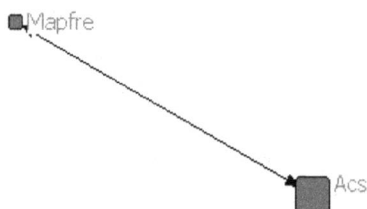

Riesgo de contagio por lazos directos			
Categoría (i)	Pp(x=1 año; λ)	Cantidad de lazos directos	Probabilidad de contagio por lazos directos
1	0,015	0	0,000
2	0,036	0	0,000
3	0,030	1	0,030
4	0,017	0	0,000
5	0,000		0,000
Total		1	0,030

Análisis integral

La posición C1 en la matriz es desfavorable a los intereses del accionista minoritario. Autónoma del IBEX-35 con un lazo directo (Acs), y persistente en C1, sin movimientos atípicos en los últimos años, los minoritarios que se encuentran cómodos con esta empresa pueden seguir tranquilos.

10.27 Mediaset - Audiovisual

Lento cambio a estructura dispersa de C1 a C3.

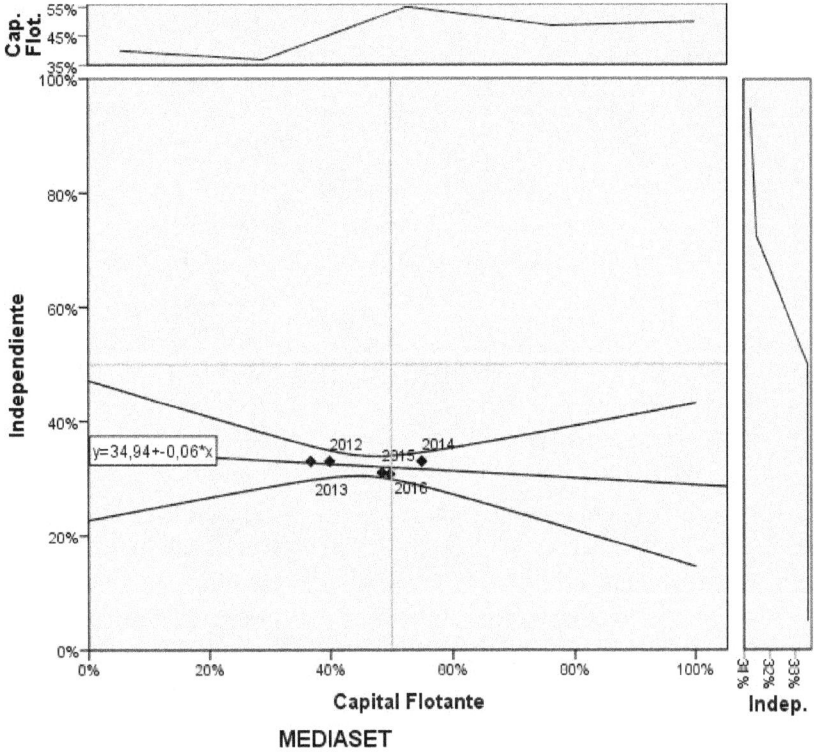

Ilustración 85 Matriz consejo – propiedad Mediaset
Fuente: Elaboración propia. Datos IAGC. Software SPSS de IBM

245

Estadísticos univariados

	N	Media	Desviación estándar	Número de extremos[a]	
				Menor	Mayor
CapFlotxCiento	5	45,9800%	7,47245%	0	0
IndepxCiento	5	32,1540%	1,16128%	0	0

a. Número de casos fuera del rango (Q1 - 1,5*IQR, Q3 + 1,5*IQR).

Consejo de Administración a Diciembre de 2016

Consejero	Categoria	Cargo
Alejandro Echevarría Busquet	Ejecutivo	Presidente
Alfredo Messina	Dominical	
Ángel Durández Adeva	Independiente	
Fedele Confalonieri	Dominical	Vicepresidente
Francisco Borja Prado Eulate	Independiente	
Giuliano Adreani	Dominical	
Giuseppe Tringali	Dominical	Vicepresidente
Helena Revoredo Delvecchio	Independiente	
José Ramón Álvarez-Rendueles	Independiente	
Marco Giordani	Dominical	
Mario Rodríguez Valderas	Ejecutivo	Secretario
Massimo Musolino	Ejecutivo	
Paolo Vasile	Ejecutivo	Delegado

- **Consejo sin cambios a julio 2017**

Red de consejeros independientes compartidos IBEX-35

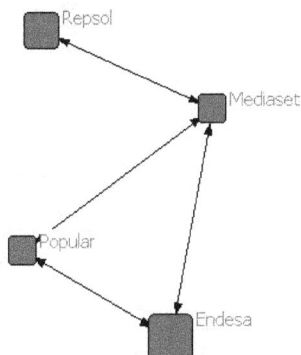

Riesgo de contagio por lazos directos			
Categoría (i)	Pp(x=1 año; λ)	Cantidad de lazos directos	Probabilidad de contagio por lazos directos
1	0,015	1	0,015
2	0,036	0	0,000
3	0,030	2	0,060
4	0,017	0	0,000
5	0,000		0,000
Total		3	0,075

Análisis integral

La posición C3 deja a los accionistas minoritarios sin la suficiente representación. Los 3 lazos directos (Endesa, Popular y Repsol) restan autonomía. Con tendencia prácticamente nula, la empresa va camino de C1 a C3. Sin movimientos atípicos y cambios en lo que va del año, los minoritarios deberían aumentar sus exigencias de rentabilidad.

10.28   Merlin Propiedades - Inmobiliario

Decisivo cambio a concentrada – dependiente de C4 a C1

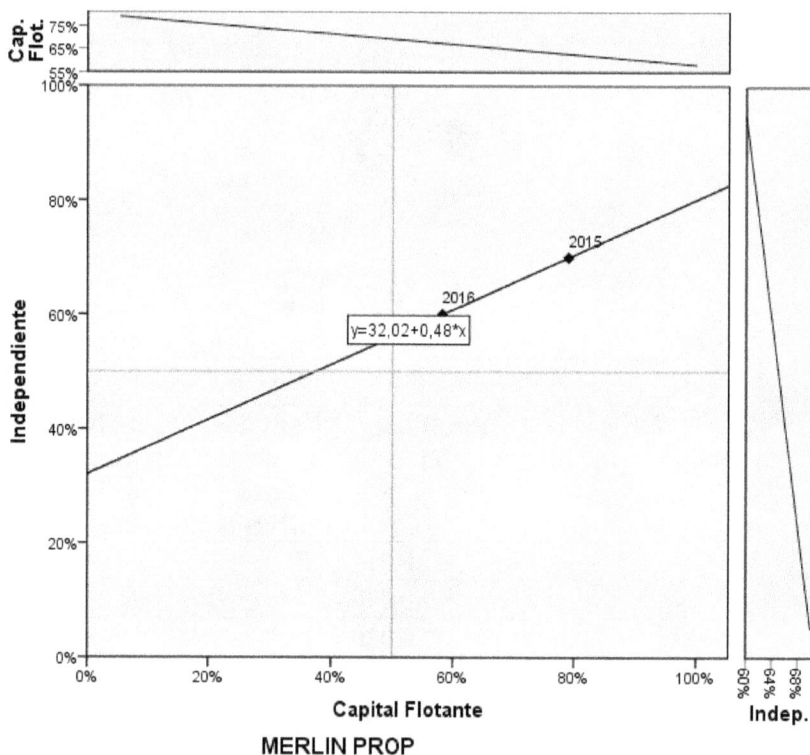

Ilustración 86 Matriz consejo – propiedad Merlin Propiedades
Fuente: Elaboración propia. Datos IAGC. Software SPSS de IBM

Estadísticos univariados

	N	Media	Desviación estándar	Número de extremos[a]	
				Menor	Mayor
CapFlotxCiento	2	68,6000%	14,70782%	0	0
IndepxCiento	2	65,0000%	7,07107%	0	0

a. Número de casos fuera del rango (Q1 - 1,5*IQR, Q3 + 1,5*IQR).

Consejo de Administración a Diciembre de 2016

Consejero	Categoria	Cargo
Agustín Vidal-Aragón De Olives	Dominical	
Alfredo Fernández Agras	Independiente	
Ana De Pro Gonzalo	Independiente	
Ana María García Fau	Independiente	
Fernando Javier Ortiz Vaamonde	Independiente	
Francisca Ortega Hernández-Agero	Dominical	
G. Donald Johnston Iii	Independiente	
Ismael Clemente Orrego	Ejecutivo	Vicepresidente-Delegado
Javier Garcia-Carranza Benjumea	Dominical	
John Gomez Hall	Independiente	
Juan María Aguirre Gonzalo	Independiente	
María Luisa Jordá Castro	Independiente	
Miguel Ollero Barrera	Ejecutivo	
Pilar Cavero Mestre	Independiente	
Rodrigo Echenique Gordillo	Dominical	Presidente

- **Consejo sin cambios a julio 2017**

249

Red de consejeros independientes compartidos IBEX-35

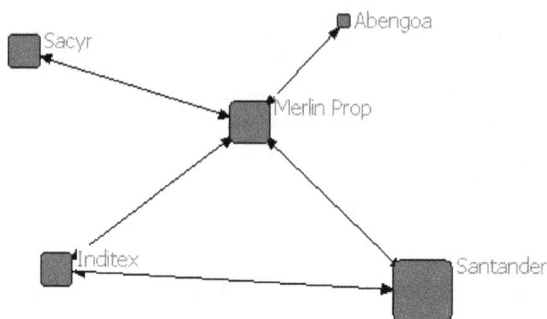

Riesgo de contagio por lazos directos			
Categoría (i)	Pp(x=1 año; λ)	Cantidad de lazos directos	Probabilidad de contagio por lazos directos
1	0,015	1	0,015
2	0,036	1	0,036
3	0,030	1	0,030
4	0,017	1	0,017
5	0,000		0,000
Total		4	0,098

Análisis integral

Si bien la actual posición C4 en la matriz es favorable a los intereses del accionista minoritario pero, desde que entró al IBEX-35 en el 2015 esta mostrando una firme tendencia a pasar de C4 a C1. Además se encuentra altamente relacionada con 4 lazos directos (Abengoa, Inditex, Sacyr y Santander) lo cual le resta autonomía. Sin movimientos atípicos, los minoritarios deberían tomarse un tiempo antes de pensar en esta opción.

10.29   OHL - Construcción

Persistente en C1.

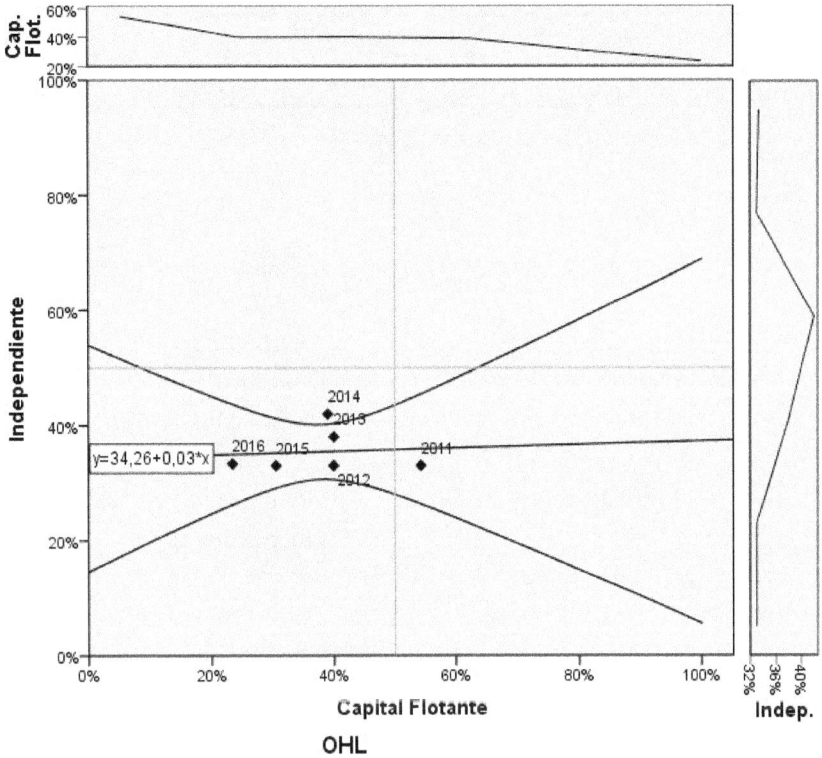

Ilustración 87 Matriz consejo – propiedad OHL
Fuente: Elaboración propia. Datos IAGC. Software SPSS de IBM

Estadísticos univariados

	N	Media	Desviación estándar	Número de extremos[a]	
				Menor	Mayor
CapFlotxCiento	6	37,8650%	10,41477%	0	1
IndepxCiento	6	35,3883%	3,79168%	0	0

a. Número de casos fuera del rango (Q1 - 1,5*IQR, Q3 + 1,5*IQR).

Consejo de Administración a Diciembre de 2016

Consejero	Categoria	Cargo
Álvaro Villar-Mir De Fuentes	Dominical	
Javier López Madrid	Dominical	
José Luis Diéz García	Independiente	
Juan Antonio Santamera Sánchez	Dominical	
Juan José Nieto Bueso	Independiente	
Juan Luis Osuna Gómez	Ejecutivo	
Juan Villar-Mir De Fuentes	Dominical	Presidente
Manuel Garrido Y Ruano	Dominical	
Mónica Sofía De Oriol Icaza	Independiente	
Reyes Calderón Cuadrado	Independiente	
Silvia Villar-Mir De Fuentes	Dominical	Vicepresidente
Tomás García Madrid	Ejecutivo	Vicepresidente-Delegado

- **Consejo sin cambios a julio 2017**

Red de consejeros independientes compartidos IBEX-35

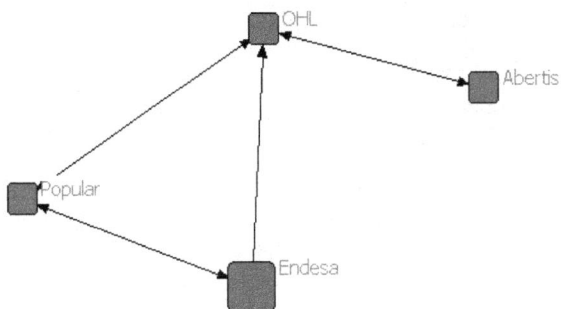

Riesgo de contagio por lazos directos			
Categoría (i)	Pp(x=1 año; λ)	Cantidad de lazos directos	Probabilidad de contagio por lazos directos
1	0,015	1	0,015
2	0,036	0	0,000
3	0,030	2	0,060
4	0,017	0	0,000
5	0,000		0,000
Total		3	0,075

Análisis integral

La posición C1 en la matriz es desfavorable a los intereses del accionista minoritario. Con 3 lazos directos (Abertis, Endesa y Popular), pierde autonomía. Con equilibrio independiente y aumento del núcleo duro desde 2011 (año en que se produce un movimiento atípico de capital flotante), los minoritarios que se sienten a gusto con estas empresas no deberían preocuparse por el momento pero tampoco pueden tener muchas expectativas.

10.30 Popular - Banca

Atípico cambio a estructura independiente de C3 a C4 en 2016.

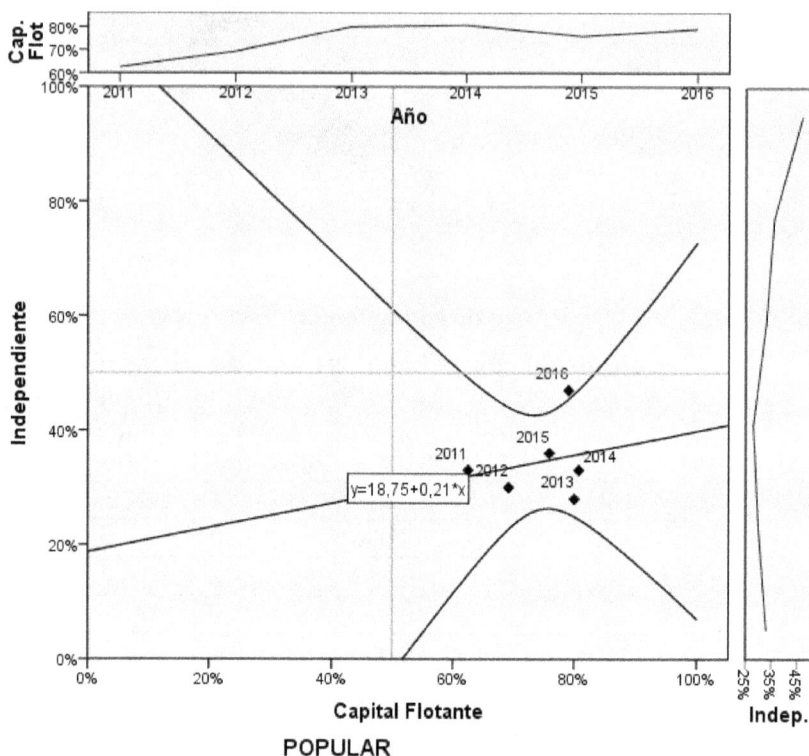

Ilustración 88 Matriz consejo – propiedad Popular
Fuente: Elaboración propia. Datos IAGC. Software SPSS de IBM

Estadísticos univariados

	N	Media	Desviación estándar	Número de extremos[a] Menor	Número de extremos[a] Mayor
CapFlotxCiento	6	74,5683%	7,26593%	0	0
IndepxCiento	6	34,5000%	6,71565%	0	1

a. Número de casos fuera del rango (Q1 - 1,5*IQR, Q3 + 1,5*IQR).

254

Consejo de Administración a Diciembre de 2016

Consejero	Categoria	Cargo
Ana María Molins López-Rodó	Independiente	
Ángel Carlos Ron Güimil	Ejecutivo	Presidente
Francisco Aparicio Valls	Ejecutivo	Secretario
François Martin	Dominical	
Helena Revoredo Delvecchio	Independiente	
Jaime Ruiz	Dominical	
Jorge Oroviogoicoechea Ortega	Independiente	
José María Arias Mosquera	Otro Externo	Vicepresidente
José Ramón Estevez	Independiente	
Miguel Ángel De Solís Martínez Campos	Dominical	
Pedro Larena	Ejecutivo	Delegado
Reyes Calderón Cuadrado	Independiente	
Roberto Higuera Montejo	Independiente	Vicepresidente
Vicente Pérez	Independiente	
Vicente Tardío Barutel	Dominical	

- **Novedades a julio 2017**

  ✓ 18-06-2017
  Nueve de cada diez de accionistas de Popular eran pequeños inversores. Adicae cifra en un 90% el porcentaje de accionistas del Banco Popular que tenían menos de 10.000 títulos por cabeza, lo que en opinión de la asociación de consumidores demuestra que los pequeños inversores han sido los más perjudicados por una operación "abusiva, extraña y opaca" (Expansión, www.expansion.com, 2017).

255

Red de consejeros independientes compartidos IBEX-35

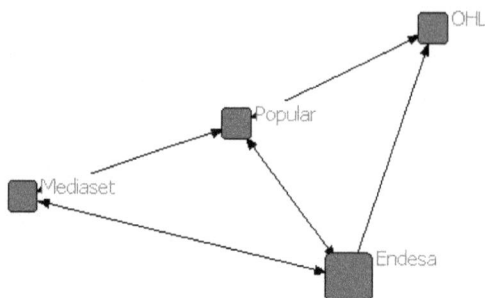

Riesgo de contagio por lazos directos			
Categoría (i)	Pp(x=1 año; λ)	Cantidad de lazos directos	Probabilidad de contagio por lazos directos
1	0,015	3	0,045
2	0,036	0	0,000
3	0,030	0	0,000
4	0,017	0	0,000
5	0,000		0,000
Total		3	0,045

Análisis integral

El atípico cambio a estructura independiente de C3 a C4 en 2016 era el preludio de los graves problemas que meses después estarían por sobrevenir.

10.31   RE - Energía, eléctricas

Marcada tendencia a cambio a estructura dependiente de C4 a C3.

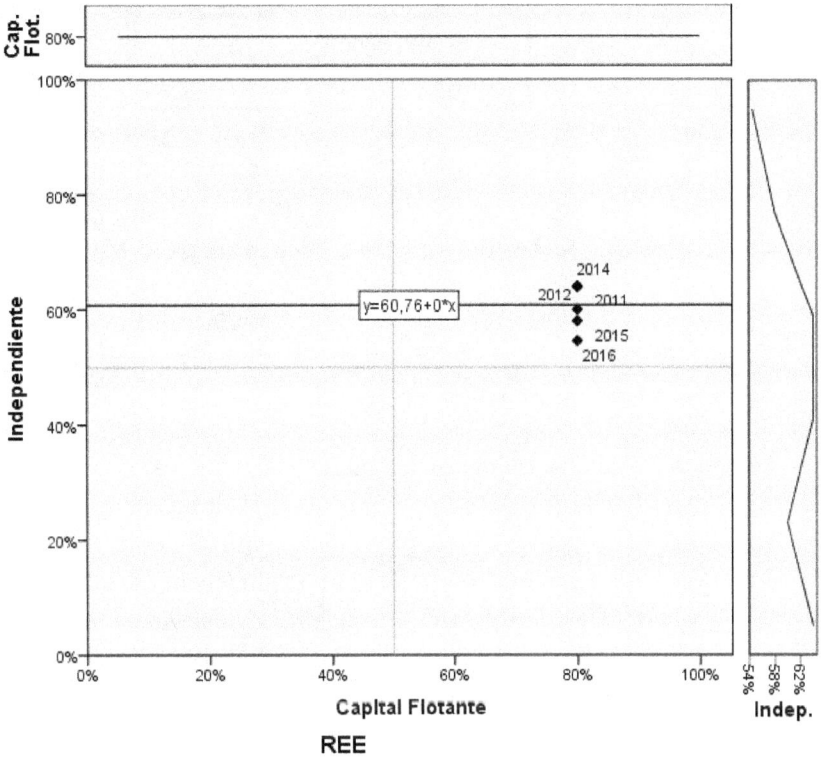

Ilustración 89 Matriz consejo – propiedad Red Eléctrica
Fuente: Elaboración propia. Datos IAGC. Software SPSS de IBM

257

Estadísticos univariados

	N	Media	Desviación estándar	Número de extremos[a,b] Menor	Mayor
CapFlotxCiento	6	80,0000%	0,00000%	.	.
IndepxCiento	6	60,7583%	3,95606%	0	0

a. Número de casos fuera del rango (Q1 - 1,5*IQR, Q3 + 1,5*IQR).

b. . indica que el rango entre cuartil (IQR) es cero.

Consejo de Administración a Diciembre de 2016

Consejero	Categoria	Cargo
Antonio Gómez Ciria	Independiente	
Carmen Gómez De Barreda Tous De Monsalve	Independiente	
Fernando Fernández Méndez De Andés	Dominical	
José Angel Partearroyo Martín	Dominical	
José Folgado Blanco	Otro Externo	Presidente
José Luis Feito Higueruela	Independiente	
Juan Francisco Lasala Bernard	Ejecutivo	Delegado
María De Los Ángeles Amador Millán	Independiente	
María José García Beato	Independiente	
Santiago Lanzuela Marina	Dominical	
Socorro Fernández Larrea	Independiente	

- **Consejo sin cambios a julio 2017**

Red de consejeros independientes compartidos IBEX-35

Riesgo de contagio por lazos directos			
Categoría (i)	Pp(x=1 año; λ)	Cantidad de lazos directos	Probabilidad de contagio por lazos directos
1	0,015	0	0,000
2	0,036	1	0,036
3	0,030	0	0,000
4	0,017	0	0,000
5	0,000		0,000
Total		1	0,036

Análisis integral

Si bien la posición C4 en la matriz es favorable a los intereses del accionista minoritario y que el único lazo directo la ubica en un excelente C5, esto se ve opacado por el hecho que en 2015 comienza a mostrar una firme tendencia a C3. Sin movimientos atípicos y cambios cualitativos en lo que va del año, los minoritarios deberían seguir con preocupación esta tendencia.

259

10.32   Repsol - Petróleo

Predilección por bordear C3.

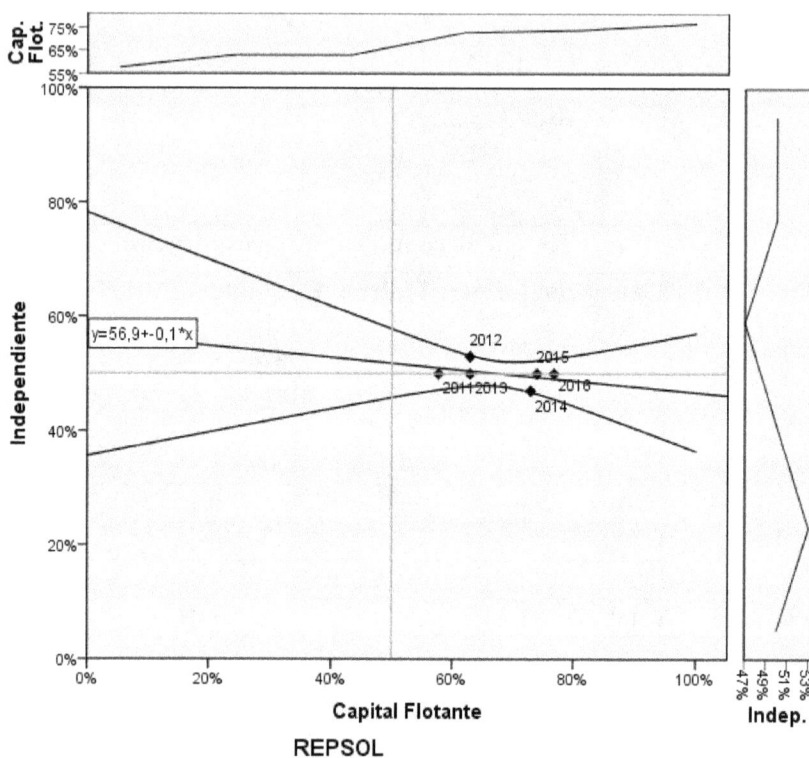

Ilustración 90 Matriz consejo – propiedad Repsol
Fuente: Elaboración propia. Datos IAGC. Software SPSS de IBM

Estadísticos univariados

	N	Media	Desviación estándar	Número de extremos[a]	
				Menor	Mayor
CapFlotxCiento	6	67,8667%	7,67759%	0	0
IndepxCiento	6	50,0000%	1,89737%	.	.

a. Número de casos fuera del rango (Q1 - 1,5*IQR, Q3 + 1,5*IQR).

Consejo de Administración a Diciembre de 2016

Consejero	Categoria	Cargo
Ángel Durández Adeva	Independiente	
Antonio Brufau Niubó	Otro Externo	Presidente
Antonio Massanell Lavilla	Dominical	
Artur Carulla Font	Independiente	
Gonzalo Gotázar Rotaeche	Dominical	Vicepresidente
Henri Philippe Reichstul	Independiente	
Javier Echenique Landiríbar	Independiente	
José Manuel Loureda Mantiñán	Dominical	
Josu Jon Imaz San Miguel	Ejecutivo	Delegado
Luis Carlos Croissier	Independiente	
Luis Suárez De Lezo Mantilla	Ejecutivo	
Manuel Manrique Cecilia	Dominical	Vicepresidente
María Isabel Gabarró Miquel	Independiente	
Mario Fernández Pelaz	Independiente	
Rene Dahan	Dominical	
Robinson West	Independiente	

- **Consejo sin cambios a julio 2017**

Red de consejeros independientes compartidos IBEX-35

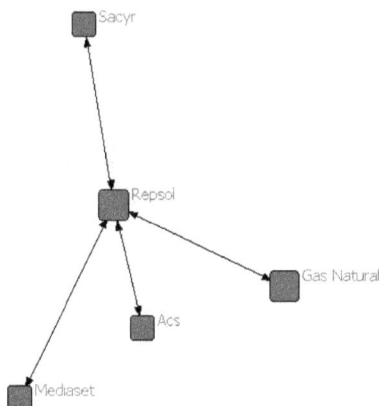

Riesgo de contagio por lazos directos			
Categoría (i)	Pp(x=1 año; λ)	Cantidad de lazos directos	Probabilidad de contagio por lazos directos
1	0,015	2	0,030
2	0,036	0	0,000
3	0,030	2	0,060
4	0,017	0	0,000
5	0,000		0,000
Total		4	0,090

Análisis integral

La posición C3 deja a los accionistas minoritarios sin la suficiente representación. Muy conectada con 4 lazos directos (Acs, Gas Natural, Mediaset y Sacyr). Empresa históricamente en el borde de C3. Sin movimientos atípicos y cambios cualitativos en lo que va del año, los minoritarios que se sienten a gusto con esta empresa no deben ver señales de alerta por el momento y deberían exigir mayor rentabilidad que justifique su mayor riesgo.

10.33 **Sabadell - Banca**

Cambio a estructura dependiente de C4 a C3.

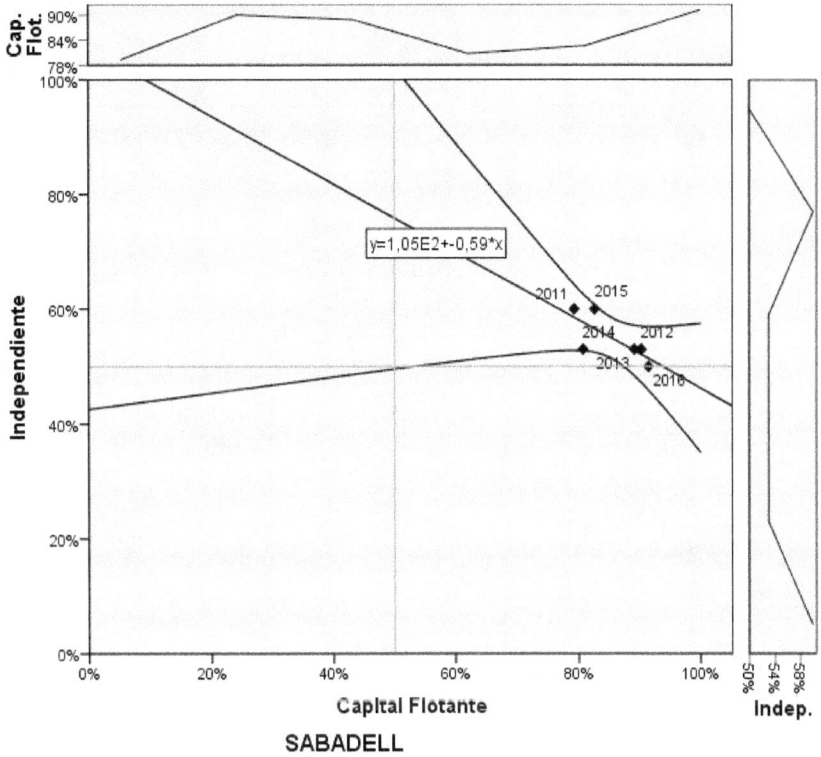

Ilustración 91 Matriz consejo – propiedad Sabadell
Fuente: Elaboración propia. Datos IAGC. Software SPSS de IBM

Estadísticos univariados

	N	Media	Desviación estándar	Número de extremos[a]	
				Menor	Mayor
CapFlotxCiento	6	85,5083%	5,24632%	0	0
IndepxCiento	6	54,8333%	4,16733%	0	0

a. Número de casos fuera del rango (Q1 - 1,5*IQR, Q3 + 1,5*IQR).

Consejo de Administración a Diciembre de 2016

Consejero	Categoria	Cargo
António Vitor Martins Monteiro	Dominical	
Aurora Catá Sala	Independiente	
David Martínez Guzmán	Dominical	
David Vegara Figueras	Independiente	
Jaime Guardiola Romojaro	Ejecutivo	
Joan Llonch Andreu	Independiente	
Joaquim Folch-Rusiñol I Corachán	Otro Externo	
José Javier Echenique Landiribar	Independiente	Vicepresidente
José Luis Negro Rodríguez	Ejecutivo	
José Manuel Lara Bosch	Independiente	
José Manuel Martínez Martínez	Independiente	
José Ramón Martínez Sufrategui	Independiente	
Josep Oliu Creus	Ejecutivo	Presidente
Maria Teresa Garcia-Milà I Lloveras	Independiente	Coordinador

- **Consejo sin cambios a julio 2017**

264

Red de consejeros independientes compartidos IBEX-35

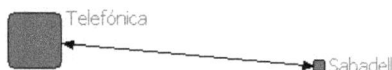

Riesgo de contagio por lazos directos			
Categoría (i)	Pp(x=1 año; λ)	Cantidad de lazos directos	Probabilidad de contagio por lazos directos
1	0,015	0	0,000
2	0,036	0	0,000
3	0,030	1	0,030
4	0,017	0	0,000
5	0,000		0,000
Total		1	0,030

Análisis integral

La posición C3 deja a los accionistas minoritarios sin la suficiente representación. Autónoma con un solo lazo directo en el IBEX-35 (Telefónica), ha realizado un cambio negativo en la tendencia de C4 a C3, lo que no es una buena noticia para los minoritarios. Sin movimientos atípicos y cambios cualitativos en lo que va del año, se enciende una luz de alerta que debería ser acompañada por una mayor rentabilidad exigida.

10.34   Sacyr - Construcción

Cambio a estructura dispersa de C1 a C3.

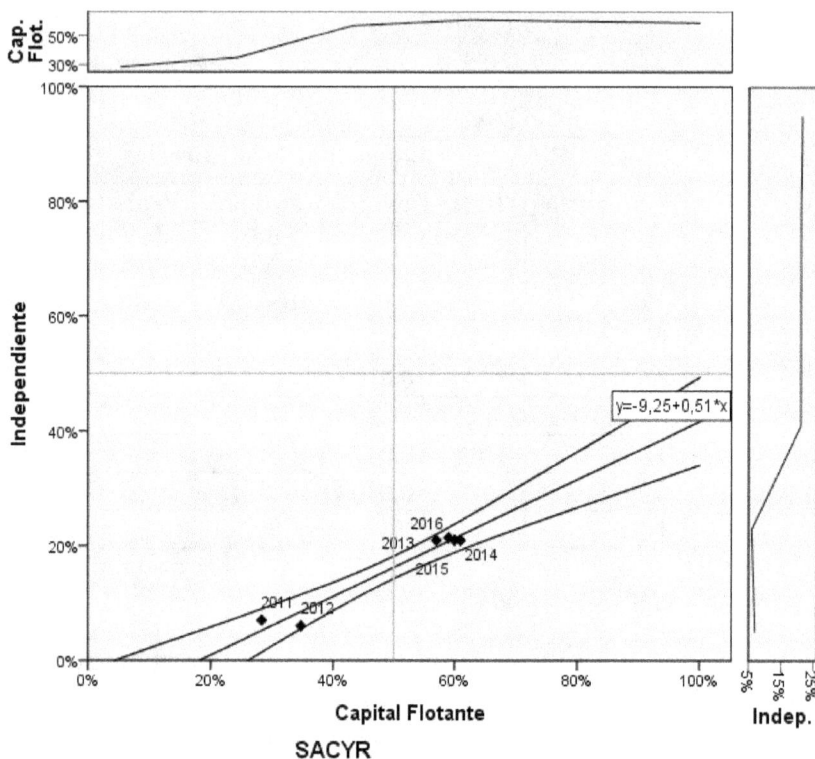

Ilustración 92 Matriz consejo – propiedad Sacyr
Fuente: Elaboración propia. Datos IAGC. Software SPSS de IBM

Estadísticos univariados

	N	Media	Desviación estándar	Número de extremos[a]	
				Menor	Mayor
CapFlotxCiento	6	50,0200%	14,50380%	0	0
IndepxCiento	6	16,2383%	7,55174%	0	0

a. Número de casos fuera del rango (Q1 - 1,5*IQR, Q3 + 1,5*IQR).

Consejo de Administración a Diciembre de 2016

Consejero	Categoria	Cargo
Augusto Delkader Teig	Independiente	
Demetrio Carceller Arce	Dominical	Vicepresidente
Francisco Javier Adroher Biosca	Dominical	
Gonzalo Manrique Sabatel	Dominical	
Isabel Martín Castella	Independiente	
José Del Pilar Moreno Carretero	Dominical	
José Manuel Loureda López	Dominical	
José Manuel Loureda Mantiñán	Dominical	
Juan María Aguirre Gonzalo	Independiente	Coordinador
Juan Miguel Sanjuán Jover	Dominical	
Manuel Manrique Cecilia	Ejecutivo	Presidente-Delegado
Matias Cortés Domínguez	Otro Externo	
Raimundo Baroja Rieu	Dominical	
Tomás Fuertes Fernández	Dominical	

- **Consejo sin cambios a julio 2017**

267

Red de consejeros independientes compartidos IBEX-35

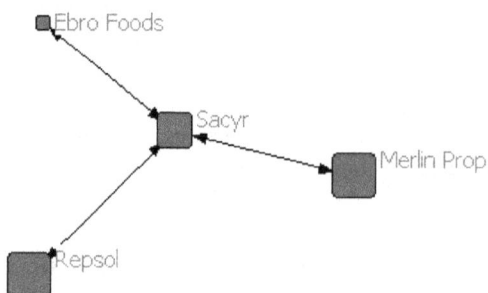

Riesgo de contagio por lazos directos			
Categoría (i)	Pp(x=1 año; λ)	Cantidad de lazos directos	Probabilidad de contagio por lazos directos
1	0,015	1	0,015
2	0,036	0	0,000
3	0,030	1	0,030
4	0,017	1	0,017
5	0,000		0,000
Total		3	0,062

Análisis integral

Con la firme tendencia a cambio a estructura dispersa de C1 a C3 y poco autónoma, con 3 lazos directos en el IBEX-35 (Ebro, Merlin y Repsol), no es una buena señal para el minoritario.

10.35   Santander - Banca

Persistencia en C4 de borde.

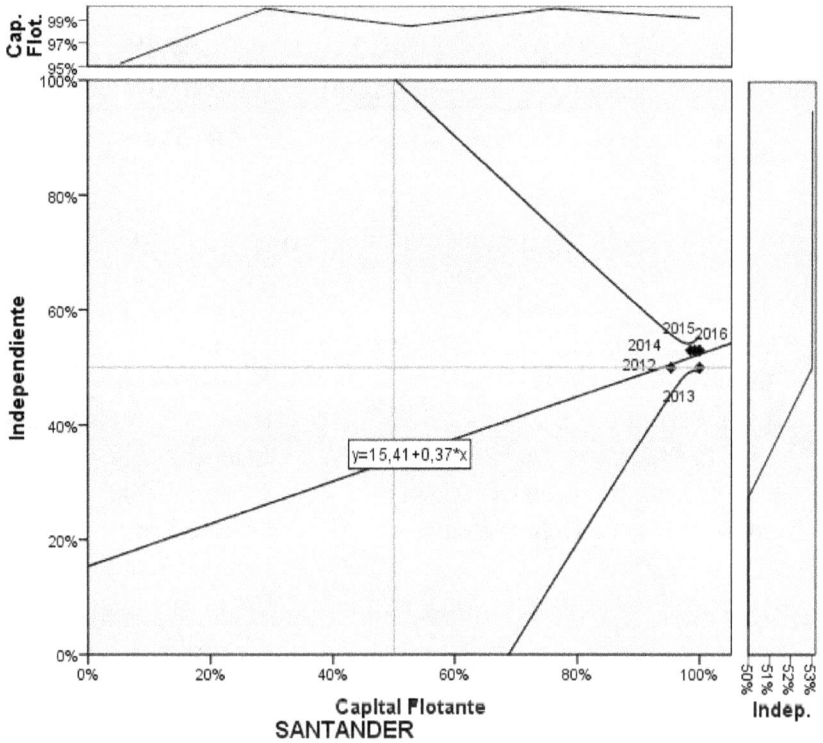

Ilustración 93 Matriz consejo – propiedad Santander
Fuente: Elaboración propia. Datos IAGC. Software SPSS de IBM

Estadísticos univariados

	N	Media	Desviación estándar	Número de extremos[a] Menor	Mayor
CapFlotxCiento	5	98,5780%	1,97826%	1	0
IndepxCiento	5	51,8000%	1,64317%	0	0

a. Número de casos fuera del rango (Q1 - 1,5*IQR, Q3 + 1,5*IQR).

Consejo de Administración a Diciembre de 2016

Consejero	Categoria	Cargo
Ana Botín-Sanz De Sautuola Y O'shea	Ejecutivo	Presidente
Belén Romana García	Independiente	
Bruce Carnegie-Brown	Independiente	Vicepresidente
Carlos Fernández Gonzalez	Independiente	
Esther Giménez-Salinas I Colomer	Independiente	
Guillermo De La Dehesa Romero	Otro Externo	Vicepresidente
Homaira Akbari	Independiente	
Ignacio Benjumea Cabeza De Vaca	Otro Externo	
Isabel Tocino Biscarolasaga	Independiente	
Javier Botín-Sanz De Sautuola Y O'shea	Dominical	
José Antonio Álvarez Álvarez	Ejecutivo	Delegado
Juan Miguel Villar Mir	Independiente	
Matías Rodríguez Inciarte	Ejecutivo	Vicepresidente
Rodrigo Echenique Gordillo	Ejecutivo	Vicepresidente
Sol Daurella Comadrán	Independiente	

- **Consejo sin cambios a julio 2017**

Red de consejeros independientes compartidos IBEX-35

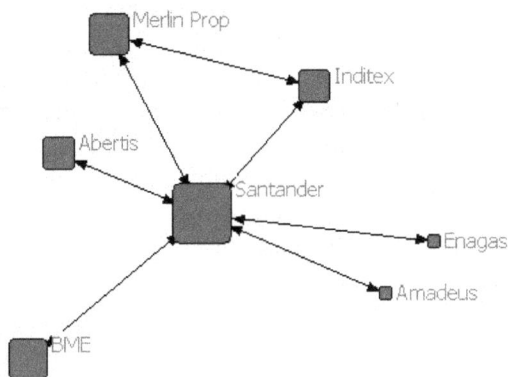

Obsérvese en el grafo que si bien se encuentra muy relacionada con empresas de bajo riesgo y favorables para el minoritario –de Categoría C4 (3 de 6 lazos), se encuentra muy relacionada con empresas altamente riesgosas –las de la Categoría C3 (2 de 6 Abertis y BME) con pérdidas promedio del 30%. Si bien BME salió del IBEX-35 en 2015 sigue teniendo un rol central de intermediario de comunicación.

Riesgo de contagio por lazos directos			
Categoría (i)	Pp(x=1 año; λ)	Cantidad de lazos directos	Probabilidad de contagio por lazos directos
1	0,015	1	0,015
2	0,036	0	0,000
3	0,030	2	0,060
4	0,017	3	0,051
5	0,000		0,000
Total		6	0,126

271

Análisis integral

Cuando Ana Botín asume la presidencia la empresa se produce un cambio a estructura independiente de C3 a C4 de borde. Con un capital flotante de casi el 98 % y una ampliación de capital en curso de 7.072 millones de euros, sumado a la baja autonomía que le dan sus 6 lazos directos del IBEX-35 (Amadeus, Enagas, Merlin, Inditex, Abertis y BME) no constituyen en conjunto buenas señales para el inversor. Existe una alta probabilidad, –superior al 30 %–, que un lazo directo del Santander tenga pérdidas del 30% de un día para el otro en los próximos 5 años.

10.36   Técnicas Reunidas - Ingeniería y otros

Persistente y profundizado C4.

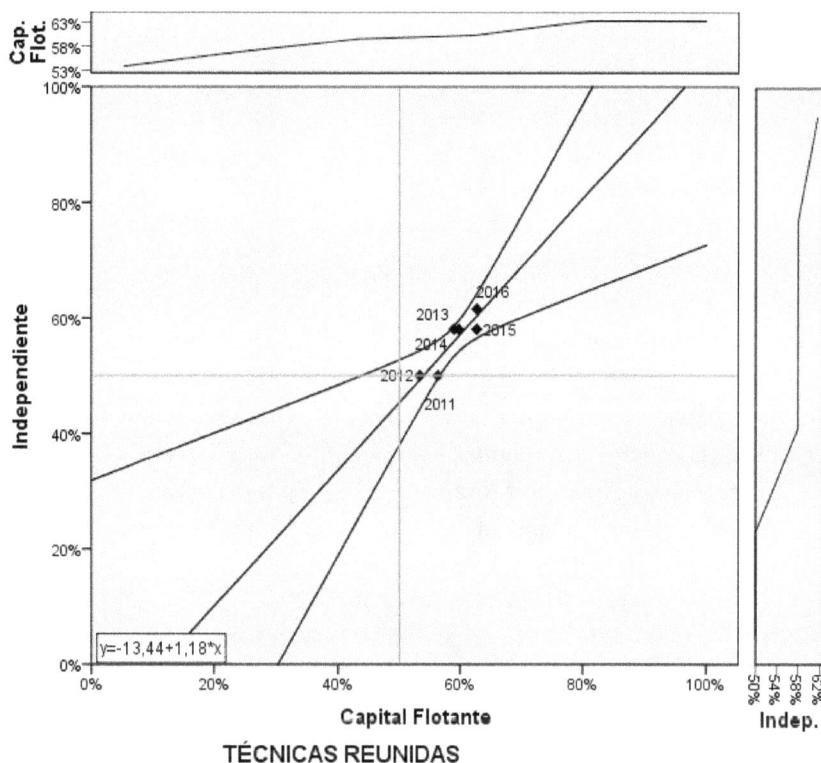

Ilustración 94 Matriz consejo – propiedad Técnicas Reunidas
Fuente: Elaboración propia. Datos IAGC. Software SPSS de IBM

Estadísticos univariados

	N	Media	Desviación estándar	Número de extremos[a] Menor	Mayor
CapFlotxCiento	6	58,9883%	3,68634%	0	0
IndepxCiento	6	55,9233%	4,78866%	0	0

a. Número de casos fuera del rango (Q1 - 1,5*IQR, Q3 + 1,5*IQR).

273

Consejo de Administración a Diciembre de 2016

Consejero	Categoria	Cargo
Adrian René Lajous Vargas	Independiente	
Álvaro García-Agulló Lladó	Dominical	
Diego Del Alcázar Y Silvela	Independiente	Coordinador
Fernando De Asúa Álvarez	Independiente	Vicepresidente
Francisco Javier Gómez-Navarro Navarrete	Independiente	
Javier Alarcó Canosa	Independiente	
José Lladó Fernández-Urrutia	Ejecutivo	Presidente
José Manuel Lladó Arburúa	Dominical	
Juan Lladó Arburúa	Ejecutivo	Vicepresidente
Juan Miguel Antoñanzas Pérez-Egea	Independiente	Vicepresidente
Pedro Luis Uriarte Santamarina	Independiente	
Petra Mateos-Aparicio Morales	Independiente	
William Blaine Richardson	Otro Externo	

- **Consejo sin cambios a julio 2017**

Riesgo de contagio por lazo directo de RED IBEX-35

Nulo, isla (sin consejeros independientes compartidos).

Análisis

La posición C4 en la matriz junto a la mayor autonomía del IBEX-35 que le da el hecho de no tener ningún lazo externo con la red, la ubican en C5. Sin movimientos atípicos ni cambios en lo que va del año, habla a las claras de la conveniencia para el accionista minoritario de esta empresa.

10.37   Telefónica - Tecnología y telecomunicaciones

Leve cambio a estructura independiente de C3 a C4, pero se mantiene en C3.

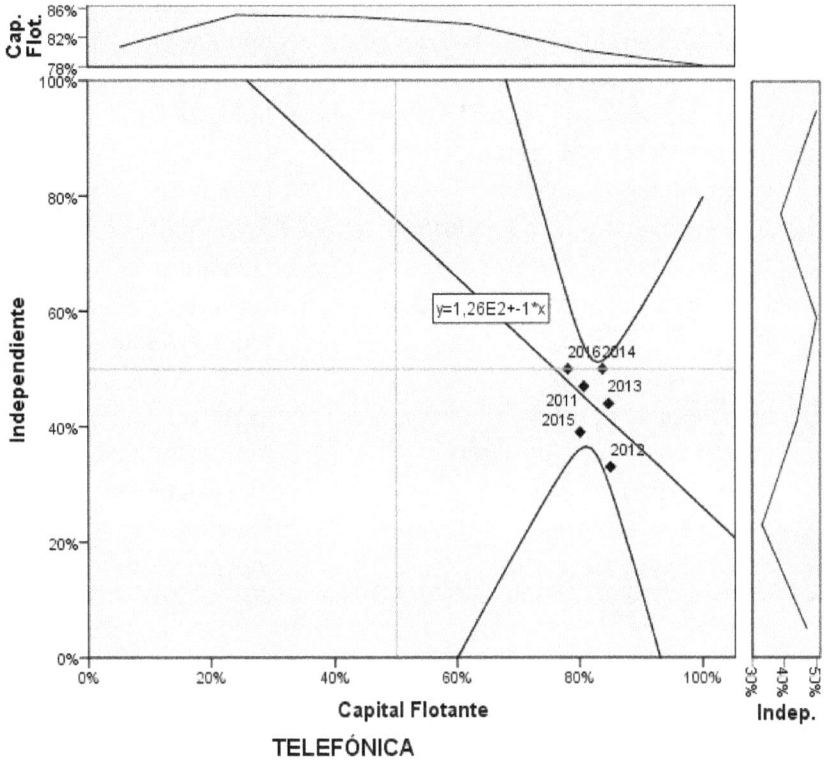

Ilustración 95 Matriz consejo – propiedad Telefónica
Fuente: Elaboración propia. Datos IAGC. Software SPSS de IBM

Estadísticos univariados

	N	Media	Desviación estándar	Número de extremos[a] Menor	Mayor
CapFlotxCiento	6	82,0817%	2,85178%	0	0
IndepxCiento	6	43,8333%	6,73548%	0	0

275

Consejo de Administración a Diciembre de 2016

Consejero	Categoria	Cargo
Antonio Massanell Lavilla	Dominical	
César Alierta Izuel	Otro Externo	
Eva Castillo Sanz	Otro Externo	
Francisco Javier De Paz Mancho	Independiente	
Gonzalo Hinojosa Fernández De Angulo	Independiente	
Ignacio Moreno Martínez	Dominical	
Isidro Fainé Casas	Dominical	Vicepresidente
José Javier Echenique Landiríbar	Independiente	
José María Abril Pérez	Dominical	Vicepresidente
José María Álvarez-Pallete López	Ejecutivo	Presidente
Juan Ignacio Cirac Sasturain	Independiente	
Julio Linares López	Otro Externo	Vicepresidente
Luis Fernando Furlán	Independiente	
Pablo Isla Álvarez De Tejera	Independiente	
Peter Erskine	Independiente	
Peter Löscher	Independiente	
Sabina Fluxá Thienemann	Independiente	
Wang Xiaochu	Dominical	

- **Consejo sin cambios a julio 2017**

Red de consejeros independientes compartidos IBEX-35

Obsérvese en el grafo que se encuentra relacionada directamente con C2 – Empresas con la más alta probabilidad de salir (Bankia), 3 lazos con empresas de C3 (Caizabank, Ferrovial Sabadell). De todos los lazos solo 2 son de C1 y C4 (menos riesgosas) y por el contrario, se encuentra muy relacionada con empresas con alta probabilidad de salir del IBEX.

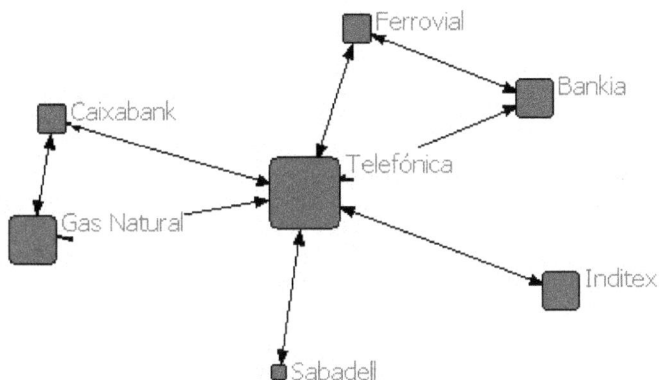

Riesgo de contagio por lazos directos			
Categoría (i)	Pp(x=1 año; λ)	Cantidad de lazos directos	Probabilidad de contagio por lazos directos
1	0,015	1	0,015
2	0,036	1	0,036
3	0,030	3	0,090
4	0,017	1	0,017
5	0,000		0,000
Total		6	0,158

Análisis integral

La posición C3 deja a los accionistas minoritarios sin la suficiente representación. Con una leve mejora durante 2016 pero sigue siendo una empresa C3. Con muy poca autonomía del IBEX-35 debido a sus 6 lazos directos (Bankia, Ferrovial, Sabadell, Caizabank, Gas Natural e Inditex), y sin movimientos atípicos ni cambios en lo que va del año, no presenta señales por los que va del año. La clave es la rentabilidad que justifique su decisión.

10.38   Viscofan - Alimentos

Cambio a estructura dependiente de C4 a C3.

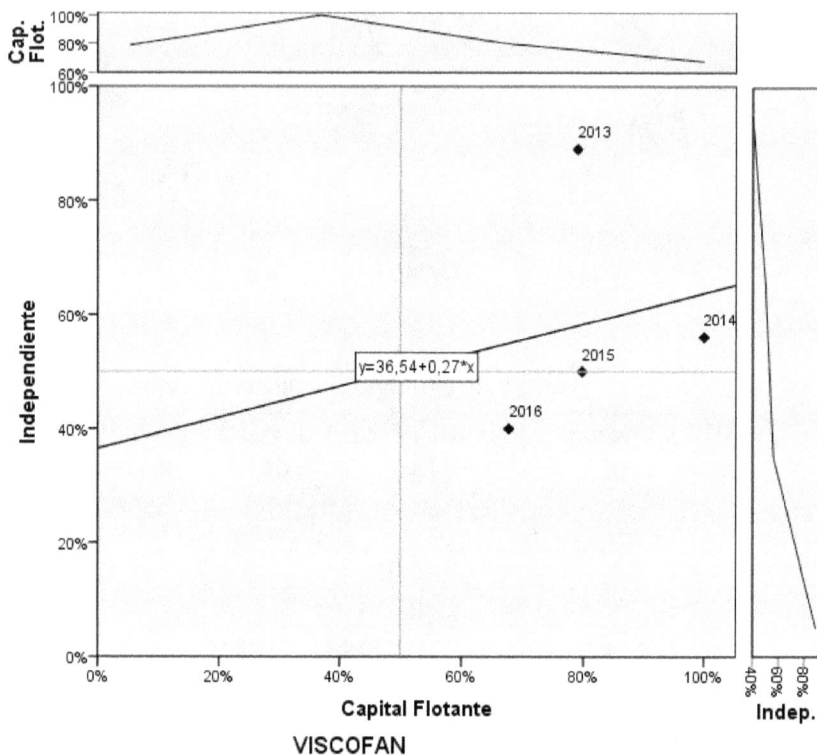

Ilustración 96 Matriz consejo – propiedad Viscofan
Fuente: Elaboración propia. Datos IAGC. Software SPSS de IBM

Estadísticos univariados

	N	Media	Desviación estándar	Número de extremos[a]	
				Menor	Mayor
CapFlotxCiento	4	81,6125%	13,43467%	0	0
IndepxCiento	4	58,7500%	21,21910%	0	0

a. Número de casos fuera del rango (Q1 - 1,5*IQR, Q3 + 1,5*IQR).

Consejo de Administración a Diciembre de 2016

Consejero	Categoria	Cargo
Agatha Echevarría Canales	Otro Externo	Vicepresidente
Alejandro Legarda Zaragüeta	Independiente	
Ignacio Marco Gardoqui Ibáñez	Independiente	
Jaime Real De Asúa Y Arteche	Independiente	
Jose Antonio Canales García	Ejecutivo	
José Domingo De Ampuero Y Osma	Ejecutivo	Presidente
José María Aldecoa Sagastasoloa	Independiente	
Juan March De La Lastra	Dominical	
Nestor Basterra Larroudé	Otro Externo	Vicepresidente
Santiago Domeneq Bohórquez	Dominical	

- **Consejo sin cambios a julio 2017**

279

Red de consejeros independientes compartidos IBEX-35

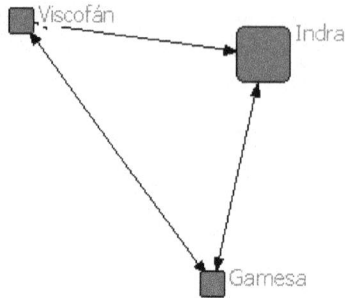

Riesgo de contagio por lazos directos			
Categoría (i)	Pp(x=1 año; λ)	Cantidad de lazos directos	Probabilidad de contagio por lazos directos
1	0,015	0	0,000
2	0,036	0	0,000
3	0,030	0	0,000
4	0,017	2	0,034
5	0,000		0,000
Total		2	0,034

Análisis integral

Con una elevada variabilidad en la estructura de su consejo, reflejado en el cambio a estructura dependiente de C4 a C3. Mantiene una buena autonomía con 2 únicos lazos directos con el IBEX-35 (Gamesa e Indra). A pesar de no haber movimientos atípicos ni cambios cualitativos en lo que va del año, se enciende una luz amarilla para los accionistas minoritarios debido a su posición en C3 que debe ser compensada con una mayor rentabilidad exigida.

280

10.39 Análisis total de movimientos en el IBEX-35

Tabla de frecuencia

Movimiento	CATEGORÍA					
	C1	C2	C3	C4	C5	Total
Positivo	1	0	1	0	5	7
Neutro	7	2	5	2	0	16
Negativo	0	1	7	2	4	14
Total	8	3	13	4	9	37

Tabla de probabilidades condicionales

Movimiento	CATEGORÍA					
	P(C1)	P(C2)	P(C3)	P(C4)	P(C5)	P(Total)
Positivo	0,03	0,00	0,03	0,00	0,14	0,19
Neutro	0,19	0,05	0,14	0,05	0,00	0,43
Negativo	0,00	0,03	0,19	0,05	0,11	0,38
Total	0,22	0,08	0,35	0,11	0,24	1,00

Obsérvese que se registraron movimientos positivos en 7 de las 37 empresas analizadas, lo que significa que solo el 19 % de ellas tuvieron dicho comportamiento, localizándose en C5 el 14 % de los casos con 5 de 7.

Capítulo 11

PER explicado por ÉTICA APLICADA

Price Earning Ratio (PER)

El Price Earning Ratio es el valor de la Compañía en el Mercado dividida por su beneficio neto (este último libre de resultados extraordinarios).

También se lo conoce como "PER" que es la relación entre el Precio de Mercado de una acción y el Beneficio por acción (BPA).

El PER promedio de las 500 compañías que conforman el s&p 500 durante los últimos 10 años ha sido de 19, en España el PER promedio del año 2016 – 2017 ha sido cercano a 16 (Invesgrama,

2017). El PER sirve para medir el tiempo de recupero de la inversión actual a su valor de bolsa, suponiendo que los valores se mantienen constantes.

Algunos autores aconsejan no invertir en empresas cuyo Price Earning supere los 20. Pero el mercado de todos modos decide pagar ese mayor valor dada las expectativas del mismo. El Price Earning en Japón es en promedio de 33, llegando a 61 en 2001 lo que indicaba a las claras su elevado valor ya que no llegaban a producir un beneficio aceptable, pero manteniendo una altísima expectativa. Durante el crack global de 2007 – 2008 el PER bajo a 28, lo que seguía siendo muy alto (Salas, 2009, pág. 28), en España el PER promedio en el mismo período fue de 5.

Si el mercado cotiza un PER elevado puede significar que las expectativas del valor de que se trata son muy favorables y están basadas en los beneficios futuros o también que la acción esté sobre valorada y su cotización en este caso tendrá dificultades para subir. Por el contrario un PER bajo puede indicar que la acción esté subvalorada y puede tener un cierto recorrido alcista. En cualquier caso el análisis del PER no puede aislarse del correspondiente al sector o mercado en que cotiza la acción y de las expectativas de desarrollo y beneficios de los mismos, es por tanto un indicador relativo que debe ser objeto de comparación con los valores del mismo sector o con la media del sector o mercado.

Se calcula:

$$PER = \frac{\text{Cotización de la Acción}}{\text{Beneficio Por Acción (BPA)}}$$

En este capítulo se realizará un análisis conjunto de las variables que tienen un fuerte componente de ética aplicada hacia los intereses del minoritario, como: BPA, CATEGORÍA, MOVIMIENTOS, LÍMITE DERECHO DE ASISTENCIA A JUNTA y GRADOS DE ENLACE DIRECTOS ENTRE CONSEJOS POR CONSEJEROS INDEPENDIENTES.

11.1   PER y BPA

Es bueno recordar que el BPA es el ratio o cociente entre el beneficio de la empresa y el número promedio de acciones en circulación del ejercicio. En general el BPA poco dice en sí mismo tomado en forma aislada, pero eso cambia cuando lo analizamos en forma de serie cronológica y lo relacionamos con otras variables. En la simpleza del BPA, es donde podemos encontrar su belleza reveladora. Veamos por ejemplo que sucedió en la bolsa de España entre 2013 y 2017 1er semestre. Lo revelador del BPA está en el hecho que meses, o incluso años antes de la salida de una empresa del selectivo español –lo que representa pérdidas increíbles para miles de accionistas minoritarios, el BPA mostró siempre una tendencia decreciente o incluso tomó valores negativos. Veamos el caso de la empresa Abengoa, líder mundial en energía renovable. Así publicaba el prestigioso periódico El Mundo la noticia de la salida del IBEX-35 en noviembre de 2015, casi seis meses después de una ampliación de capital en 650 millones de euros:

"La líder internacional de energía solar Abengoa empezó su triste insolación final el pasado 31 de julio, cuando anunció que su previsión de cash flow se recortaba a la mitad y que necesitaba ampliar capital en 650 millones"[15].

Para el accionista minoritario de las grandes empresas cotizadas, comprar o vender sus acciones resulta ser la única manera concreta de hacer valer su opinión, pero esa práctica puede resultar muy costosa, cuando las malas noticias son de dominio público y la venta compulsiva y tardía de acciones resulta ser la opción de la inmensa mayoría.

Para entender el por qué es importante el BPA para explicar la ética del directivo, hay que asociarlo al PER (Price Earning Ratio o cociente entre el valor de la acción en el mercado y el BPA). El PER representa el número de veces que el valor del BPA es

---

15

http://www.elmundo.es/economia/2015/11/29/56589da2e2704e49128b457a.html

necesario para igualar el valor de mercado de la acción, lo cual puede interpretarse en años. Así, para un mismo valor de mercado de la acción, si baja el BPA, el PER será mayor y viceversa, si aumenta el BPA el PER será menor. Un PER atípicamente alto puede señalar BPA muy bajo, o que los accionistas minoritarios tienen sobrevaloradas esperanzas en la dirección o en ese mercado. Por el contrario, un PER atípicamente bajo, en general indica que algo negativo está ocurriendo en la empresa o mercado con alto impacto en la cotización a la baja.

En la siguiente Tabla pueden apreciarse ambos ratios (BPA y PER) para las empresas que salieron del IBEX-35 desde 2013 a 2017 1er semestre. En negrita se destaca el año de salida y la pérdida producida a los accionistas. Puede comprobarse que en general el PER toma valores atípicamente elevados en concordancia con BPA mínimos, para luego desplomarse a cero cuando el BPA toma valores negativos.

EMPRESA	RATIO	2013	2014	2015	2016	2017
ABENGOA[16]	BPA(en €)	0,16	0,15	**-0,14**	-0,43	-0,05
	PER (veces)	15,13	14,23	**0**	**0**	**0**
	PERDIDA (%)			**63,24**		
BANKIA[17]	BPA(en €)	**0,04**	0,28	0,36	0,28	0,29
	PER (veces)	**27,77**	17,69	11,93	13,87	13,89
	PERDIDA (%)	40,15				
OHL[18]	BPA(en €)	1,62	0,84	0,19	**0,15**	0,29
	PER (veces)	10,86	13,16	28,15	**21,97**	16,45

---

[16] http://www.eleconomista.es/empresa/ABENGOA/recomendaciones-consenso

[17] http://www.eleconomista.es/empresa/BANKIA/recomendaciones-consenso

[18] http://www.eleconomista.es/empresa/OHL/recomendaciones-consenso

	PERDIDA (%)				**21,59**	
SACYR[19]	BPA(en €)	0,28	0,06	-0,01	**0,23**	0,34
	PER (veces)	13,27	42,41	0	**9,20**	6,32
	PERDIDA (%)				**15,72**	
POPULAR[20]	BPA(en €)	0,15	0,13	0,04	-1,09	**0,00**
	PER (veces)	26,87	27,73	62,48	0	**0**
	PERDIDA (%)					**48,02**

Tabla BPA, PER y PERDIDAS por Salidas del IBEX-35.
Fuente: Elaboración propia. Datos: El Economista

Emitir acciones en un mundo volátil puede ser poco ético

Las decisiones de inversión son en general a largo plazo, lo cual encierra un riesgo adicional en un mundo altamente volátil. Financiarse con fondos propios a través de emisión de acciones es un recurso de bajo costo para la empresa, pero no siempre óptima para el accionista minoritario. Cuando una empresa necesita financiarse y sus directivos optan por la emisión de acciones, muy probablemente, el BPA disminuirá de manera casi proporcional al porcentaje de la ampliación del capital. El directivo sabe a priori que se necesitará de un lapso prolongado de tiempo para volver a ver subir el BPA. Pero, si la mayor oferta de acciones no encuentra suficientes interesados en absorber esa ampliación, se producirá el efecto dilución en su valor de mercado. Así, con el único respaldo de la promesa del uso que hará el directivo de ese dinero, emitir acciones puede ser una manera de bajo costo de financiar malas decisiones. El efecto dilución no es fácil de estimar con antelación,

---

[19] http://www.eleconomista.es/empresa/SACYR/recomendaciones-consenso
[20] http://www.eleconomista.es/empresa/POPULAR/recomendaciones-consenso

a diferencia del BPA que sí lo es. Con dilución la baja en la cotización de la acción –numerador, se compensa en parte con la baja del BPA –denominador, y así el PER en vez de subir desciende, alentando a otros accionistas a comprar acciones ahora devaluadas. Peligrosa paradoja que refuerza decisiones de ética dudosa.

Veamos que sucedió con el BPA, el PER y el valor de las acciones del Banco Santander, luego de su ampliación de capital del 10 % el 8 de enero de 2015. El País de España lo anunciaba en primera plana así:

"El Santander amplía capital en 7.500 millones con un 10% de descuento
La entidad coloca las acciones con un descuento del 9,9% sobre el precio que tenían los títulos antes de la suspensión"[21]

En la siguiente Tabla se aprecia como el BPA cae en 2015 un 4.35 % respecto a 2014, mientras que por efecto de la dilución el PER cae un 31,74 %.

EMPRESA	RATIO	2013	2014	2015	2016
SANTANDER	BPA(en €)	0,40	0,46	0,44	0,43
	Var. BPA (%)		15,00%	-4,35%	-2,27%
	PER (veces)	16,26	14,84	10,13	11,27
	Var. PER (%)		-8,73%	-31,74%	11,25%

Tabla BPA, PER y Variaciones.
Fuente: Elaboración propia. Datos: El Economista.

---

[21]
https://elpais.com/economia/2015/01/08/actualidad/1420722080_380091.html

Obsérvese como se desploma el valor de las acciones del banco a lo largo del año 2015 por efecto de la dilución.

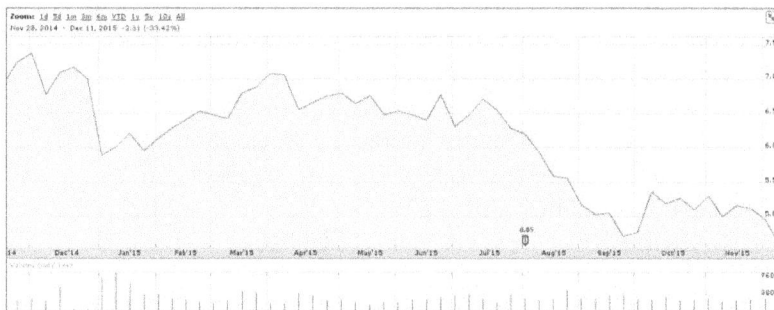

Ilustración 97 Cotización Santander año 2015
Fuente Google Finance

Para el accionista minoritario ver disminuir el BPA y aún así conservar las acciones no tendría mucho sentido, a no ser que: tenga depositada mucha esperanza en la gestión que los directivos harán de su dinero, en general una promesa; no se le comunicó con suficiente antelación que esa decisión se iba a tomar; no tiene suficiente información sobre la capacidad limitada del mercado de absorber una mayor oferta de acciones. Pero, independientemente de las razones por las que un inversor se queda con las acciones de la empresa cuyo BPA baja, debería considerar que: El BPA junto a otras variables, es una marca cronológica de las prácticas implementadas por la dirección de la empresa.

11.2   PER explicado por CATEGORIA

Se comenzará por realizar un AID explicando PER con Categoría (matriz consejo – propiedad) a los efectos de encontrar como se relaciona el valor medio de PER con las categorías, y cuanto de su variación se puede explicar con ésta.

ANALISIS A.I.D (Automatic Interaction Detection)
==
VARIABLE A EXPLICAR: PER
VARIABLE EXPLICATIVA 1: CATEGORIA
TAMAÑO MINIMO DE LOS SEGMENTOS: 2
CONTRIBUCIÓN   MINIMA   DE   LA   PARTICION   A   LA EXPLICACIÓN DE LA VARIANZA: 1,0%
PROPORCIÓN TOTAL VARIANZA EXPLICADA: $R2 = 0,1802$

PERFIL DE LOS SEGMENTOS
=========================
GRUPO 1: Tamaño: 37; Media: 18,9897;   Desv.   Est.:   8,5876 (Total muestra)

GRUPO 2: Tamaño: 25; Media: 21,2064;   Desv. Est.: 73,4194
- CATEGORIA: C1, C3 y C4

GRUPO 3: Tamaño: 12; Media: 14,3717;   Desv. Est.: 42,8643
- CATEGORIA: C5 y C2

GRUPO 4: Tamaño: 9; Media: 16,1422;   Desv. Est.: 30,1132
- CATEGORIA: C5

GRUPO 5: Tamaño: 3; Media: 9,0600;   Desv. Est.: 43,4994
- CATEGORIA: C2

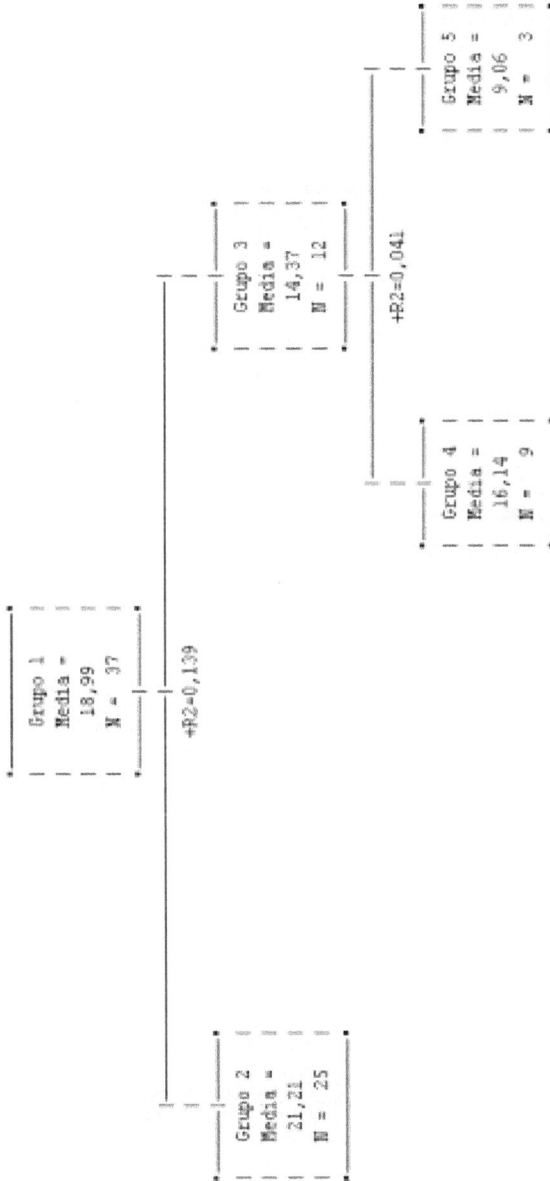

Ilustración 98 AID PER medio segmentado por CATEGORÍA (matriz consejo – propiedad)
Fuente: elaboración propia, software Dyane 2.0 Santesmases Mestre

Interpretación

Con una explicación del 0,1802 del PER, las categorías C1, C3 y C4 tuvieron el PER más alto con una media de 21. La categoría C2 tuvo el PER más bajo con un valor medio de 9, mientras que las empresas de C5 (independientes y autónomas) tuvieron un PER de 16.

11.3   PER explicado por MOVIMIENTOS

Se realizará un AID explicando PER con los Movimientos efectuados en la matriz consejo – propiedad durante el período 2015 – 2016, a los efectos de encontrar como se relacionan con el valor medio de PER y verificar si existe una segmentación o no.

Empresa	Categoría	Movimiento	PER 2016
Técnicas	5	Positivo	12,67
Enagas	5	Positivo	13,71
Dia	5	Positivo	14,22
Iberdrola	5	Positivo	15,87
Ebro Foods	1	Positivo	18,32
Grifols	5	Positivo	25,72
Acerinox	3	Positivo	38,03
Repsol	3	Neutro	10,81
Acciona	2	Neutro	11,67
Mapfre	1	Neutro	12,74
Gas Natural	1	Neutro	14,48
Endesa	1	Neutro	14,93
Bankia	2	Neutro	15,51
Gamesa	4	Neutro	15,58
Abertis	3	Neutro	20,74
Aena	1	Neutro	21,04
OHL	1	Neutro	22,6
Telefónica	3	Neutro	22,91

Caixabank	3	Neutro	24,69
Merlin Prop	4	Neutro	29,56
Inditex	1	Neutro	33,17
Ferrovial	3	Neutro	35,95
FCC	1	Neutro	40,12
Abengoa	2	Negativo	0
IAG	5	Negativo	7,35
Sacyr	3	Negativo	9,69
ACS	3	Negativo	13,39
Santander	4	Negativo	13,4
Sabadell	3	Negativo	14,5
RE	5	Negativo	15,29
BBVA	5	Negativo	15,42
BME	3	Negativo	15,78
Bankinter	4	Negativo	17,49
Viscofan	3	Negativo	18,76
Mediaset	3	Negativo	20,6
Amadeus	5	Negativo	25,3
Indra	3	Negativo	30,88

ANALISIS A.I.D (Automatic Interaction Detection)

==

VARIABLE A EXPLICAR: PER
VARIABLE EXPLICATIVA 1 : MOVI - Movimientos
TAMAÑO MINIMO DE LOS SEGMENTOS: 2
CONTRIBUCIÓN MINIMA DE LA PARTICION A LA
EXPLICACIÓN DE LA VARIANZA: 1,0%
PROPORCIÓN TOTAL VARIANZA EXPLICADA: R2 = 0,0981

PERFIL DE LOS SEGMENTOS

=============================

GRUPO 1   : Tamaño: 37; Media: 18,9897; Desv. estándar: 8,5876
        Total muestra
GRUPO 2   : Tamaño: 23; Media: 21,0887; Desv. estándar:
        75,7590 - MOVI   : neutro y positivo

293

GRUPO 3   : Tamaño: 14; Media: 15,5414; Desv. estándar:
         51,3113 - MOVI   : negativo

Interpretación

La Detección Automática de Iteraciones (AID) confirma la relación existente entre el movimiento positivo y neutro en la matriz consejo – propiedad y el PER. Así podemos observar que para aquellos movimientos positivos y neutros el PER medio es de 21,09, mientras que para los movimientos negativos el PER cae a 15,54 de media.

Además los movimientos en la matriz dan una explicación de casi el 10 % del PER, esto significa que ciertos inversores muy informados los valoran. Así las empresas con movimientos positivos o neutros tienen un PER de 21 (GRUPO 2), mientras que las empresas con movimientos negativos su PER medio es de 15 (GRUPO 3).

```
                                              Grupo 3
                                              Media =
                                               15,54
                                              N =  14
```

```
              Grupo 1
              Media =
               18,99
              N =  37
```

+R2=0,098

```
    Grupo 2
    Media =
     21,09
    N =  23
```

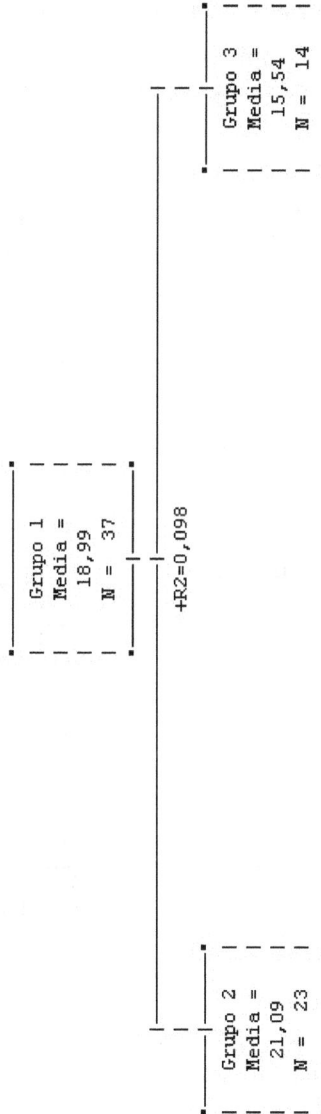

Ilustración 99 AID PER medio segmentado por Movimiento en matriz consejo – propiedad
Fuente: elaboración propia, software Dyane 2.0 Santesmases Mestre

11.4   PER explicado con MOVIM, LIMITE y GRADOS

Se realizará un AID explicando PER con Movimientos, Límite derecho de Asistencia a Junta y grados de consejeros compartidos, a los efectos de encontrar como se relacionan con el valor medio de PER y verificar si existe una segmentación o no.

Movimientos en matriz consejo - propiedad			
Categoría	Positivo	Neutro	Negativo	Total
C1	1	7	0	8
C2	0	2	1	3
C3	1	5	7	13
C4	0	2	2	4
C5	5	0	4	9
Total	7	16	14	37

Escala[22] categórica	Limite derecho Asistencia a Junta	Categoría	Media
1	Alta	C3	429,17
2	Media alta	C2	291,67
3	Media media	C4	220,00
4	Media baja	C1	122,33
5	Baja	C5	94,44

Escala	Centralidad de Grado	Categoría	Media
1	Alta	C4	3,80
2	Media alta	C3	3,08
3	Media media	C1	2,33
4	Media baja	C2	1,67
5	Baja	C5	,67

---

[22] Las escalas van de 1 (Alta) a 5 (Baja).

ANALISIS A.I.D (Automatic Interaction Detection)

=======================================

VARIABLE A EXPLICAR: PER
VARIABLE EXPLICATIVA 1: (MOVI) Movimiento en matriz
VARIABLE EXPLICATIVA 2: (LDERAJU) Lím. Der. Asist. Junt.
VARIABLE EXPLICATIVA 3: (GRADOS) consejero compartido
TAMAÑO MINIMO DE LOS SEGMENTOS: 2
CONTRIBUCIÓN MINIMA DE LA PARTICION A LA EXPLICACIÓN DE LA VARIANZA: 1,0%
PROPORCIÓN TOTAL VARIANZA EXPLICADA: $R^2 = 0,4011$

PERFIL DE LOS SEGMENTOS

========================

GRUPO 1: Tamaño: 37; Media: 18,9897; Desv. Est.: 8,5876
      Total muestra

GRUPO 2: Tamaño: 25; Media: 21,2064; Desv. Est.: 73,4194
- GRADOS: Media media, Media alta y Alta

GRUPO 3: Tamaño: 12; Media: 14,3717; Desv. Est.: 42,8643
- GRADOS: Baja y Media baja

GRUPO 4: Tamaño: 3; Media: 30,1667; Desv. Est.: 38,2864
- GRADOS: Media media, Media alta y Alta
- LDERAJUX: 3 y 2

GRUPO 5: Tamaño: 22; Media: 19,9845; Desv. Est.: 65,7692
- GRADOS: Media media, Media alta y Alta
- LDERAJUX: 5, 4 y 1

GRUPO 6: Tamaño: 9; Media: 16,1422; Desv. Est.: 30,1132
- GRADOS: Baja

GRUPO 7: Tamaño: 3; Media: 9,0600; Desv. Est.: 43,4994
- GRADOS: Media baja
GRUPO 8: Tamaño: 12; Media: 22,2375; Desv. Est.: 84,6541
- GRADOS: Media media, Media alta y Alta
- LDERAJUX: 5, 4 y 1

- MOVI: neutro

GRUPO 9: Tamaño: 10; Media: 17,2810; Desv. Est.: 29,7071
- GRADOS: Media media, Media alta y Alta
- LDERAJUX: 5, 4 y 1
- MOVI: positivo y negativo

GRUPO 10: Tamaño: 2; Media: 20,2250; Desv. Est.: 23,0880
- GRADOS: Baja
- LDERAJUX: 3 y 2

GRUPO 11: Tamaño: 7; Media: 14,9757; Desv. Est.: 25,9970
- GRADOS: Baja
- LDERAJUX: 5

GRUPO 12: Tamaño: 9; Media: 23,1867; Desv. Est.: 101,0313
- GRADOS: Media media, Media alta y Alta
- LDERAJUX: 5, 4 y 1
- MOVI   : neutro
- LDERAJUX: 4 y 5

GRUPO 13: Tamaño: 3; Media: 19,3900; Desv. Est.: 24,7117
- GRADOS: Media media, Media alta y Alta
- LDERAJUX: 5, 4 y 1
- MOVI: neutro
- LDERAJUX: 1

GRUPO 14: Tamaño: 8; Media: 18,7163; Desv. Est.: 25,9786
- GRADOS: Media media, Media alta y Alta
- LDERAJUX: 5, 4 y 1
- MOVI: positivo y negativo
- LDERAJUX: 5 y 1

GRUPO 15: Tamaño: 2; Media: 11,5400; Desv. Est.: 3,4225
- GRADOS: Media media, Media alta y Alta
- LDERAJUX: 5, 4 y 1
- MOVI: positivo y negativo
- LDERAJUX: 4

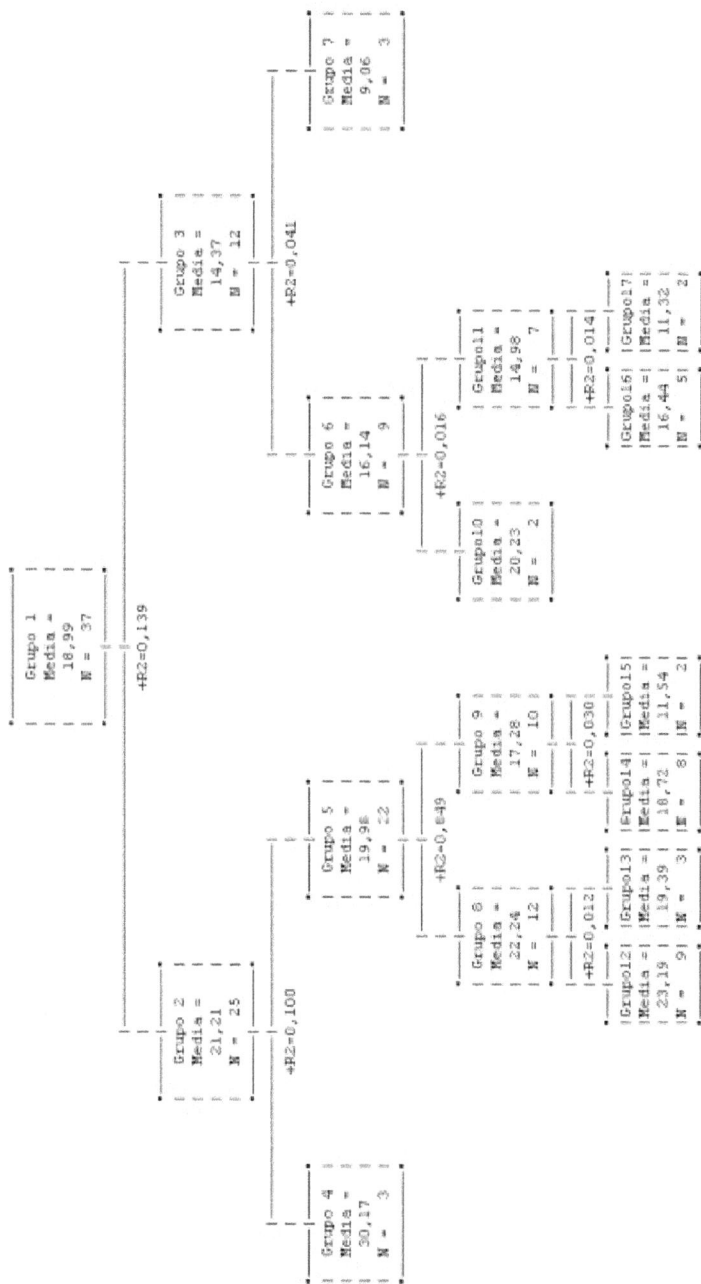

Ilustración 100 AID PER medio segmentado por MOVI, LIDERAJU, GRADOS
Fuente: elaboración propia, software Dyane 2.0 Santesmases Mestre

GRUPO 16: Tamaño: 5; Media: 16,4380; Desv. Est.: 22,6075
- GRADOS: Baja
- LDERAJUX: 5
- MOVI: positivo

GRUPO 17: Tamaño: 2; Media: 11,3200; Desv. Est.: 15,7609
- GRADOS: Baja
- LDERAJUX: 5
- MOVI: negativo

Interpretación

Las variables "GRADOS", "LDERAJU" Y "MOVI" explican el 0,4011 del PER. El PER medio total para las 37 empresas analizadas es de 19.

La primer partición se encuentra para la variable "GRADOS", donde las empresas con relaciones ALTAS, MEDIAS ALTAS y MEDIAS MEDIAS tienen un PER mayor con una media de 21 (GRUPO 2). Mientras que las empresas con relaciones MEDIAS BAJAS y BAJAS tienen un PER menor con una media de 14 (GRUPO 3).

El mayor PER medio 30 (GRUPO 4), se encuentra en las empresas de las categorías C2 y C4 con relaciones ALTAS, MEDIAS ALTAS y MEDIAS MEDIAS y LIMITE DE DERECHO A ASISTENCIA A JUNTA MEDIA ALTA y MEDIA MEDIA.

Las empresas de C5, con relaciones BAJA, con BAJO LIMITE DE ASISTENCIA A JUNTA y movimientos POSITIVOS tienen un PER de 16 (GRUPO 16).

Las empresas de C5, con relaciones BAJA, con BAJO LIMITE DE ASISTENCIA A JUNTA y movimientos NEGATIVOS tienen un PER de 11 (GRUPO 17).

ANÁLISIS DE CLASIFICACIÓN MÚLTIPLE

====================================

VARIABLE CRITERIO: PER   -
MEDIA: 18,9897
DESVIACIÓN ESTÁNDAR: 8,7060
NÚMERO DE CASOS: 37

SUMA DE CUADRADOS TOTAL: 2728,6159
SUMA DE CUADRADOS EXPLICADA: 1077,1827
PROPORCIÓN DE VARIANZA EXPLICADA: 0,3948

VARIABLE EXPLICATIVA 1: MOVI   - MOVIMIENTO

CLASES	Nº DE CASOS	%	MEDIA	DESV. ESTÁND.	DESV. G. MEDIA	COEFI- CIENTE
1. positivo	7	18,92	19,7914	9,1658	0,8017	1,7959
2. neutro	16	43,24	21,6563	9,0238	2,6665	2,2531
3. negativo	14	37,84	15,5414	7,4336	-3,4483	-3,4729

ETA CUADRADO: 0,1044   BETA CUADRADO: 0,0999

VARIABLE EXPLICATIVA 2: LDERAJU-

CLASES	Nº DE CASOS	%	MEDIA	DESV. ESTÁND.	DESV. G. MEDIA	COEFI- CIENTE
1. Alta	6	16,22	18,1533	4,3099	-0,8364	-3,4829
2. Media alta	3	8,11	20,1633	8,1379	1,1736	6,7297
3. Media media	4	10,81	21,4925	15,8108	2,5028	5,4618
4. Media baja	4	10,81	18,3775	11,8930	-0,6122	-3,8052
5. Baja	20	54,05	18,6865	8,2471	-0,3032	-0,2959

ETA CUADRADO: 0,0135   BETA CUADRADO: 0,1421

VARIABLE EXPLICATIVA 3: GRADOS   -

CLASES	Nº DE CASOS	%	MEDIA	DESV. ESTÁND.	DESV. G. MEDIA	COEFI- CIENTE
1. Alta	4	10,81	19,0075	7,2307	0,0178	-0,0361
2. Media alta	13	35,14	21,2869	9,0909	2,2972	4,3630

301

3. Media media	8 21,62	22,1750	9,7098	3,1853	2,1223
4. Media baja	3 8,11	9,0600	8,0777	-9,9297	-14,2394
5. Baja	9 24,32	16,1422	5,8204	-2,8475	-3,4262

ETA CUADRADO: 0,19   BETA CUADRADO: 0,3655

Interpretación

Como puede comprobarse, la suma de cuadrados total (2778,6159), la suma de cuadrados explicada (1077,1827) y la proporción de varianza explicada (0,3948) en el ACM es muy similar a la proporción total varianza explicada: con el AID (R2 = 0,4011) o sea del 40 por ciento.

Los resultados del ACM muestran también el estadístico ETA CUADRADO, que mide la proporción de varianza explicada por todas las categorías de las variables independientes (MOVI – movimientos en la matriz, LDERAJU –límite al derecho de asistencia a Junta y GRADOS –lazos directos de consejeros independientes con consejos del IBEX), así como la BETA CUADRADO que mide la relación parcial entre una variable explicativa y la variable dependiente manteniendo constantes las demás.

De acuerdo con los resultados obtenidos, la explicación total de la varianza aumenta de 0,0981 a 0,3948 al añadir las nuevas variables explicativas LDERAJU y GRADOS a MOVI. Siendo GRADOS la que tiene un mayor poder explicativo del PER con un 36,55 por ciento (0,3655). Con una forma de U invertida, lo que confirma su no linealidad, los valores de que más contribuyen a subir el PER se encuentran entre las MEDIAS ALTAS (C3) y MEDIAS MEDIAS (C1) de centralidad de GRADO. Lo que significa que una empresa de C3 muy central tendrá un PER más alto que una empresa de C3 poco central. Este comportamiento se observa también en las empresas de la categoría C1 pero en menor proporción. Donde se observa un comportamiento opuesto en las empresas de C2, la centralidad de grado afecta de manera inversamente proporcional al PER, esto es: a mayor cantidad de lazos directos de sus consejeros independientes menor PER. El mismo comportamiento se observa en las empresas de C5, pero con un coeficiente mucho menor.

En cuanto a la otra variable explicativa que sigue en importancia el análisis de clasificaciones múltiple ACM a detectado el "Límite al Derecho de Asistencia a Junta" (LDERAU) con un 0,1421 de explicación del PER o 14,21 por ciento. Con una forma de U invertida, la clase MEDIA ALTA es la que más aporta al PER para la categoría C2, esto está confirmando la importancia de la presencia de los accionistas en las asambleas, especialmente en esta categoría donde se encontraba BANKIA al momento de salir del IBEX-35, le sigue en importancia la presencia del minoritario en las empresas de la categoría C4 categoría donde los consejeros independientes están muy relacionados y pierden autonomía. En las empresas de la categoría C5 (consejeros autónomos, con muy pocos lazos directos), la presencia masiva de accionistas en las Juntas tiene una contribución negativa al PER, es como si no fuera necesaria y la limitación se justifica.

Por último la variable "Movimientos en la matriz" (MOVI), tiene para el ACM una contribución de casi el 10 por ciento a la explicación del PER. Siendo lo que más favorece al PER los comportamientos NEUTRO y POSITIVO.

11.5 PER explicado con PROBABILIDAD DE SALIR

Se realizó un AID explicando PER con Probabilidad de Salir del IBEX-35, a los efectos de encontrar cómo se relaciona con el valor medio de PER y cómo segmenta.

Escala categórica	Probabilidad de Salir del IBEX-35	Categoría	$Pp(x=1$ año; $\lambda)$
1	Alta	C2	0,036
2	Media alta	C3	0,030
3	Media media	C4	0,017
4	Media baja	C1	0,015
5	Baja	C5	0,000

ANALISIS A.I.D (Automatic Interaction Detection)

=====================================

VARIABLE A EXPLICAR: PER
VARIABLE EXPLICATIVA 1: PROBSAL
TAMAÑO MINIMO DE LOS SEGMENTOS: 2
CONTRIBUCIÓN MINIMA DE LA PARTICION A LA EXPLICACIÓN DE LA VARIANZA: 1,0%
PROPORCIÓN TOTAL VARIANZA EXPLICADA: R2 = 0,1802

PERFIL DE LOS SEGMENTOS

========================

GRUPO 1: Tamaño: 37; Media: 18,9897; Desv. Est.: 8,5876
        Total muestra

GRUPO 2: Tamaño: 25; Media: 21,2064; Desv. Est.: 73,4194
- PROBSAL: C1 (4), C3 (2) y C4 (3)

GRUPO 3: Tamaño: 12; Media: 14,3717; Desv. Est.: 42,8643
- PROBSAL: C5 (5) y C2 (1)

GRUPO 4: Tamaño: 9; Media: 16,1422; Desv. Est.: 30,1132
- PROBSAL: C5 (5)

GRUPO 5: Tamaño: 3; Media: 9,0600; Desv. Est.: 43,4994
- PROBSAL: C2 (1)

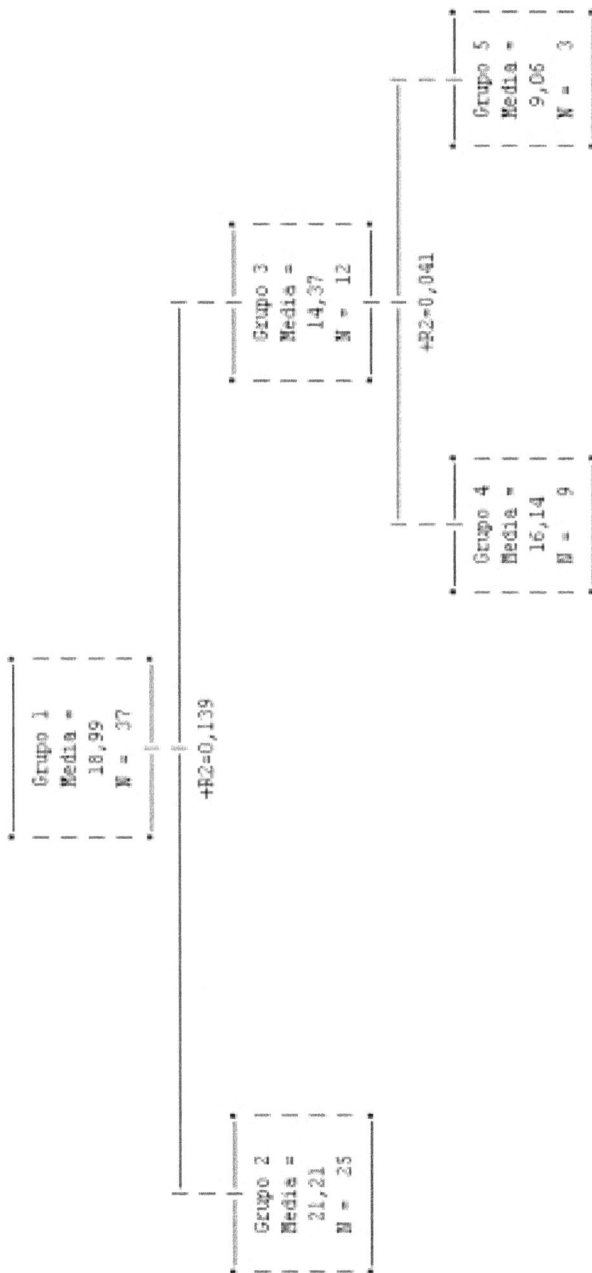

Ilustración 101 AID PER medio segmentado por PROBSAL (Probabilidad de Salir del IBEX-35)
Fuente: elaboración propia, software Dyane 2.0 Santesmases Mestre

305

Interpretación

La variable "PROBSAL" (Probabilidad de Salir del IBEX-35) explica el 0,18 del PER. Siendo la media total del PER del IBEX-35 a diciembre de 2016 cercano a 19.

Por encima de la media del IBEX-35 se encuentran las empresas pertenecientes a C1, C3 y C4 con un PER medio de 21,2 por ciento. Es interesante comprobar por medio del AID un segmento de empresas formado por las de la categoría C2 y C5 que tienen un PER medio de 14,3 por ciento (GRUPO 3). Este grupo es nuevamente segmentado resultando el GRUPO 4 con el PER más alto de 16 para las empresas de la categoría C5 que lógicamente tienen la menor probabilidad de salir. Mientras que según lo esperado el PER medio más bajo de todos se encontraría en el GRUPO 5 donde se encuentran en las empresas con más ALTA probabilidad de salir del IBEX-35, o sea las de la categoría C2.

Capítulo 12

A modo de discusión

El Consejo de Administración es el órgano central de gobierno de las grandes sociedades cotizadas españolas, como tal ocupa un lugar destacado en las discusiones sobre el buen gobierno corporativo. Desde las primeras investigaciones de Mace quién le atribuía en general una función de sello, hasta la actualidad, donde políticos, organismos e instituciones académicas de renombre internacional trasladan al seno del Consejo de Administración las discusiones sobre cupos, transparencia y representación entre otros, ha sido y es el centro de incontables debates e investigaciones. Comparto lo que afirma Minzberg que un Consejo que solo se empeña en cumplir con sus obligaciones legales se convierte en un órgano de simple ratificación, de sello o fachada, esto es explicado por Fraguas quien demuestra en su investigación que tres de cada cuatro Consejos en España no funcionan o lo hacen de manera incorrecta. Agrego que el consejo de administración es un discurso en sí mismo. Este discurso se transmite en forma silenciosa desde su constitución y se relaciona con las expectativas que el mismo genera en la sociedad y en especial con los inversores.

12.1 Implicaciones de la representación del capital flotante

En este libro se demuestra la conveniencia para el accionista minoritario que la presencia de consejeros independientes sea proporcional al capital flotante de la sociedad. Diferencias significativas en dicha proporción por exceso hacen pensar que se trata de una simple fachada, una sobreactuación, o que la empresa está afrontando una crisis profunda que requiere de medidas extremas de renovación. Esta situación fue observada como más probable en la categoría C2. Por el contrario, una débil e incluso matemáticamente correcta representación pueden significar una moral de mutismo, sin compromiso explícito con el minoritario pero a la hora de la acción mejor predispuesta, la desventaja encontrada es probable laxitud, más probable en la categoría C1. Una desproporcionadamente baja representación es sinónimo de un claro discurso amoral que, de producirse acciones que perjudican al minoritario, hablaría de una congruente amoral, más probable en la categoría C3. Proporciones adecuadas pero sin autonomías en general tienen un comportamiento de fachada, más probables en C4.

12.2   En empresas con capital concentrado

Al contrario de lo que demostraron Anderson y Reeb que en el caso de empresas familiares, una presencia equilibrada del capital familiar fundacional y de consejeros independientes, son más valiosas para el accionista minoritario, en contraste con aquellas en donde la proporción de consejeros independientes es relativamente más pequeña a la representación accionarial familiar. En esta investigación se demuestra que una proporción exagerada de independientes puede ser sinónimo de maquillaje en momentos de crisis. Como se observó en las empresas de la categoría C2, éstas tuvieron en promedio el PER más bajo con la mayor probabilidad de salir del IBEX-35.

12.3   En empresas con capital disperso

Para Hermalin y Weisbach los Consejos de Administración tienden a perder independencia conforme evoluciona favorablemente el desempeño del Primer Ejecutivo. Este comportamiento se ha comprobado en esta investigación en empresas pertenecientes a la categoría C4 y C5, con firme tendencia a pasar a la categoría C3, disminuyendo sistemáticamente la proporción de consejeros independientes y convirtiéndose éstos en una minoría, reforzando así el poder del Primer ejecutivo.

12.4   Implicaciones sobre la buena gestión

Comparto la opinión de Fernández cuando afirma que el beneficio por acción es una manera de evaluar la buena gestión. Este indicador tiene especial incidencia en el PER como se demostró en esta investigación es menor en las empresas de la categoría C2, que según parece están o estuvieron en una gran crisis. Lo que dejaría la duda es que si el BPA es el reflejo de la buena gestión como dice Fernández, ¿Por qué estas empresas tienen el PER más bajo cuando debería ser exactamente al contrario?, pues porque el mercado ya percibió ese problema y lo descontó del valor de cotización. El efecto del BPA como evaluación de la buena gestión lo encontramos en las empresas de la categoría C5, donde el PER toma un valor medio entre el máximo de 21 para C1, C3 y C4 y el mínimo de 9 para C2. Tomando entonces un valor optimo, ni alto ni bajo, que se ve reflejado en el PER.

12.5   Implicaciones de la intensidad relacional o autonomía

Los lazos directos que un consejero independiente tiene, pueden significar algo valioso para cualquier empresa. Por esta razón muchos consejeros independientes son captados por sociedades para servir como intermediarios, aumentando de esta forma el consejero y las empresas su red de contactos. Mintzberg menciona estas relaciones de intermediación, o de red social, entre las funciones específicas del Consejo de Administración. Para Mintzberg, la empresa que se sirve del Consejo para establecer una red de relaciones directas personales lo hace para: 1) captar agentes externos para establecer contactos; 2) establecer contactos (y obtención de fondos) para la organización; 3) mejorar la reputación de la organización. Las empresas pueden servirse así del Consejo de Administración como un mecanismo formal para ampliar los lazos directos de la empresa y lograr beneficios con ello.

Pero dicha mejora en la red social de la empresa a través del aumento de relaciones no siempre puede resultar beneficiosa. Para Mintzberg algunas veces el precio a pagar por la captación es la cesión de una cuota de poder, para Pfeffer este aumento en la intensidad relacional puede significar el intercambio de grados de control y privacidad. Por su parte como afirman Baysinger y Hoskinsson, el hecho que los consejeros se sienten en varios Consejos puede llevar a que no entiendan efectivamente el negocio. O incluso el acceso a información sensible y decisiones clave para la competencia como menciona la OCDE, resulte algo negativo para la empresa. Comparto la opinión del Castroviejo cuando afirma que el círculo interior viene existiendo desde siempre en las economías capitalistas y que sirve para difundir información, prácticas y acción conjunta. Todas estas afirmaciones confirman los resultados de ésta investigación, que demuestra además, que la conexión de alta intensidad relacional del Consejo de Administración con otros Consejos resulta negativa a su autonomía.

12.6 Implicaciones sobre los resultados

Desde el punto de vista de los resultados, varios estudios demuestran una incidencia positiva del consejero independiente. Para Baysinger y Butler las empresas con mayor porcentaje de independientes experimentaron mejores resultados. Para Arosa la presencia de consejeros independientes mejora el desempeño de las empresas de familia. Baysinger y Hoskinsson encuentran a su vez que la presencia creciente de consejeros independientes transmite tranquilidad a los accionistas por el control que ejercen sobre el directivo principal. Para Krivogorsky, existe una fuerte relación positiva entre la proporción de consejeros independientes en el consejo de administración y la rentabilidad. Para Pearce y Zahra la presencia de consejeros independientes en el Consejo de Administración se asocia positivamente a medidas futuras de desempeño financiero.

La presente investigación aporta evidencia de que las empresas con mayoría absoluta de consejeros independientes, con capital disperso y Consejos de Administración con intensidad relacional baja o autónomos de otros Consejos, tienen menor probabilidad de salir del IBEX-35 que el resto. Tienen una limitación menor al derecho de asistencia a junta.

Capítulo 13

A modo de conclusión

La legislación ocupa un lugar central en todo lo referido a la moral en el consejo de administración. En concreto la española deja a la libertad de cada empresa seguir o no las recomendaciones de buen gobierno, de no hacerlo deberá explicar los motivos que llevaron a la empresa a obrar así. Aplicar o no la legislación sobre las buenas prácticas es entonces el mejor discurso público que una empresa practica de sí misma. Desde el código de Olivencia, donde quedan bien en claro cuáles son las funciones del consejero independiente, hasta la actualidad han pasado más de veinte años, y ya en el nuevo Código de Buen Gobierno del año 2015, nada se agrega al precepto que recae en la figura del consejero independiente afirmando que su "misión principal es hacer valer en el Consejo los intereses del capital flotante". Con lo cual se entiende que sigue estando vigente, recayendo así en la figura del consejero independiente la garantía de la representación en el consejo de administración de sus intereses. Bajo este supuesto su figura es la máxima referencia o declaración que un minoritario puede tener de hacia donde el Consejo dirigirá sus acciones. Paradójicamente, configuraciones con gran cantidad de independientes, han precedido a grandes pérdidas, como en los casos de Bankia en 2012 y Abengoa en 2015 que, luego de profundas renovaciones, sus minoritarios aún siguen esperando.

13.1 Representación del accionista minoritario en el CA

La legislación española deja a la libre autonomía de cada sociedad la decisión de seguir o no las recomendaciones de buen gobierno corporativo, pero les exige que, cuando no lo hagan, revelen los motivos que justifican su proceder, al objeto de que los accionistas, los inversores y los mercados en general puedan juzgarlos (Código Unificado Refundido, 2013, pág. 3).

Si bien el Código de Buenas Prácticas especifica explícitamente que la proporcionalidad no se trata de un simple cálculo matemático de consejeros en representación del capital (CNMV, 2015, pág. 27), en mi opinión y es lo que intente demostrar, cuanto más se acerque esa representación al ideal matemático, mayor probabilidad de congruencia moral habrá entre su discurso y su acción. Por el contrario, alejarse de la representación ideal, tanto por exceso como por defecto, puede dar lugar a discursos que generan expectativas morales exageradas y luego no correspondidas con acciones. Así una representación por defecto, es sinónimo de un discurso en sí mismo amoral, ya que se le está diciendo abiertamente a los minoritarios que ellos no tendrán la representación en el Consejo que les corresponde. Por el contrario, una representación en exceso puede ser interpretada erróneamente como un excesivo interés por el minoritario, esto podría dar lugar a una percepción de moral hipócrita.

13.2 Lazos directos y riesgo de contagio de malas prácticas

Las empresas con propiedad dispersa y mayoría absoluta de consejeros independientes son las que tienen menor cantidad de lazos directos con otros consejos del IBEX-35. A aquellas empresas que tienen atípicamente bajos lazos directos las llamamos islas y se las agrupó en la categoría C5. En las islas el riesgo de contagio es mínimo. En general no afectan ni son afectadas por otras empresas. Siendo así más inmunes a prácticas dolosas o fraudes.

El 75 % de las islas se encuentran entre las empresas con capital disperso y mayoría absoluta de consejeros independientes (C4). Mientras que las empresas con capital disperso y baja proporción de independientes es donde se encuentran la mayor cantidad de empresas altamente enlazadas con otras. Llama la atención el caso de Santander que a pesar de pertenecer a C4 – donde más islas hay, es la empresa más vinculada a otras con 6 lazos directos. Las empresas islas para el ejercicio de 2017 son:

CATEGORÍA 5	
Empresa	**Lazos directos IBEX-35**
Amadeus	1
BBVA	0
Día	0
Enagas	1
Grifols	1
IAG	1
Iberdrola	1
REE	1
Técnicas Reunidas	0

Las empresas muy conectadas encuentran una mayor vulnerabilidad o riesgo por lazos directos.

13.3 Red de mujeres consejeras multi-consejos del IBEX

El Código de buen gobierno en su Recomendación N° 14, en cuanto a la selección de consejeros señala expresamente que:

"la política de selección de consejeros promueva el objetivo de que en el año 2020 el número de consejeras represente, al menos, el 30 % del total de miembros del consejo de administración" (Comisión Nacional del Mercado de Valores, 2015, pág. 26).

Curiosamente 7 consejeras se sientan en 15 de los consejos de administración de la población objeto de este estudio, ocupando así un rol central de comunicación y conexión entre ellas, pero seguramente sin quererlo, atentan con esa práctica lo que el mismo código intenta defender. Con lo que la conectividad por medio de consejeras debería ser evitada para maximizar dicha representación.

13.4 Limitación al derecho de asistencia a Junta General

Uno de los primeros objetivos del gobierno corporativo es la potenciación del papel de la junta General de Accionistas como órgano de decisión y control básico para la vida de la sociedad y tutela de los intereses de los accionistas (Aldama, 2003, pág. 29). La limitación al derecho de asistencia a la Junta General, va exactamente en el camino opuesto y significa una falta grave, salvo en aquellas empresas de capital disperso, pero esto último también debería ser revisado.

Curiosamente en las empresas que en promedio se limita más la asistencia a junta son las que tienen capital concentrado, o sea C1 y C2. Y en las empresas ISLAS de C5, donde se justificaría la implementación de dicha mala práctica por cuestiones organizativas, encontramos la media más baja.

13.5 Comparación DPA, BPA y PAY-OUT

Las empresas de la categoría C5 mostraron un mejor comportamiento desde 2013 a 2017 1er. Semestre, en todos estos ratios en los valores mínimos nunca fue 0, esto es:

- DPA mínimo fue = 0,21
- BPA mínimo fue = 0,42
- PAY-OUT el mínimo fue = 26 %

Consistentemente con la presunción de que las empresas de C2, donde la mayoría de consejeros independientes es supuestamente para atender a una crisis, encontramos que el DPA mínimo fue negativo de -0,43, lo que avalaría esta hipótesis. Pero también encontramos en C2 el mayor DPA medio de 0,9967 y el mayor BPA medio de 2,0233, que da a pensar en un consejo que intenta dar una respuesta al accionista que exige mayor rentabilidad por el riesgo que implica esa opción.

13.6 Comparación RENT. DIV. a noviembre 2017

Nuevamente en las empresas pertenecientes a la categoría C5 encontramos la mayor rentabilidad por dividendos de todas con un máximo alcanzando 4,03 %. La siguen las categorías C1 y C3 con una media de 3,62 % y C2 y C4 con una media de 2,51 %.
Siendo 10,36 % explicada la rentabilidad por dividendos por la categoría resultante de la matriz consejo – propiedad.

13.7 Salidas del Ibex-35 2013-2017 (1er Sem.)

La categoría que más salidas tuvo en el período fue C3 con 6, seguida por 3 de C1, 2 de C2 y C4, sin que haya habido ninguna aún de C5. Esto supone otra ventaja adicional para el accionista minoritario.

13.8 Pérdida media en cotización al salir del IBEX-35

La MEDIA TOTAL DE PÉRDIDA EN LA COTIZACIÓN los días previos a la salida del IBEX-35 ronda el 19 %. Siendo para la categoría C3 y C2 la pérdida cercana al 26 %, mientras que para C1 y C4 la pérdida fue inferior cercana a 10 %. Para C5 (empresas con mayorías de consejeros independientes y autónomos de otros lazos con el IBEX-35) no se han registrado salidas desde 2013 hasta julio de 2017. El 18,46 % de la pérdida por salida del IBEX-35 se explica con la Categoría resultante de la matriz consejo – propiedad.

317

13.9 Probabilidad de pertenecer a una Categoría y salir del IBEX-35

Según los datos del período 2013-2017 (1er. Semestre) la probabilidad de una empresa perteneciente a la categoría C1 y de salir del IBEX-35 es de 0,02. De pertenecer a C2 y salir es de 0,01. De pertenecer a C3 y salir es de 0,04. De C4 y salir es de 0,01 y de C5 y salir es de 0. Siendo la contribución de la variable Categoría a la Probabilidad de salir del IBEX-35 de casi el 99 %.

13.10 PER explicado por CATEGORIA

Con una explicación del 0,1802 del PER, las categorías C1, C3 y C4 tuvieron el PER más alto con una media de 21. La categoría C2 tuvo el PER más bajo con un valor medio de 9 –consistente con el mayor riesgo, mientras que las empresas de C5 (independientes y autónomas) tuvieron un PER de 16.

13.11 Probables comportamientos por CATEGORÍAS

NOTA: Estos comportamientos parecen ser los más probables, de ninguna manera son absolutos, sino que surgen de la observación y procesamiento de la muestra objeto de estudio lo cual está sujeto a los errores propios de la estadística y la diferente interpretación que de ella se pueda hacer.

CATEGORÍA C1 – Características

- Propiedad: De uno o pocos accionistas en quienes se concentra el poder.
- Consejo: Inexistente o conformado por familiares, o directivos. Mayoría de consejeros dominicales, los consejeros independientes son siempre una minoría.
- Probable Problema de agencia horizontal, las decisiones las toma directamente el propietario o su representante en el Consejo de Administración.
- Consejo probable: de simple ratificación o sello o fachada

318

- Probable modelo de mutismo moral ya que la escasa representación minoritaria daría a suponer que el minoritario no será tenido en cuenta pero, contrariamente a ello, están muy cerca de compartir las características de las empresas con mayoría independiente y autónoma.

CATEGORÍA C2 – Características

- Propiedad: Concentrada en pocos accionistas.
- Consejo: Conformado por una mayoría absoluta de consejeros externos independientes.
- Consejo probable: Revisor de informes garante de los intereses de los accionistas de control o equipo de emergencias para resolver crisis profundas.
- Probable modelo moral: Suele preceder a momentos de profunda renovación debido a grandes crisis. Por esta razón la expectativa que genera su amplia mayoría independiente, puede confundirse con un mayor interés por el minoritario, que en realidad, será al parecer el mayor perjudicado por las reformas que se avecinan. De ahí que parece ser un modelo de fachada, cuando en realidad lo que se busca es salvar a la compañía en el corto y mediano plazo.

CATEGORÍA C3 – Características

- Propiedad: Dispersa entre gran cantidad de accionistas y sin representatividad mayoritaria en el Consejo de administración, los cuales resignan el poder en el máximo Directivo o Presidente.
- Consejo: Débil, minoría de consejeros externos independientes en el Consejo de Administración, en el mejor de los casos alcanzan solo el 50 % de la representación del capital flotante.
- Probable Problema de agencia vertical
- Consejo probable: de simple ratificación o sello

319

- Probable modelo de congruencia amoral cuando las acciones perjudican a los minoritarios que tienen una muy deficiente representación proporcional.

CATEGORÍA C4 – Características
- Propiedad: Dispersa entre gran cantidad de accionistas
- Consejo: Fuerte con mayoría absoluta de consejeros externos independientes. La media aritmética *cantidad total de consejeros independientes / cantidad total de consejeros* supera el 50 %
- Consejo que, por la cantidad de lazos directos con otros consejos del IBEX-35, evidencia una predilección por consejeros altamente conectados, con la consiguiente pérdida de autonomía.
- Probable modelo de fachada o firma. Si bien el minoritario tiene una muy buena representación matemática, en la práctica se han visto perjudicados en varias ocasiones.

CATEGORÍA C5 – Características

- Propiedad: Dispersa entre gran cantidad de accionistas
- Consejo: Fuerte con mayoría absoluta de consejeros externos independientes. La media aritmética *cantidad total de consejeros independientes / cantidad total de consejeros* supera el 50 %
- Consejo con pocos lazos directos con otros consejos del IBEX-35 lo que le da autonomía y la consiguiente baja vulnerabilidad externa.
- Consejo probable: Independiente y Autónomo de otros Consejos de Administración.
- Probable modelo de congruencia moral

13.12   Conclusiones más destacadas

A continuación se agrupan por categoría, las conclusiones más importantes arribadas en la investigación que puede servir de síntesis al inversor o estudioso en general.

C2	C4
Suele preceder a etapas de profunda renovación, el último refugio para afrontar grandes crisis. Persistir en C2, superada la crisis, puede indicar un giro a moral de fachada. Son las empresas que tienen mayor probabilidad de salir del IBEX-35. PER PROMEDIO = 9	Más probable modelo de fachada o firma hacia el primer ejecutivo o Presidente. PER PROMEDIO = 21 **C5** Más probable modelo de congruencia moral. Menor probabilidad de salir del IBEX-35 y Mayor rentabilidad por dividendos. PER PROMEDIO = 16
C1	C3
Modelo de mutismo moral. No se declara preocupación por los intereses minoritarios, pero probablemente sus acciones demuestren lo contrario. PER PROMEDIO = 21	Modelo de congruencia amoral cuando, la falta manifiesta de representación minoritaria, se ve avasallada por acciones en contra de sus intereses. Tienen la 2da mayor probabilidad de salir del IBEX-35 (muy cerca de las C2). PER PROMEDIO = 21

Recomendaciones y conclusiones finales

Para los accionistas minoritarios que desean invertir a largo plazo y eligen las empresas de la categoría C5, (Consejo INDEPENDIENTE y AUTÓNOMO – Propiedad DISPERSA), tener presente que: así como éstas empresas han demostrado ser más beneficiosas con respecto al resto en términos de buenas prácticas, menor probabilidad de salir del IBEX-35 y mayor rentabilidad media por dividendos, deben prestar especial atención a la evolución que sufra la conformación cualitativa y cuantitativa del Consejo de Administración y al capital flotante. Movimientos horizontales pueden indicar que tiene tendencia a pasar a la categoría C2 (Consejo INDEPENDIENTE – propiedad CONCENTRADA), lo que da una señal de alerta temprana de que algo probablemente malo para sus intereses está sucediendo. Movimientos descendentes verticales indican una probable tendencia a pasar a la categoría C3 (Consejo DEPENDIENTE – Propiedad DISPERSA), lo que indica un probable aumento del control del Primer ejecutivo o Presidente y se encamina a un consejo con mayor riesgo de salir.

Para colocaciones en C1 y C3, los accionistas minoritarios deben estar muy atentos a los movimientos verticales dentro de la estructura del consejo, especialmente cuando aumenta la proporción independiente de manera brusca. Estos movimientos suelen anticipar grandes reestructuraciones, que por cierto pueden ser necesarias pero, en el corto o mediano plazo, pueden ser muy perjudiciales para sus intereses.

Esta investigación abre un camino para futuras investigaciones y el desarrollo de mejores herramientas de análisis y pone de manifiesto la importancia para el accionista minoritario de la ética aplicada por el Consejo de Administración y su impacto en el riesgo de las grandes empresas cotizadas españolas.

Anexos

Límite Asistencia Categoría – Empresa

Media Límite Asistencia a Junta Empresas del IBEX-35 – Año base 2015 actualizados con IAGC 2016. Por Categoría – Empresa		
Categoría	Empresa	Límite derecho asistencia a Junta
1	Aena	0,00
	Ebro Foods	0,00
	Endesa	0,00
	FCC	0,00
	Gas Natural	100,00
	Inditex	0,00
	Mapfre	1000,00
	Mediaset	0,00
	OHL	1,00
	Media	**122,33**
2	Abengoa	375,00
	Acciona	0,00
	Bankia	500,00
	Media	**291,67**
3	Abertis	1000,00
	Acerinox	300,00
	ACS	100,00
	BME	0,00
	Caixabank	1000,00
	Ferrovial	100,00
	Popular	200,00

	Repsol	0,00
	Sabadell	1000,00
	Sacyr	150,00
	Telefónica	300,00
	Viscofán	1000,00
	Media	**429,17**
4	Bankinter	600,00
	Gamesa	0,00
	Indra	0,00
	Merlin Prop	500,00
	Santander	0,00
	Media	**220,00**
5	Amadeus	300,00
	BBVA	500,00
	Día	0,00
	Enagas	0,00
	Grifols	0,00
	IAG	0,00
	Iberdrola	0,00
	REE	0,00
	Tecnicas Reunidas	50,00
	Media	**94,44**

Fuente: Elaboración propia. Datos: IAGC de las empresas

DPA, BPA, PAY-OUT, RENT. DIV.

EMPRESAS OBJETO DE ESTUDIO					
	Categoría	Dividendo por Acción	Beneficio por Acción	DPA/BPA	Rent. Div. A nov.2017
1	Aena	3,83	7,76	49,3557	2,55%
	Ebro Foods	0,57	1,1	51,8182	3,06%
	Endesa	1,33	1,33	100	6,80%
	FCC	0	0,24	0	0,00%
	Gas Natural	1	1,34	74,6269	5,51%
	Inditex	0,68	1,01	67,3267	2,38%
	Mapfre	0,15	0,25	60	5,30%
	Mediaset	0,52	0,52	100	5,30%
	OHL	0,02	0,15	13,3333	1,02%
	Media	**0,9**	**1,5222**	**57,3845**	**3,55%**
2	Abengoa	0	-0,43	0	0,00%
	Acciona	2,88	6,22	46,3023	4,26%
	Bankia	0,11	0,28	39,2857	3,19%
	Media	**0,9967**	**2,0233**	**28,5293**	**2,48%**
3	Abertis	0,73	0,8	91,25	4,15%
	Acerinox	0,45	0,29	155,1724	3,73%
	ACS	1,15	2,44	47,1311	3,52%
	BME	1,8	1,92	93,75	6,24%
	Caixabank	0,13	0,18	72,2222	3,55%
	Ferrovial	0,74	0,51	145,098	3,17%
	Repsol	0,79	1,31	60,3053	5,03%
	Sabadell	0,05	0,13	38,4615	3,56%

Sacyr	0	0,23	0	0,00%
Telefónica	0,55	0,42	130,9524	4,50%
Viscofán	1,45	2,68	54,1045	2,84%
Media	**0,7127**	**0,9918**	**80,768**	**3,66%**
4 Bankinter	0,21	0,47	44,6809	3,34%
Gamesa	0,23	0,94	24,4681	1,34%
Indra	0	0,43	0	0,00%
Merlin Prop	0,4	0,52	76,9231	4,15%
Santander	0,21	0,43	48,8372	3,75%
Media	**0,21**	**0,558**	**38,9818**	**2,52%**
5 Amadeus	0,94	2,09	44,9761	1,79%
BBVA	0,37	0,5	74	3,55%
Día	0,21	0,42	50	4,91%
Enagas	1,39	1,75	79,4286	6,02%
Grifols	0,32	0,91	35,1648	1,31%
IAG	0,24	0,9	26,6667	3,85%
Iberdrola	0,31	0,42	73,8095	4,81%
REE	0,86	1,18	72,8814	5,04%
Tec.Reunidas	1,4	2,45	57,1429	5,03%
Media	**0,6711**	**1,18**	**57,1189**	**4,03%**

Fuente: Elaboración propia. Datos El Economísta

Ranking probabilidad que algún lazo directo salga en 2018 del IBEX-35

En este ranking se listan las empresas ordenadas en forma creciente por probabilidad de que alguno de sus lazos directos salga del IBEX-35 el próximo año.

Ranking	Empresa	Probabilidad que salga 1 lazo	Categoría
1	BBVA	0,000	5
2	Dia	0,000	5
3	FCC	0,000	1
4	Técnicas Reunidas	0,000	5
5	Abengoa	0,017	2
6	Acciona	0,017	2
7	Aena	0,017	1
8	Amadeus	0,017	5
9	Enagas	0,017	5
10	IAG	0,017	5
11	Ebro Foods	0,030	1
12	Iberdrola	0,030	5
13	Mapfre	0,030	1
14	Sabadell	0,030	3
15	Viscofan	0,034	3
16	Grifols	0,036	5
17	RE	0,036	5
18	Bankinter	0,045	4
19	Caixabank	0,045	3
20	Abertis	0,047	3
21	Gamesa	0,047	4
22	ACS	0,060	3

23	Sacyr	0,062	3
24	Inditex	0,064	1
25	Ferrovial	0,066	3
26	Mediaset	0,075	3
27	OHL	0,075	1
28	Bankia	0,077	2
29	BME	0,079	3
30	Acerinox	0,081	3
31	Repsol	0,090	3
32	Merlin Prop	0,098	4
33	Endesa	0,120	1
34	Gas Natural	0,120	1
35	Indra	0,124	3
36	Santander	0,126	4
37	Telefónica	0,158	3

Fuente: Elaboración propia

S&P 500 Earnings Per Share Historical Data

Data for this Date Range	PER
March 31, 2017	27,46
Dec. 31, 2016	24,16
Sept. 30, 2016	25,39
June 30, 2016	23,28
March 31, 2016	21,72
Dec. 31, 2015	18,70
Sept. 30, 2015	23,22
June 30, 2015	22,80
March 31, 2015	21,81
Dec. 31, 2014	22,83
Sept. 30, 2014	27,47
June 30, 2014	27,14
March 31, 2014	24,87
Dec. 31, 2013	26,48
Sept. 30, 2013	24,63
June 30, 2013	24,87
March 31, 2013	24,22
Dec. 31, 2012	20,65
Sept. 30, 2012	21,21
June 30, 2012	21,62
March 31, 2012	23,03
Dec. 31, 2011	20,64
Sept. 30, 2011	22,63
June 30, 2011	22,24
March 31, 2011	21,44
Dec. 31, 2010	20,67
Sept. 30, 2010	19,52
June 30, 2010	19,68
March 31, 2010	17,48
Dec. 31, 2009	15,18
Sept. 30, 2009	14,76
June 30, 2009	13,51
March 31, 2009	7,52

Dec. 31, 2008	-23,25
Sept. 30, 2008	9,73
June 30, 2008	12,86
March 31, 2008	15,54
Dec. 31, 2007	7,82
Sept. 30, 2007	15,15
June 30, 2007	21,88
March 31, 2007	21,33
Dec. 31, 2006	20,24
Sept. 30, 2006	21,47
June 30, 2006	20,11
March 31, 2006	19,69
Dec. 31, 2005	17,30
Sept. 30, 2005	17,39
June 30, 2005	18,29
March 31, 2005	16,95
Dec. 31, 2004	13,94
Promedio	19,1854

Fuente https://ycharts.com/indicators/sp_500_eps/

Glosario

Atajo	Es el acortamiento de distancias. Un consejero intermediario reduce las distancias entre los nodos.
Bucle	Es una cadena cerrada de relaciones causales
Bucle Positivo	Los Bucles Positivos llevan al modelo a hacia una situación inestable.
Bucle Negativo	Los Bucles Negativos llevan al modelo a hacia una situación estable. Los sistemas tienen bucles positivos y negativos, el comportamiento dependerá de cuál es el predominante
Cliqué	También puede interpretarse como pandilla o camarilla. Sub-grupo de nodos que forman una subred máxima completa, es decir todos los pares de puntos están conectados directamente a través de una arista.
Consejero	Miembro del Consejo de Administración.
Consejero dominical	Consejero externo que posee una participación accionarial considerada significativa o bien representa a accionistas significativos.
Consejero ejecutivo	El consejero que tiene delegada facultades de representación de la sociedad. Desempeña funciones de alta dirección.
Consejero externo	Aquel consejero que no tiene relaciones ejecutivas, laborales ni de negocios comunes con la empresa.
Consejero independiente	Consejero externo que, designado en atención a sus condiciones personales y profesionales, pueden desempeñar sus funciones sin verse condicionados por relaciones con la empresa, ni con accionistas significativos ni con sus directivos.
Distancia geodésica	Número de aristas que contiene la senda más corta entre dos nodos de una red.

Grado	Número de vértices adyacentes a un vértice dado.
Grado de entrada (in-degree)	Número de lazos recibidos por el vértice dado.
Grado de salida (out-degree)	Número de lazos iniciados por el vértice dado.
Grado total (all-degree)	La suma de grado de entrada y grado de salida.
IBEX 35	Es el índice compuesto por los 35 valores más líquidos cotizados en el Sistema de Interconexión Bursátil de la Bolsa de España.
Matriz de adyacencias de una red	Matriz con elementos a_{ij} tales que $a_{ij}=1$ si hay arista y $a_{ij}=0$ si no hay arista.
Mayoría absoluta	Es matemáticamente una mayoría con más de la mitad de los votos "del total" de los miembros.
Nodo ficticio	Nodo que se utiliza para eliminar distorsiones en los cálculos de centralidad de la red. Se utiliza para conectar el actor con un nodo externo al experimento que, de no existir dicho nodo, estaría distorsionando sus medidas de centralidad. En mi trabajo representa las empresas externas a la red del IBEX-35.
Núcleo Duro	Es la cantidad de acciones en poder de accionistas estables de una empresa. Pueden ser inversores a largo plazo, miembros del directorio o el gobierno.
OPA	Oferta Pública de Adquisición – Se utiliza cuando una empresa está interesada en controlar a otra o en adquirir una participación significación significativa de capital.
OPV	Oferta Pública de Venta – Se utiliza cuando una empresa admitida a cotizar en Bolsa, desea ofrecer públicamente acciones emitidas con anterioridad a dicha admisión.
Otros consejeros	Consejeros que no pueden ser considerados dominicales ni independientes.
Red centralizada	Red caracterizada por tener un nodo o un grupo

	de nodos mucho más centrales que otros muchos nodos.
Red de modo 1	Cuando los nodos que forman la red consisten en los mismos tipos de objetos.
Red de modo 2 o red de afiliación	Red cuyos nodos (vértices, actores) están conectados a través de su pertenencia a grupos de cierto tipo. La red de nodo 2, tiene dos tipos de vértices que representan uno a los actores y otro a las entidades en las que son miembros dichos actores. Las aristas conectan los grupos a que pertenecen los actores. En el trabajo, cada consejo es un nodo compuesto por un grupo de consejeros que a dicho nodo pertenecen, por tal motivo el número de consejeros y el de empresas son distintos, dando lugar a una matriz de tantas filas (los consejeros) por tantas columnas como empresas haya (35).

Bibliografía

Agrawal, A., & Knoeber, C. R. (1996). Firm Performance and Mechanisms to Control Agency Problems between Managers and Shareholders. University of Washington School of Business Administration. Cambridge University Press, Vol. 31, No. 3 , 377-397.

Alcántara, D. B., De Andrés, P., & López de Foronda, Ó. (2010). Las redes sociales en los Consejos de Administración: El caso del IBEX-35. Burgos: Universidad de Burgos.

Alchain, A., & Demsetz, H. (1972). Production, Information Costs, and Economic. American Economic Review, 625 , 777-795.

Aldama, E. (8 de 1 de 2003). Informe de la Comisión Especial para el Fomento de la Transparencia y Seguridad en los Mercados y en las Sociedades Cotizadas. Recuperado el 28 de 12 de 2014, de https://www.cnmv.es: https://www.cnmv.es/DocPortal/Publicaciones/CodigoGov/INFORMEFINAL.PDF

Alonso Ureba, A. (2010). Código de Comercio y Leyes Mercantiles. En Texto Refundido de la Ley de Sociedades de capital. Madrid: La Ley.

Amat Salas, O. (2010). La Bolsa. Barcelona: Deusto.

Anderson, D. R., Sweeney, D. J., & Williams, T. A. (2012). Estadística para negocios y economía. México D.F.: Cengage Learning.

Anderson, R. C., & Reeb, D. M. (2004). Board Composition: Balancing Family Influence in S&P 500 Firms. Administrative Science Quarterly, Vol. 49, No. 2 , 209-237.

Anthony, R. N. (1976). La Contabilidad en la Administración de Empresas. Buenos Aires: Macchi-Lopez.

Aparicio González, M. L. (2005). Gobierno corporativo: entre el Derecho y la ética empresarial. Revista de Derecho mercantil , 1131-1145.

Arosa B, T. I. (2010). Outsiders on the board of directors and firm performance: Evidence from Spanish non-listed family firms. Journal of Family Business Strategy , 236-245.

Badenes, C., & Santos, J. M. (1999). Introducción a la valoración de empresas por el método de los múltiplos de compañías comparables. Barcelona-Madrid: IESE.

Baena del Alcázar, M. (1999). Élites y conjuntos de poder en España (1939 - 1992). Un estudio cualitativo sobre el parlamento, gobierno y admnistración y gran empresa. Madrid: Tecnos.

Baker, G., Jensen, M., & Murphy, K. (1988). Compensation and Incentives: Practice vs Theory. Journal of Finance July, 43 , 593-616.

Baker, G., Jensen, M., & Murphy, K. (1988). Compensation and Incentives: Practice vs Theory. Journal of Finance, July, 43 , 593-616.

Baysinger, & Butler. (1985). Corporate governance and the board of directors: Performance effects of changes in board composition. Oxford Journal of Law, Economics, and Organizations , 1 (1), 101-124.

Baysinger, & Hoskinsson. (1990). The Composition of Boards of Directors and Strategic Control: Effects on Corporate Strategy. The Academy of Management Review , 15 (1), 72-87.

BBVA. (03 de 09 de 2014). Glosario - BBVA. Recuperado el 28 de 07 de 2015, de http://accionistaseinversores.bbva.com/: http://accionistaseinversores.bbva.com/TLBB/tlbb/bbvai r/esp/resources/glossary/detalle.jsp?name=Beneficio+b %C3%A1sico+por+acci%C3%B3n

Belohlav, J. A. (1993). Calidad estratégica y competitividad. Vol. 35. .

Bernstein, L. A., & Wild, J. J. (1998). Financial Statement Analysis - Theory, Application, and Interpretation (sixth ed.). United States of America: Irwin - McGraw-Hill.

Bird, F. B., & Waters, J. A. (1989). The Moral Muteness of Managers. California Management Review , Fall89, Vol. 32 Issue 1, 237-244.

BME. (s.f.). Bolsas y Mercados Españoles. Recuperado el 24 de julio de 2015, de Miembros y Funciones del Comité Asesor Técnico: http://www.bmerv.es/esp/SBolsas/MiembrosComiteTecnico.aspx

Bolsa de Madrid. (s.f.). Cuestiones básiscas sobre los criterios de selección de los componentes del IBEX 35. Recuperado el 24 de julio de 2015, de Bolsa de Madrid: http://www.bolsamadrid.es/esp/indices/ibex/PreguntasClaveIbex35.aspx

Bolton, P., & Scharfstein, D. (1990). Corporate Finance, the Theory of the Firm and. The Journal of Economic Perspectives 12:4 , 95-114.

Borgatti, S. (2002). NetDraw: Graph Visualization Software. Harvard: Analytic Technologies.

Brealey, R., & Stewart, M. (1993). Fundamentos de Financiación Empresarial. Madrid: McGraw-Hill, Inc.

Brigham, E., & Houston, J. (2006). Fundamentos de Administración Financiera. México DC: Thomson.

Buffett, M., & Clark, D. (2009). Warren Buffett y la Interpretación de estados financieros. Barcelona: Gestión 2000.

Cadbury, C. (1992). The Financial Aspects of Corporate Governance. United Kingdom.

Castelo Montero, M. (2003). Diccionario comentado de términos financieros ingleses de uso frecuente. A Coruña: Fundación una Galicia Moderna.

Castillo, O. J. (2016). Osvaldo J. Castillo, Beneficio por Acción y Ética Aplicada en el IBEX-35: clave para invertir. EE.UU:: https://www.createspace.com/6718475, 2016,.

Castillo, O., Chahín, T., & Martín, M. (2003). Introducción a la Calidad Total. Buenos Aires: Ediciones Nueva Técnica.

Cavanna, J. M. (Junio de 2013). Reinventando los Consejos. Obtenido de www.compromisoytransparencia.com

Chan Kim, W., & Mauborgne, R. (2005). La Estrategia del Océano Azul: cómo desarrollar un nuevo mercado donde la competencia no tiene ninguna importancia.

Chiavenato, I. (2009). Comportamiento organizacional. Mexico D.F.: Mc Graw Hill.

Chiavenato, I. (2004). Introducción a la teoría general de la administración. México: Mc Graw Hill.

CNMV. (2015). Código de buen gobierno de las sociedades cotizadas. Madrid: CNMV.

CNMV. (1998). El Gobierno de las Sociedades Cotizadas. Recuperado el 15 de Julio de 2016, de Comisión Nacional del Mercado de Valores: http://www.cnmv.es/DocPortal/Publicaciones/CodigoGov/govsocot.pdf

Coase, R. (1937). The Nature of Firms and Their Costs. Economic , 386-405.

Código Unificado Refundido, C. (2013). Comisión Nacional del Mercado de Valores. Recuperado el 20 de 12 de 2014, de https://www.cnmv.es: https://www.cnmv.es/DocPortal/Publicaciones/CodigoGov/CUBGrefundido_JUNIO2013.pdf

Comisión Nacional del Mercado de Valores. (16 de Julio de 2015). CMNV. Recuperado el 16 de 07 de 2015, de Las preguntas que debe hacerse todo accionista : http://www.cnmv.es/DocPortal/Publicaciones/Guias/guia_accionistacc.pdf

Confidencial, E. (09 de Junio de 2015). www.elconfidencial.com. Obtenido de http://www.elconfidencial.com/mercados/2015-06-09/acciona-sale-del-ibex-por-sorpresa-junto-a-bme-entran-aena-y-acerinox_876539/

Cortina, A. (1994). Ética de la empresa. Claves para una nueva cultura empresarial. Madrid: Trotta.

Davis, G. F., Yoo, M., & Baker, W. E. (2003). The small world of the American corporate elite. Strategic Organization , vol 1 (3): 301-326.

De Andres, P., & Vallelado, E. (2008). Corporate governance in banking: The role of the board of directors. Department of Financial Economics and Accounting, University of Valladolid. Spain. Journal of Banking & Finance 32. , 2570–2580.

De La Dedoyere, Q. (1998). Cómo Resolver Problemas en Equipo. Argentina: Granica.

Deming, E. (1989). Calidad, Productividad y Competitividad. Madrid: Días de Santos S.A.

Demsetz, H. (1983). The structure of ownership and the theory of the firm. Journal of Law and Economic, Vol. 26 , 375-390.

Diez Estella, F. (2012). Los accionistas minoritarios y el régimen jurídico de las OPAS. En J. I. Peinado Gracia, & J. Cremades García, El accionista minoritario en la siciedad cotizada (págs. 509-533). Madrid: La Ley.

Domhoff, W. (2006). Who Rules America? Power, Politica & Social Change. Boston: McGraw Hill.

Donelly, Gibson, & Ivancevich. (1992). Dirección y Administración de Empresas. España: Addison – Wesley Iberoamericana.

Drucker, P. (2009). Estrategia Magazine.

Drucker, P. (2000). La gerencia. Tareas, responsabilidades y prácticas. Buenos Aires: El Ateneo.

ECGI. (17 de 10 de 2014). European Corporate Governance
  Institute. Obtenido de
  http://www.ecgi.org/boards/index.php
economista, E. (25 de noviembre de 2015).
  http://www.eleconomista.es. Obtenido de
  http://www.eleconomista.es/mercados-
  cotizaciones/noticias/7174979/11/15/El-Comite-Asesor-
  del-Ibex-35-expulsara-a-Abengoa-del-selectivo-el-27-
  de-noviembre.html
Economista, E. (09 de 06 de 2015). www.eleconomista.es.
  Obtenido de
  http://www.eleconomista.es/empresa/BME/historico-
  fechas/2015-06-4/2015-07-4
Economista, E. (05 de junio de 2017). www.eleconomista.es.
  Obtenido de http://www.eleconomista.es/mercados-
  cotizaciones/noticias/8406595/06/17/Banco-Popular-se-
  hunde-otra-vez-su-accion-retrocede-hasta-un-18.html
Ensinck, M. G. (Agosto de 2010). Infoxicación. Revista La
  Nación .
Expansión. (22 de 07 de 2017). Obtenido de
  http://www.expansion.com/mercados/2017/06/27/5950c
  5f2268e3ec0068b4584.html
Expansión. (24 de 05 de 2017). Obtenido de
  http://www.expansion.com/mercados/2017/05/24/59257
  17d46163f56788b45b0.html
Expansión. (22 de 07 de 2017). www.expansion.com.
  Obtenido de www.expansion.com:
  http://www.expansion.com/empresas/energia/2017/07/1
  3/59676f2f46163f85028b4647.html
Expansión. (22 de 07 de 2017). www.expansion.com.
  Obtenido de www.expansion.com:
  http://www.expansion.com/empresas/energia/2017/05/1
  9/591f143122601d9d678b4572.html
Expansión. (01 de 06 de 2017). www.expansion.com.
  Obtenido de

http://www.expansion.com/empresas/distribucion/2017/06/02/59312fbb268e3e9d618b461c.html

Expansión. (29 de 03 de 2017). www.expansion.com. Obtenido de http://www.expansion.com/empresas/distribucion/2017/03/29/58dbd3bd46163f4d168b4592.html

Expansión. (20 de 06 de 2017). www.expansion.com. Obtenido de http://www.expansion.com/empresas/energia/2017/06/19/5947f8aaca4741771e8b4621.html

Expansión. (25 de 05 de 2017). www.expansion.com. Obtenido de http://www.expansion.com/empresas/tecnologia/2017/05/25/5926e60946163f66028b4590.html

Expansión. (18 de 06 de 2017). www.expansion.com. Obtenido de http://www.expansion.com/empresas/banca/2017/06/18/59464f94268e3e50038b45df.html

Expansión. (19 de 07 de 2017). www.expansion.com. Obtenido de http://www.expansion.com/empresas/banca/2017/07/19/59673d9f22601d80018b4644.html

Expansión. (07 de 04 de 2017). www.expansion.com. Obtenido de http://www.expansion.com/mercados/2017/04/07/58e740dae2704ebc6a8b457a.html

Expansión. (10 de junio de 2016). www.expansion.es. Obtenido de http://www.expansion.com/mercados/2016/06/10/575a6b25ca474145328b460c.html

Fernández de Valderrama, J. L. (2006). Las consecuencias de las NIC/NIIF para el análisis financiero. Análisis Financiero Nº 100 , 10-23.

Fernández, P. (1999). Valoración de Empresas. Barcelona: Gestión 2000.

Fernandez, P. (2012). Valoración de Empresas (tercera ed.). Barcelona: Gestión 2000.

Fernández, R. (26 de 03 de 2015). Estrategia de Inversión. Recuperado el 28 de 03 de 2015, de http://www.estrategiasdeinversion.com/top-10-ei/inversores-ibex-35-soportar-dilucion-33-tres-anos-269022?utm_source=newsletter&utm_medium=email&utm_campaign=contenidos_newsletter

Flaherty, J., & Drucker, P. (2000). La esencia de la administración moderna. Prentice Hall.

Fraguas, R. (2004). Patoligías de los Consejos de Administración en España - OP nº 04/13. Barcelona: IESE Business School - Universidad de Navarra.

Fraile, I., & Fradejas, N. (2010). Heterogeneidad en los Consejos de Administración en España. Tribuna de Economía IECE (854), 85-103.

Francés, V. B. (2012). Prohibición de las limitaciones de derecho a voto. En El accionista minoritario en la sociedad cotizada. Madrid: La Ley.

Freeman, L. (2012). El Desarrollo del Análisis de Redes Sociales. EE.UU.: Palibrio.

Freeman, L. (2000). La centralidad en las redes sociales. Clarificación conceptual. Política y Sociedad , 131-148.

Friedman, M. (1970). The Social Responsibility of Business is to Increase Its Profits. The New York Times Magazine .

Gall, J. (1975). Sistemántica – Los sistemas traen problemas. México: Anesa.

Gallo, M., & Cappuyns, K. (1997). Consejo de Administración en empresas familiares - Documento de investigación Nº 346.

García Castro, R., Ariño Martín, M. A., Rodríguez Badal, M. Á., & Ayuso, S. (3 de Junio de 2008). IESE Business School · Universidad de Navarra. Recuperado el 21 de 07 de 2015, de http://www.ieseinsight.com/doc.aspx?id=866&ar=5&idi oma=1

García de Enterría, J. (1991). Los recursos y acciones contra las OPA como medida defensiva. Revista de Derecho Mercantil , 423-431.

García, J. M. (2014). Ejercicios avanzados en Dinámica de Sistemas. Barcelona: Juan Martín García.

García, N., & Ruesca Benito, S. (2014). ¿Qué ha pasado con la economía Española? La gran recesión 2.0 (2008 a 2013). Madrid: Pirámide.

Gay de Liébana, J. M. (2013). España se escribe con E de endeudamiento. Barcelona: Deusto.

Gilli, J. J. (2011). Ética y empresa. Argentina: Granica.

Gilli, J. J., & Otros. (1999). Administración conceptos y procesos clave. Buenos Aires: Docencia.

Glaser, B., & Strauss, A. (1967). The Discovery of Grounded Theory. Strategies for Qualitative Reserch. Chicago: Aldine.

Goleman, D. (2006). La inteligencia emocional en la empresa. Buenos Aires: Vergara.

Guarnizo García, J. (2006). Ética y Responsabilidad Social. La Mancha: Universidad de Castilla.

Guarnizo García, J. V. (2006). Ética y responsebilidad social de la empresa. Castilla - La Mancha: Servicio de Publicaciones de la Universidad de Castilla - La Mancha.

Hamel, G. (2008). El Futuro de la Administración. Editorial Norma.

Hellriegel, Jackson, & Slocum. (2002). Administración, un enfoque basado en competencias. Bogotá: Thomson.

Hermalin, B., & Weisbach, M. (1998). Endogenously chosen Board of Directors and their monitoring of the CEO. The American Economic Review, vol 88, n° 2 , 96-118.

Hupperts, P. (2005). Responsabilidad Social Empresaria. Buenos Aires: Valletta.

IC-A. (15 de 12 de 2014). Instituto de Consejeros -
Administradores. (IC-A, Ed.) Recuperado el 15 de 12 de
2014, de http://www.iconsejeros.com/:
http://www.iconsejeros.com/sites/default/files/archivos/
documentos/18-5Edicion-1108-
PrinBuenGobCorporativo.pdf

IC-A. (Enero de 2006). Instituto de Consejeros-
Administradores. (I. d. Consejeros-Administradores,
Editor) Recuperado el 17 de 10 de 2014, de
http://www.iconsejeros.com/funciones/docs_download/
PBGCENC.pdf

IESE, & Russell, R. A. (2009). Estudio sobre la Estructura de
los Consejos de Administración. Madrid: RUSSELL
REYNOLDS ASSOCIATES.

IESE, & Russell, R. A. (2009). Estudio sobre la Estructura de
los Consejos de Administración. Madrid: Russell
Reynolds Associates.

Iforpress. (2014). X Informe Juntas Generales de Accionistas
2014 Empresas del Ibex-35. Barcelona: Inforpress.

Iforpress. (2014). X INFORME JUNTAS GENERALES DE
ACCIONISTAS 2014 Empresas del Ibex-35. Barcelona:
Inforpress.

IFRS. (1 de enero de 2012). NIC 33 Ganancias por acción -
Resumen Técnico. Recuperado el 24 de 7 de 2015, de
International Financial Reporting Standards (IFRS):
http://www.ifrs.org/IFRSs/IFRS-technical-
summaries/Documents/Spanish2012/IAS33.pdf

Invertia. (10 de 09 de 2014). Resultados IBEX-35.
Recuperado el 10 de 09 de 2014, de
http://www.invertia.com/mercados/bolsa/indices/ibex-
35/resultados-ib011ibex35/1T14

Invesgrama. (15 de 10 de 2017). https://invesgrama.com.
Obtenido de https://invesgrama.com:
https://invesgrama.com/ibex-35/ratios-empresas-
ibex/per-del-ibex-35/

344

Jensen, M., & Meckling, W. (1976). The Theory of the Firm: Managerial Behavior, Agency. Journal of Financial Economics 3 , 305-360.

Juan Carlos I, R. d. (2013). Preámbulo Ley 14/2013 de apoyo a los emprendedores y su internacionalización., (pág. 795). Madrid.

Jude, T., Bono, J., Llies, R., & Gerhardt, M. (2002). Personality and Leadership: A Qualitative and Quantitative Review. Journal of Applied Psychology.

Kaplan, R., & Norton, D. (1996). Balanced Score Card. Harvard Business School Press .

kirkpatrick, S., & Locke, E. (1991). Leadership: Do Traits Really Matter? Academy of Management Executive .

Krivogorsky, V. (2006). Ownership, board structure, and performance in continental Europe. The International Journal of Accounting , 41, 176-197.

Labath, L. (27 de 07 de 2016). http://asociacioneducar.com/. Recuperado el 12 de 2016, de http://asociacioneducar.com/: http://asociacioneducar.com/cerebro-toma-decisiones

Laurence, P. (1973). Las Fórmulas de Peter – Cómo hacer que las cosas vayan bien. España: Plaza y Janes.

Lewin, & Lippitt. (1938). An Experimental Approach to the Study of Autocracy an Democracy: A Preliminary Note. Sociometry. vol. 1.

Lintner, J. (1956). Distributions of incomes of corporations among dividens, retained earning and taxes. The american economic review , vol. 46 núm 2, pp 97 - 113.

Lipovetsky, G. (2006). Los tiempos Hipermodernos. Barcelona: Anagrama.

López Alonso, A. (2006). Tesis Doctorales. Buenos Aires: Leuka.

LSA. (2011). Ley de Sociedades Comerciales - Sociedades Anónimas - Ministerio de Justicia - Gobierno de España. Recuperado el 29 de 12 de 2014, de

http://www.mjusticia.gob.es/:
http://www.mjusticia.gob.es/cs/Satellite/1292347054696
?blobheader=..QjCNEAZo3cXVnD3gbbhkfEerft1CnRd
w

Lucas, J. C. (2013). El Arte de Hacer Historia. Autores de Argentin.

Mace, M. L. (1975). El Directorio Eficiente. Buenos Aires: El Ateneo.

Mason, R. D., & Lind, D. A. (1998). Estadística para Administración y Economía. México: Alfaomega.

Melé, D. (2004). Racionalidad ética en las decisiones empresariales. En L. Videla, & R. Crespo, Ética de los Negocios. Buenos Aires: Educa.

Mintzberg, H. (1991). Diseño de organizaciones eficientes. Buenos Aires: El Ateneo.

Mintzberg, H. (1992). El Poder en la Organización. Barcelona: Ariel Economía.

Miquel, S., Bigné, E., Lévy, J., Cuenca, A., & Miquel, M. (1997). Investigación de Mercados. Madrid: McGraw Hill.

Mizruchi, M. S. (1996). What do interlocks do? An analisys, Critique, and assessment of researh on interlocking Directorates. Annu. Rev. Social. 22 , 271-298.

Musteen, M., Datta, D., & Kemmerer, B. (2010). Corporate Reputation: Do Board Characteristics Matter? British Journal of Management, Volume 21, Issue 2 , 498–510.

Navarro-Rubio, J. M., & Tàpies, J. (2012). Génesis del Consejo. Madrid: Empresarial.

NIC 33. (2005). Ganancia por acción. Londres: IASB - International Accounting Standards Board.

OCDE. (2009). DAF/COMP(2008)30 - Antitrust issues involving minority shareholding and interlocking. París: Organisation for Economic Co-operation and Development.

OCDE. (2009). DAF/COMP(2008)30 - ANTITRUST ISSUES INVOLVING MINORITY SHAREHOLDING AND INTERLOCKING. París: Organisation for Economic Co-operation and Development.

OCDE. (1999). Principles of Corporate Governance. Obtenido de http://www.oecd.org/

OCDE. (2014). Risk Management and Corporate Governance, Corporate Governance. OECD Publishing.

Olivencia, M. (1999). El Gobierno de las Sociedades Cotizadas. Recuperado el 23 de 12 de 2014, de CNMV: https://www.cnmv.es/DocPortal/Publicaciones/CodigoGov/govsocot.pdf

Olivieri, C. A. (2005). Cuánto vale una empresa. Buenos Aires: La Ley.

Palacín Sánchez, M. J. (2004). La política de dividendos. Sevilla: Universidad de Sevilla.

Pallarés Sanchidrián, J. (01 de Junio de 2008). El beneficio por acción en el marco de las NIFF. Recuperado el 24 de 07 de 2015, de www.tecnicacontable.com: http://www.elcriterio.com/seccion_articulos/tecnicacontable_jorgepallares.pdf

Payne, D., Raiborn, C., & Askvik, J. (1997). A Global Code of Business Ethics. (K. A. Publishers, Ed.) Journal of Business Ethics (16), 1727-1735.

Pearce, & Zahra. (1992). Board composition from a strategic contingency perspective. Journal of Management Studies , 29 (4), 411–438.

Peinado Gracia, J. I., & Cremades García, J. (2012). El accionista minoritario en la sociedad cotizada. Madrid: La Ley.

Pfeffer, J. (1972). Size and composition of corporate boards of directors: the organization and its environment. Administrative science quarterly , 218-226.

Porter, M. E., & Kramer, M. R. (2011). Creating Shared Value. How to reinvent capitalism and unleash a wave of innovation and growth. Harvard Business Review .

Porter, M. (1982). Estrategia Competitiva: Técnicas para el análisis de los sectores industriales y de la competencia. México: Compañía Editorial S.A.

Porter, M. (2011). The New Competitive Advantage: Creating Shared Value . Harvard Business School.

Reyes, C. (2016). http://www.icog.es. Obtenido de Chief Risk Officer de Zurich Insurance Group: http://www.icog.es/TyT/index.php/2016/03/informe-riesgos-globales-2016/

Robbins, S., & Coulter. (2010). Administración. México: Prentice-Hall.

Rodríguez, J. A. (2003). Revisando el poder: cambios en la estructura del poder económico español (1991- 2000). Sistemas , n° 172 3-26.

Roe, M. J. (2004). The institutions of corporate governance, Discussion Paper No. 488. Harvard Law School.

Roe, M. J. (2004). THE INSTITUTIONS OF CORPORATE GOVERNANCE, Discussion Paper No. 488. Harvard Law School.

Rosety Jiménez de Parga, L., & García-Ochoa Mayor, D. (2012). El derecho de voto en la sociedad anónima cotizada. En El accionista minoritario en la sociedad cotizada. Madrid: La Ley.

Sabino, C. A. (1998). Cómo hacer una tesis. Buenos Aires: Lumen Humanitas.

Salas, O. A. (2009). Euforia y pánico. Barcelona: Profit.

Sampieri Hernández, R., Fernández Collado, C., & Lucio Baptista, P. (1998). Metodología de la investigación (Cuarta edición). México: McGraw-Hill.

Sampieri Hernández, R., Fernández Collado, C., & Lucio Baptista, P. (1991). Metodología de la investigación (Primera edición). México: McGraw-Hill.

San Juan y Muñoz, E. (2012). La responsabilidad de los administradores en las sociedades cotizadas como sistema de protección de los accionistas minoritarios. En J. I. Peinado García, & J. Cremades García, El accionista minoritario en la sociedad cotizada (págs. 341-419). Madrid: La Ley.

Sánchez-Calero, J., Fernández, l., & Fuentes, M. (2006). La Junta general en las sociedades cotizadas. Revista de Derecho Bancario y Bursátil , 171-180.

Santaella, M. (1995). Ética de las profesiones jurídicas. Madrid: Universidad Complutense.

Santesmases Mestre, M. (2011). Aplicación de la investigación de mercados alanálisis de problemas de marketing. Icade, Revista cuatrimestral de las Facultades de Derecho y Ciencias Económicas y Empresariales, , 339-359.

Santesmases Mestre, M. (2001). DYANE Versión 2 - Diseño y análisis de encuestas en investigación social y de mercados. Madrid: Pirámide.

Santos Castroviejo, I. (2013). La elite del poder económico en España. Madrid: Maia.

Sarbanes, & Oxley. (2002). PUBLIC LAW 107–204. Senate and House of Representatives, United States of America.

Senlle, A., & Stoll, G. (1994). ISO 9000 Las Normas para la Calidad en la Práctica Calidad Total y Normalización. España: Gestión 2000.

Serrano García, J. B. (2013). El inversor tranquilo. Madrid: Diaz de Santos.

Sicilia, C., Simo, P., Sallan, J., & Lordan, O. (2012). Estudio de la red accionarial de las empresas del IBEX-35. 6th International Conference on Industrial Engineering and Industrial Management, (págs. 1404 - 1411). Vigo.

Simon, H. (1962). El comportamiento administrativo. Madrid: Aguilar.

Simon, H. (1978). El comportamiento administrativo. El estudio de los procesos decisorios en la organización administrativa. Buenos Aires: Aguilar.

Soldevilla García, E. (1990). Inversión y mercado de capitales. Vigo: Milladoiro.

Stein Martínez, G., Capapé, J., & Gallego, M. (2012). IESE Insight - Universidad de Navarra. Recuperado el 15 de 07 de 2015, de http://www.ieseinsight.com/doc.aspx?id=1224&ar=3&idioma=1

Stein, & Plaza. (2011). El papel del consejero independiente en la supervisión y rotación del CEO, estudio 133. IESE Business Scholl - Universidad de Navarra.

Stoner, J. (1996). Administración. México: Pearson.

Tilli, A. (2010). Financiamiento de la empresa. Buenos Aires: Astrea.

Tobío Rivas, A. M. (1995). Limitaciones de los derechos de asistencia y voto del accionista (Art. 105 LSA). Madrid: Civitas.

Useem, M. (1984). The inner circle. Large Corporations and the Rise of Business Political Activity in the U.S. and UK. Nueva York: Oxford University Press.

Van Horne, J. C., & Wachowicz, J. M. (2002). Fundamentos de administración financiera. México: Pearson.

Villanueva, C. U. (15 de Abril de 2015). Fernando Diéz Stella - Profesor de Derecho Mercantil. Recuperado el 10 de 08 de 2014, de http://www.fernandodiezestella.com/: http://www.fernandodiezestella.com/derecho_mercantil_1/tema_19.pdf

Weisbach, M. (1988). Outside directors and CEO turnover. Journal of Financial Economics vol. 20 , 431-460.

Weston, F., & Brigham, E. (1969). Finanzas para ejecutivos. Buenos Aires: Mundi.

www.ingramcontent.com/pod-product-compliance
Lightning Source LLC
Chambersburg PA
CBHW060321200326
41519CB00011BA/1796